サピエンティア

公共経済学

小塩隆士

東洋経済新報社

はじめに

　経済学は，市場メカニズムを重視する．世の中の資源を配分するうえで，市場メカニズムほど効率的な仕組みはないと考えるからである．経済学は人々が合理的に行動すると想定しがちであり，その点をしばしば批判される．しかし，世の中のすべてのことに目配りして資源を完全に効率的に配分するような，合理的に行動できる為政者の存在までは想定しない．その点では，経済学は人間の合理性に対して控えめな見方をしている．経済学はむしろ，個々の人間がそれぞれの判断で分権的に意思決定を行い，取引を行う場である市場が，誰のコントロールも受けずに効率的な資源配分に威力を発揮する魅力に注目してきた．

　しかし，市場は万能ではなく，しばしば「失敗」する．失敗するというより，経済学が理論的な説明のために想定する市場像が，現実の市場の姿からかけ離れていると表現したほうがよいかもしれない．そして，市場に任せておけば何でも解決できるとも経済学は考えていない．もし市場が万能なら，たとえば税や社会保険料を強制的に徴収するという形で，政府が私たちの経済活動に介入する行動を経済学は是認しないだろう．公共経済学は，市場の失敗を補正する主体として政府を明示的に議論に登場させ，政府がどのようにふるまえばよいかを検討する．

　とはいえ，市場が教科書で描かれる通りに完全に機能し，「失敗」しなければ，政府が不要になるというわけでもない．市場に高い評価を与えられるのは，あくまでも効率的に資源を配分できるという理由によるものである．その資源配分の結果生まれる所得分配については，市場はむしろ無口になる．しかし，それではやはり困る．極端な所得格差や貧困は，誰もが避けたいと思う．いくら市場メカニズムが素晴らしくても，弱肉強食の論理だけで完結する世界に住みたいとは誰も思わない．生活に困った人を助け，過度な所得格差を回避するために，政府はどのような役割を果たすべきか．これも，公共経済学が取り組

んでいる重要な研究テーマである．

　本書は，こうした特徴を持つ公共経済学を学ぶためのテキストである．読者としては，経済学，とりわけミクロ経済学の基本的な知識を持っている人たちを想定している．公共経済学は応用経済学の一分野なので，経済学の基本的な概念やアプローチについてはある程度の知識があったほうがよいからである．ただし，ミクロ経済学の入門書に登場するような重要な概念については，本書でも復習しながら議論を進めるように努めている．大学の経済学の授業では，卒業するまでに必ず頭に入れておいてほしい，と教員たちが考えている重要な概念は授業で3回顔を出す．1回目は「経済学入門」的な授業，2回目はいわゆる原論（ミクロ経済学・マクロ経済学），そして3回目は応用分野の授業においてである．授業で3回ぐらい説明を聞いていると，その概念もなんとか頭に入ってくる．本書は，その3回目の授業用のテキストである．経済学を学んでいる読者は，そのつもりで重要な概念の理解を目指していただきたい．

　本書では，効率性と公平性という，経済学とりわけ公共経済学にとって重要な2本の評価軸を常に意識して議論を進めていく．「経済学はお金やコストの話ばかりする」という，経済学への悪口をよく耳にする．これは，効率性をまともに議論するのが経済学ぐらいだから仕方がないところがあり，その点で経済学は損をしている．しかし，経済学には公平性という重要な評価軸もあることも忘れないでいただきたい．その公平性という評価軸を前面に議論に登場させ，効率性と公平性という2本の評価軸で望ましい政府のあり方を議論するのが公共経済学の大きな特徴である．

　効率性をめぐる議論は理論的にもエレガントであり，理論経済学者の「腕の見せ所」的なところがある．これに対して，公平性は価値判断がしばしば入り込み，人間味があり，泥臭い．しかも，公平性をあまりに追求すると，効率性の面から見て問題が出てくる．こうした効率性と公平性のせめぎ合いをどこまで意識するかで，議論の深みは大きく違ってくる．一方だけに肩入れした議論は，それ自体としては完結しているかもしれないが，重要な問題が抜け落ちがちになる．公共経済学は，効率性と公平性に関するバランス感覚を経済学のほかの研究分野以上に重視する．本書もそれを意識している．

本書の構成は，以下の通りである．最初に，「市場と政府」（第1章）で市場メカニズムの特徴をまとめ，政府がなぜ必要になるかを考える．その議論を踏まえて，「市場の失敗」に関する具体的なテーマとして，「公共財」（第2章），「不完全競争」（第3章），「外部性」（第4章）を取り上げ，それぞれについて政府の役割を考える．次に，所得再分配の装置として税に注目し，「消費課税」（第5章），「所得課税」（第6章）の経済学的な特徴や望ましい姿を説明する．そして，税とともに政府の財源となり，マクロ経済学や財政学でもしばしば登場する「公債」（第7章）を取り上げる．最後に，医療保険を例に挙げて，「市場の失敗」の一つでもある「情報の非対称性」（第8章）への対応を考える．いずれも，大学の公共経済学の授業で扱うオーソドックスなテーマだが，紙幅の制約上，取り上げなかったテーマも少なくなく，必要に応じて別の本で補っていただきたい．なお，各章は基本的に独立しているので，関心のある章から読み始めていただいてかまわない．

　叙述に際しては，数式を使った説明は最小限に抑えるとともに，理論的な厳密性だけを追求する議論はできるだけ避け，直感的に理解しやすい説明に努めた（直感的に「なるほど！」と納得でき，知的な満足感を得られたものほど重要である．そうでないものは，試験が終われば忘れてよい）．また，筆者が学生時代に教科書を読んでいて，もう少し詳しく説明してほしいと思った経験のあるところは，ややくどくなることを承知のうえで丁寧に説明したつもりである．もちろん，そうした工夫がどこまで成功しているかは，読者の判断に委ねるしかない．本書が，公共経済学への読者の興味を少しでも高めることができれば幸いである．

　最後になったが，本書の刊行にご尽力くださった東洋経済新報社の出版局の皆さまに心からお礼申し上げる．

　　2016年3月

小　塩　隆　士

[サピエンティア]

目次

公共経済学

はじめに

第1章 市場と政府 ... 1

1.1 市場の機能 ... 3
効率的な資源配分 ... 3
限界代替率と限界変形率 ... 4
効率的な資源配分(1):各財の供給量が固定されている場合 ... 4
効率的な資源配分(2):各財の供給量が調整される場合 ... 5
効率的な資源配分の特徴 ... 6
厚生経済学の第1定理:消費者の行動 ... 7
厚生経済学の第1定理:企業の行動 ... 8

1.2 市場の失敗 ... 9
市場の失敗とは ... 9
公共財 ... 10
外部性 ... 11
不完全競争 ... 12
情報の不完全性 ... 13
価値財 ... 14

1.3 効率性と公平性 ... 15
公平性の観点 ... 15
社会的厚生関数 ... 17

1.4 所得再分配 ... 18
平等主義の根拠:効率性を無視する場合 ... 18
図による説明 ... 20
効率性と公平性の両方を考慮する場合 ... 22
望ましい所得再分配 ... 24

1.5 まとめ ... 25

コラム1　配分と分配………26
練習問題………27

第2章　公共財　29

2.1 公共財とは何か………30
2.2 公共財の最適供給………32
2人2財モデルの設定………32
生産可能曲線と無差別曲線………33
サミュエルソンのルール………34
サミュエルソンのルールの解釈………36
私的財との比較………37
フリーライド問題………40
2.3 公共財の自発的供給………41
2人2財モデル………41
公共財の費用分担に関する反応関数………42
ナッシュ均衡………44
消費者が同質である場合………46
2.4 公共財の中立命題………48
消費者間の所得再分配………48
所得再分配の中立性………49
2.5 リンダール・メカニズム………50
費用分担比率の提示………50
リンダール均衡のパレート効率性と問題点………51
2.6 クラーク＝グローブス・メカニズム………52
ヴィックリー・オークション………52
自分の効用と他人の迷惑を比較する………54
クラーク＝グローブス・メカニズム………55
"真実を語らせる"ための社会的コスト………57
2.7 中位投票者定理………58
中位投票者定理とは………58
中位投票者定理の帰結………60
2.8 まとめ………61
コラム2　ソーシャル・キャピタル（社会関係資本）………63
練習問題………64

第3章　不完全競争

3.1　完全競争と独占 ……… 67
供給曲線と需要曲線 ……… 67
生産者余剰と消費者余剰 ……… 69
完全競争の意義 ……… 70
独占企業の価格決定 ……… 71

3.2　自然独占 ……… 73
自然独占とは ……… 73
劣加法性 ……… 73
費用逓減 ……… 75
2つの留意点 ……… 76
自然独占の問題点 ……… 77

3.3　価格規制(1) ……… 78
限界費用価格形成原理 ……… 78
限界費用価格形成原理の問題点 ……… 79
平均費用価格形成原理 ……… 80
平均費用価格形成原理の問題点 ……… 80
総括原価方式 ……… 81

3.4　価格規制(2) ……… 82
二部料金 ……… 82
2つ以上の財の場合 ……… 83
ラムゼー価格形成 ……… 86

3.5　インセンティブ規制 ……… 87
プライス・キャップ規制 ……… 87
プライス・キャップ規制の問題点 ……… 88
ヤードスティック規制 ……… 89
ヤードスティック規制の問題点 ……… 91
コンテスタビリティー理論 ……… 91
コンテスタビリティー理論の評価 ……… 92

3.6　まとめ ……… 93

コラム3　タクシーの規制緩和と再規制 ……… 95
練習問題 ……… 96

第4章 外部性　　97

4.1 外部性とは何か……99
消費面での外部性……99
生産面での外部性……100
次善（セカンド・ベスト）の理論……101

4.2 外部性の把握と評価……102
社会的限界便益……102
社会的限界費用……104
共有地の悲劇……105
ネットワーク外部性……107
公共財……108

4.3 ピグー税……109
ピグー税とは何か……109
ピグー税とピグー補助金……110
ピグー税の問題点……112

4.4 ボーモル＝オーツ税と排出権取引……113
ボーモル＝オーツ税……113
排出権取引の発想……114
排出権取引のメカニズム……115
排出権取引の長所と問題点……116
外部性の市場化……117

4.5 コースの定理……120
当事者間における外部性の処理……120
コースの定理……120
交渉による外部性の処理……122
コースの定理の意義と問題点……123

4.6 まとめ……124
コラム4　被害者による加害者への補償……126
練習問題……127

第5章 消費課税　　129

5.1 消費課税と厚生損失(1)：部分均衡モデル……131
個別消費税の負担……131

需要・供給の価格弾力性と税の帰着………132
　　消費者余剰と厚生損失………133
　　補償需要に注目………135
5.2 消費課税と厚生損失(2)：2財モデル………136
　　2財モデル………136
　　厚生損失の図解………137
　　厚生損失の大きさ………139
　　一般消費税の意義と限界………140
　　一般消費税は実現できない………141
5.3 最適な消費課税(1)：1人ケース………143
　　税収と厚生損失の関係………143
　　ラムゼーのルール(1)：逆弾力性の命題………144
　　ラムゼーのルール(2)：均一税率の命題………146
5.4 最適な消費課税(2)：複数人ケース………147
　　公平性の観点………147
　　分配特性………149
　　効率性と公平性のバランス………150
5.5 税制改革の理論………151
　　最適課税論の問題点………151
　　税制改革の理論………152
5.6 まとめ………154
コラム5　食料品の消費税率………156
練習問題………157

第6章 所得課税

6.1 労働所得税と厚生損失………160
　　労働供給と厚生損失………160
　　労働供給と消費………163
6.2 最適所得税………166
　　一般的な所得税の設定………166
　　最適所得税の必要条件………169
　　最適所得税の解釈………170
　　消費課税との組み合わせ………171
6.3 公平性の観点を踏まえた所得課税………172

モデルの設定………172
　　所得税率と補助金の組み合わせ………173
　　ラッファー・カーブ………174
　　所得水準によって異なる最適な所得税率………176
　　社会的に最適な所得税率………177
　　中位投票者定理と所得税率………178
6.4 所得課税に関するトピックス………180
　　生活保護………180
　　負の所得税に対する評価………182
　　利子課税………182
　　貯蓄の利子弾力性………184
6.5 まとめ………185
　　コラム6　所得控除と税額控除………187
　　練習問題………188

第7章　公債　　　189

7.1 公債の中立性(1)：異時点間の効用最大化………190
　　家計による異時点間の効用最大化………190
　　リカードの等価定理………192
　　貯蓄への影響………194
7.2 公債の中立性(2)：世代をまたがるモデル………195
　　世代をまたがるモデル………195
　　バローの中立命題………196
　　公債発行と賦課方式の公的年金………197
7.3 公債の中立性の政策的含意………199
　　政府支出の乗数効果………199
　　公債は「将来世代への負担の先送り」か………200
　　公債の保有者と非保有者………201
　　内国債と外国債………202
7.4 公債の中立性が成立しない場合………204
　　流動性制約………204
　　近視眼的な行動………205
　　人々の行動を歪める税………207
　　利他的な行動………208

不確実性………209
7.5 まとめ………209
コラム7　非ケインズ効果………210
練習問題………211

第8章　情報の非対称性　213

8.1　医療保険の役割………214
リスク回避的な個人………214
医療保険………215
期待効果の最大化………217
グラフによる説明………218

8.2　情報の非対称性と医療保険………220
情報が対称的な場合の医療保険………220
情報が非対称的な場合の医療保険………222
プーリング均衡は成立するか………223
分離均衡は成立するか………225

8.3　社会保険の役割………226
社会保険の導入（1）：完全保険………226
社会保険の導入（2）：部分保険………228
社会保険の評価………229
リスク選択………230

8.4　モラル・ハザードへの対応………231
2種類のモラル・ハザード………231
モラル・ハザードへの対応………232
モラル・ハザードのモデル化………234
医療サービスに対する過剰な需要………235
モラル・ハザードを前提とした医療保険………236

8.5　まとめ………238
コラム8　教育需要の特殊性………240
練習問題………241

索引………242

練習問題の解答は，下記アドレスにて公開予定．
　http://store.toyokeizai.net/books/9784492314739

第1章

市場と政府

この章で学ぶこと

*効率的な資源配分とはどのようなことを指すのかを理解する．

*市場メカニズムが効率的な資源配分を可能にしていることを理解する．

*どのような場合に市場がうまく機能せず，政府の役割が期待されるかを考える．

*効率性と公平性を，どのようにすればバランスよく追求できるかを考える．

経済学は，市場メカニズムに多くを期待する．限りある資源を効率的に配分するという点で，市場メカニズムに優る社会的な装置は存在しない．しかも，市場メカニズムによる資源配分は為政者によって集権的に行われるのではなく，人々の自由意思に基づく行動の結果として得られるものであり，分権的な性格を持つ．分権的な意思決定は，集権的な意思決定に比べて情報量が少なくて済み，そこでの失敗が社会に及ぼす影響も限定的である．

　しかし，市場は万能ではなく，しばしば，「失敗」する．実際には，教科書が描くような理想的な市場は存在しておらず，効率的な資源配分の達成を阻止するさまざまな要因が存在する．そのため，そうした市場の失敗を是正するために，政府が介入する必要があるという発想が生まれる．その介入の仕方を検討することが，公共経済学の重要な役割である．

　さらに，市場メカニズムが威力を発揮するのは，あくまでも効率的な資源配分である．市場競争の結果発生する所得格差の問題を解決する仕組みは，市場メカニズムの中にしっかりとした形では存在しない．私たちが公平性の観点からできるだけ平等な社会を目指すのなら，政府に所得再分配機能を期待する必要がある．

　ところが，政府が過度に公平性を追求すると，市場メカニズムに歪みが生じ，効率的な資源配分という重要な役割が弱まる危険性もある．このように，効率性と公平性はトレードオフ（二律背反）の関係になりやすい．効率性と公平性をバランスよく追求するためにはどうすばよいかという問題も，公共経済学にとって重要なテーマである．

　本章は，本書全体のイントロダクションとして，効率的な資源配分とは何を意味し，どのような理由で市場メカニズムはそれを実現するのか，という問題を考える．また，市場が効率的な資源配分を実現できない，いわゆる「市場の失敗」とはどのようなものなのか，そして，政府はどのようにすれば効率性と公平性をバランスよく追求できるか，といった問題も取り上げてみる．

1.1 市場の機能

効率的な資源配分

経済学では,市場メカニズムの機能を伝統的に重視する.市場競争に任せておけば,効率的な資源配分が可能になる,という厚生経済学の第1定理(The First Theorem of Welfare Economics)と呼ばれる重要な定理がある.本節では,公共経済学の話をする前に,効率的な資源配分とはいったい何なのか,そして,どのような理由で市場競争がその効率的な資源配分を可能にするかという問題を考えてみる.

まず,効率的な資源配分とはそもそも何を意味するだろうか.ある資源配分が行われている場合,ほかの少なくとも1人の効用を引き下げない限り,誰の効用も引き上げられないようになっているとき,その資源配分はパレート効率的(Pareto efficient)であるという.経済学で効率的な資源配分という場合,このパレート効率的な資源配分を意味することが一般的である.以下では,このパレート効率的な資源配分が成り立つための必要条件を考えてみる.

いま,社会が消費者1,消費者2という2人の消費者,XとYという2種類の財で構成されているとする.財の需要については,消費者1及び消費者2による財Xに対する需要をそれぞれx_1,x_2と,財Yに対する需要をそれぞれy_1,y_2と表記する.また,各財の供給量をX,Yとすると,社会全体では,

$$x_1 + x_2 = X \tag{1-1}$$
$$y_1 + y_2 = Y \tag{1-2}$$
$$F(X, Y) = 0 \tag{1-3}$$

という関係式が成立する.(1-1)式,(1-2)式はそれぞれ財X,Yの需給均衡(左辺が需要,右辺が供給)を示す式である.また,(1-3)式はその2財の生産の技術的な制約条件を示す式である.通常は,一方の財の生産を増やすと,資源制約を受けて他方の財の生産量は減少する.

限界代替率と限界変形率

ここで，以下の議論で登場する限界代替率，限界変形率という概念を紹介しておく．これらの概念は，ミクロ経済学の教科書で必ず登場するものであり，以下の文章はその復習のつもりで読んでいただきたい．

効用一定の下で，財 X の消費量を1単位増やしたときに，減らしてもよい財 Y の消費量を，財 X の財 Y に対する限界代替率（MRS：marginal rate of substitution）という．財 X がリンゴ，財 Y がミカンであるとすれば，リンゴ1個を増やして，その代わりにミカンを2個減らしても効用が変わらないとき，リンゴのミカンに対する限界代替率は2（＝2個÷1個）となる．

一方，ある資源制約の下で，財 X の生産量を1単位増やしたときに減らさなければならない財 Y の生産量を，財 X の財 Y に対する限界変形率（MRT：marginal rate of transformation）という．リンゴを1個生産するために，ミカンの生産を2個減らす必要があるのなら，リンゴのミカンに対する限界変形率は2（＝2個÷1個）となる．

資源配分がパレート効率的であるためには，すべての財の間の限界代替率が，すべての消費者の間で等しくなり，しかも，それが限界変形率に等しくなっていなければならない．以下では，2消費者2財のケースを念頭に置いてこれを確認しておこう．ただし，説明は2段階に分け，(1) 各財の供給量が固定されている場合，(2) 各財の供給量が調整される場合，についてそれぞれ考える．

効率的な資源配分 (1)：各財の供給量が固定されている場合

最初に，財 X, Y の供給がそれぞれ固定されている場合を考えよう．このとき，2人の消費者の間における資源配分がパレート効率的になるための必要条件は，消費者1，消費者2にとっての財 X の財 Y に対する限界代替率——それをそれぞれ MRS_1, MRS_2 と表記する——が等しいこと，つまり，

$$MRS_1 = MRS_2 \tag{1-4}$$

という式が成り立つことである．これを背理法で証明してみよう．

いま，パレート効率的な資源配分が実現されているのに，$MRS_1 > MRS_2$ という不等式が成り立っていたと仮定する．このとき，消費者1が消費者2から

財 X を1単位もらい，その代わりに財 Y を消費者2に MRS_1 単位だけ与えても，MRS_1 の定義上，消費者1の効用は不変である．ところが，このとき消費者2は，自分の効用を維持するためには，財 X を1単位だけ消費者1に与える代わりに，財 Y を MRS_2 単位もらうだけで十分なのに，$MRS_1(>MRS_2)$ だけもらえるので効用が高まる．

つまり，こうしたやり取りの結果，消費者1の効用を変えないまま，消費者2の効用を高めることができる．これは，パレート効率的な資源配分の定義に反する．つまり，仮定と矛盾する結果が得られたわけである．したがって，$MRS_1 > MRS_2$ という関係は成立しない．同様に，パレート効率的な資源配分が実現しているとき，$MRS_1 < MRS_2$ という関係も成立しない．以上より，パレート効率的な資源配分が実現していれば，(1-4) 式が成り立つことがわかる．

効率的な資源配分（2）：各財の供給量が調整される場合

次に，各財の供給量が調整できる場合はどうか．ただし，財 X，財 Y の供給量が与えられている状況下は，上に説明したように，$MRS_1 = MRS_2$ が成り立つように財が配分され，パレート効率的な資源配分が成り立っていると想定する．そのときに成立する限界代替率（MRS とする）に限界変形率 MRT が等しくなること，すなわち，

$$MRS(=MRS_1=MRS_2)=MRT \tag{1-5}$$

が，パレート効率的な資源配分の必要条件であることを示してみよう．ここでも，背理法を用いる．

いま，パレート効率的な資源配分が成り立ち，しかも，$MRS < MRT$ であったとする．ここで，財 X の生産を1単位減らすと，財 Y の供給量は MRT 単位だけ増えることを思い出そう．そこで，消費者1，消費者2にそれぞれ，財 X の消費をたとえば0.5単位ずつ減らしてもらい，代わりに財 Y を $0.5MRT$ 単位ずつ与えればどうなるだろうか．

2人とも，財 Y を $0.5MRS$ 単位だけ受け取れば当初の効用を維持できるのに，$0.5MRT(>0.5MRS)$ 単位だけ受け取るので，効用は高まるはずである．したがって，この財の配分はパレート効率的でないことになり，仮定と矛盾す

る．したがって，$MRS < MRT$ という関係は成立しない．同様に，パレート効率的な資源配分が実現しているときは，$MRS > MRT$ という関係が成立しないことも証明できる．したがって，パレート効率的な資源配分が実現していれば，(1-5) 式が成り立つ．つまり，任意の財について，各消費者の限界代替率，そして限界変形率が同じになることがわかる．

効率的な資源配分の特徴

パレート効率的な資源配分については，次のような点を追加的に説明しておこう．すなわち，第1に，パレート効率的な資源配分は1つだけではなく，無数にある．そして，その無数の資源配分の優劣を判断することは，効率性という観点だけからではできない．たとえば，個人間で不公平な資源配分より公平な資源配分のほうが望ましいと判断することはできない．この判断には，公平性という別の観点からの判断基準が必要となる．この点については，第3節で改めて議論する．

第2に，資源配分を変更することによって，社会を構成する誰の効用も引き下げず，少なくとも1人の効用が高まったとき，その変化をパレート改善的 (Pareto improving) という．ここでも，その効用が高まったのがどのような人かは問題にしない．効用の低い人はそのままで，効用がすでに高い人の効用が高まった場合でも，社会の効率性が改善したと評価する．これも，公平性という観点を排除し，効率性という観点だけで資源配分を評価しているからである．

第3に，資源配分を変更することにとって，利益を受ける人と損失を受ける人が両方存在する場合，その変更を社会的に是認できるかという問題がある．これについては，補償原理 (compensation principle) による整理の仕方がある．たとえば，その資源配分の変更は，それによって利益を受ける人が，損失を受ける人の損失を補償（穴埋め）しても利益が残っていれば是認できるとする，カルドア (Kaldor) 基準がある．一方，その変更を阻止した場合，変更で得ていたはずの利益を補償しようとしても，変更したほうがましであればその変更を是認する，ヒックス (Hicks) 基準もある．

しかし，セン (Sen) が批判するように，これらの補償原理はあくまでも虚

構であり，実施される保証はどこにもないという問題がある．実際，損失が必ず補償されるのであれば，わざわざ補償原理を持ち出す必要はないであろう．さらに，補償によって人々の行動が変化する可能性も無視できない．パレート効率性は，効率性の意味をかなり狭く解釈しているが，補償原理のように効率性を広く解釈しても，私たちは問題から解放されない．

厚生経済学の第1定理：消費者の行動

すでに説明したように，パレート効率的な資源配分が実現するためには，すべての消費者の限界代替率が等しく，しかも，それが限界変形率に等しくなっていなければならない．ところが，興味深いことに，こうしたパレート効率的な資源配分は市場メカニズムによって実現されることがわかっている．これが，厚生経済学の第1定理といわれるものである．経済学が市場メカニズムの機能に多くの期待を寄せるのは，この定理があるからである．

以下では，この定理がなぜ成り立つかを考えてみよう．ここでは，消費者や企業は，各財の価格を，自らの行動によっては影響を受けない，与えられたもの（所与）として受け止めていると想定する．

まず，消費者の行動を取り上げてみる．消費者は，与えられた所得の下で，効用を最大化するような財の組み合わせを購入する．任意の2つの財 X 及び Y の価格（円）をそれぞれ P_X, P_Y と表記し，財 X の財 Y に対する限界代替率を MRS と表記したとき，消費者は，

$$MRS = \frac{P_X}{P_Y} \tag{1-6}$$

という関係式が成り立つように行動しているはずである．最初に，その理由を説明しよう．ただし，この式では，財 X と財 Y の価格（円）をそれぞれ P_X, P_Y と表記しており，P_X/P_Y は，財 X の財 Y に対する相対価格を意味する．

いま，消費者1が効用を最大化していて，しかも，財 X の財 Y に対する相対価格が，財 X の財 Y に対する限界代替率を上回っている，つまり，$P_X/P_Y > MRS_1$ であるとしよう．このとき，消費者1は，財 X の購入を1単位減らして財 Y の購入を P_X/P_Y だけ増やすことができる．ところが，財 X の購入を1単位減らしたときに財 Y の購入を MRS_1 増やせば元の効用水準を

維持できるので,財 Y の購入を $P_X/P_Y(>MRS_1)$ 増やすことができれば,効用は元の水準を上回ることになる.これは,消費者1が効用を最大化しているという仮定に反する.したがって,$P_X/P_Y>MRS_1$ という関係は成立しない.同様に,効用が最大化されていれば,$P_X/P_Y<MRS_1$ という関係も成立しない.したがって,効用が最大化されていれば,$P_X/P_Y=MRS_1$ が成り立つ.

同様に,消費者2についても,効用最大化の下では $P_X/P_Y=MRS_2$ が成り立つことを示すことができる.したがって,(1-4)式が成り立つ.このように,価格を所与として消費者が効用を最大化すると,価格を媒介としてすべての消費者の限界代替率が等しくなる.

厚生経済学の第1定理:企業の行動

一方,企業にとってはどうだろうか.ここでは,財 X, Y が同じ企業で生産され,生産要素は1種類(たとえば労働)であるとしよう.また,生産要素の価格(単価)は1円であるとする.そして,生産要素の賦存量は決まっており,財 X と財 Y の生産のためにすべて用いられていると想定しよう.このとき,財 X の財 Y に対する限界変形率を MRT としたとき,

$$MRT = \frac{P_X}{P_Y} \tag{1-7}$$

という関係が成り立つ.それは,次のように説明できる.

いま,企業が,価格 P_X と P_Y を所与として財 X と財 Y の生産を行い,利潤を最大化しているとしよう.まず,財 X について言えば,いまの状態で利潤がすでに最大化しているので,財 X の生産をいまから1単位引き上げ,P_X 円だけ売上を伸ばそうとしても,コストもちょうどそれだけ増加し,利潤は増加しないはずである.したがって,財 X を1単位追加的に生産するために投入すべき生産要素の量を ΔL_X とすれば,$P_X = \Delta L_X$ が成り立つ.生産要素の単価は1円と設定したので,右辺は財 X を1単位追加的に生産するために必要な限界費用を意味する.つまり,利潤最大化の下では,生産物の価格と限界費用が等しくなっている.

同様に,財 Y についても,利潤が最大化しているときには,財 Y の生産を1単位増やそうとしても,生産要素が ΔL_Y だけ追加的に必要となり,利潤は

増加しないはずである．したがって，$P_Y = \Delta L_Y$ が成り立っている．

こうした状況の下で，財 X の生産のために用いていた生産要素を1単位減らし，その分を財 Y の生産のために用いたと想定してみよう．財 X の生産量は $1/\Delta L_X$ だけ減少し，財 Y の生産量は $1/\Delta L_Y$ だけ増加する．したがって，財 X の財 Y に対する限界変形率 MRT は，

$$MRT = \frac{1/\Delta L_Y}{1/\Delta L_X} = \frac{\Delta L_X}{\Delta L_Y} \tag{1-8}$$

として表すことができる．ところが，上の説明のように，企業 X と Y が利潤を最大化していれば，$P_X = \Delta L_X$，$P_Y = \Delta L_Y$ が成り立つから，結局，この（1-8）式を用いて，（1-7）式が成り立つことがわかる（以上の説明は，財 X と財 Y の生産を別々の企業が行っており，生産要素をやり取りできると想定しても成り立つ）．

このように，消費者や企業が価格を所与として効用あるいは利潤を最大化していれば，相対価格を媒介として，各消費者の限界代替率，そして限界変形率が一致し，パレート効率的な資源配分が実現することになる．以上のような理由で，厚生経済学の第1定理が成り立っているのである．

1.2 市場の失敗

市場の失敗とは

前節で説明したように，市場メカニズムは，効率的な資源配分を実現するという意味で優れた特徴を持っている．人々が価格を与えられたものとして受け止め，自分たちの効用や利潤を最大化するという，いわば私的利益の追求に専念することによって，効率的な資源配分が社会全体で実現されるという，逆説的とも言える結論が理論的に導かれることはやはり驚くべきことである．

しかし，この厚生経済学の第1定理が完全に成立しているのであれば，少なくとも資源配分に関する限り，私たちは市場メカニズムに基本的にすべてを委ねればよいことになる．その場合，政府のすべきことは，市場メカニズムがうまく機能するような法整備やルール作りに限定されるはずである．ところが，

実際には，政府は市場メカニズムにさまざまな形で介入している．その理論的な根拠は，どこに求められるのだろうか．

市場メカニズムには，厚生経済学の第1定理の想定のようにはうまく機能せず，効率的な資源配分の実現を保証しない面がある．これを，市場の失敗（market failure）と総称する．この市場の失敗を是正することが，政府に期待される重要な役割だというのが経済学の伝統的な考え方である．ただし，市場の失敗といわれているものも，実は市場メカニズムでかなり解決できるのではないかという考え方もあり，いろいろ興味深い理論が生まれていることも事実である．

こうした市場の失敗には，公共財，外部性，不完全競争，情報の不完全性などさまざまなものがある．それぞれについては次章以降で詳しく説明することになるが，以下ではその内容を簡単に紹介することにしよう．

公共財

世の中には，市場によっては十分に供給できない財も存在する．道路や空港，図書館などの公共施設がその具体的な例である．これらの公共施設は，人々の経済活動や日常生活にとって不可欠なものであり，需要はかなりあるはずである．しかし，人々はこうした公共施設を自分でお金を出して直接購入することはなく，政府が供給し，私たちは税などの形でいわば強制的にその費用を負担させられている．

公共施設の供給に対して，私たちの自由な選択に任せられず，政府の関与が求められるのはなぜだろうか．公共施設のような財を一般的に公共財（public goods）という——それに対して私的に売買される財を私的財（private goods）と呼ぶ——が，この公共財の供給を市場メカニズムに任せられないのは，次の2つの特徴があるからである．

第1は，その財やサービスの利用から，利用料を支払わない人を排除できないという特徴である．この特徴を非排除性（non-excludability）という．たとえば，自治体が夜警サービスを提供することを考えよう．ある住民がそのための費用の分担を拒否したとする．その場合でも，自治体はその住民だけを夜警サービスの対象から外すことは難しいし，その住民もほかの住民に対する夜警

サービスによって治安の改善という恩恵を受ける．

第2は，自分でお金を出して購入しても独り占めできないという特徴である．この特徴を非競合性（non-rivalness）と呼ぶ．通常の財では，自分で購入した物を他人が使用することを拒否できる．これに対して，公共財は，多くの人たちが同時にそれを使用することができる．たとえば，大教室で受ける授業はどうか．もちろん，授業料を払わないと受けられないという制約はあるが，多くの学生が教員の話を同時に聴いている．座席に余裕があれば，学生が増えても授業を行うコストはほとんど異ならない．

第2章では，こうした公共財の経済学的な特徴について詳しく議論するが，非排除性や非競合性という特徴を考慮に入れると，公共財の供給が社会的に過少になる危険性が高くなることが，以上の説明からも容易に推察できるだろう．いくら社会的に望ましい財であっても，自分だけでなく他人もコストを負担していること，コストを払わなくても使用できること，その便益を独り占めできないことなどを考慮すると，自分が得る便益から見て低めのコストしか負担したくないと思うのが人情である．そうした人々の行動に任せておくと，実際に公共される公共財の水準は社会的に最適な水準を必ず下回る．だからこそ，公共財の供給には政府の関与が必要になってくる．

外部性

外部性（externalities）とは，自分の行動が，市場メカニズムを経由せずに他人に影響を及ぼす効果のことをいう．たとえば，企業がある財を生産するとき，工場から排出する汚水を川に垂れ流しているとしよう．汚水は川下で生活する住民の利益を引き下げるが，市場メカニズムにはこの問題を解決する仕組みが備わっていない．というのは，企業は，生産する財の生産量や川に流す汚水の量を，利潤が最大化するように決定しており，川下の住民たちに及ぼす影響を考慮に入れないからである．

このとき，この企業の財の生産量は社会的に望ましい水準を上回っているはずである．そのため，政府はこの企業に生産量や汚水量の抑制を命令したり，罰金を科して制限したりする必要がある．なお，生産量そのものを抑制するのであれば，課税によって生産を抑制するだけでなく，逆に補助金を与えて生産

の抑制を促すという政策も考えられる．

外部性には，マイナスの影響を及ぼす場合だけでなく，望ましい影響を及ぼす場合がある．その代表的な例が教育である．教育を受けるのは，それによって知識や技能を身につけ，生産性を上げて賃金を得るためだというのが経済的な説明である．しかし，教育からは，自分の賃金が高まるというメリットだけが発生するわけではない．自分が教育で身につけた技能は，一緒に仕事をする同僚や取引先の生産性も高め，最終的には社会全体の生産水準の引き上げに貢献するだろう．

しかし，私たちは，他人や社会に及ぶメリットのことまで考えて教育を受けようとは考えない．したがって，人々の自由な選択に任せておくと，教育水準は社会的に望ましい水準を必ず下回ることになる．そこで，政府は教育に対する財政的な支援を行い，人々が教育を受けやすいようにする．とくに，義務教育が無償化されているのは，義務教育の外部性がきわめて大きいという判断によるものと考えられる．

このように，外部性を念頭において，政府が税を課したり，補助金をつけたりする場合が多いが，そうした性格の税や補助金をピグー税（Pigouvian tax）あるいはピグー補助金と呼ぶ．このピグー税や外部性に関するその他の政策対応については第4章で改めて説明することにする．

不完全競争

政府の介入が必要となるケースとして，その財やサービスを取引する市場が完全競争になっていない場合が挙げられる．市場が完全競争にならない場合の例としては，その財の生産が費用の劣加法性（subadditivity）という性格を持っている場合が挙げられる．費用の劣加法性とは，ある財の生産において，2社以上の企業で生産するよりも，1社で生産したほうが費用が全体として低下することである．

費用が劣加法的である場合，市場では企業の合併が進み，自然と独占状態になる．こうした状態を自然独占（natural monopoly）という．費用が劣加法的であり，自然独占が一般的になっている産業としては，電力産業が挙げられる．電力産業は発電所や送電設備など大規模な設備が必要なので生産コストも

高くなるが,電力を消費する事業所や世帯が増えていくと,単位当たりの生産コストが逓減していく.したがって,供給量が少なければ採算がとれない.そのため,一部の例外を除いて,電力産業は地域ごとに独占企業が操業している.

通常の財やサービスの場合であれば,独占は望ましいことではないが,自然独占の場合は,むしろ独占を認め,価格規制を行うことによって消費者の利益を保証するという対応のほうが望ましくなる.電力会社やガス会社が各地で独占的な営業を行い,料金設定に際して政府の認可を必要としているのは,そうした理論的根拠に基づくものである.

ただし,こうした費用の劣加法性は技術革新によって大きく左右され,かつては政府の関与が正当化されていたのに現在は正当化されず,むしろ,市場メカニズムに任せたほうが望ましくなっているというケースもある.電信電話産業がその典型的な例であろう.ITの飛躍的な進歩により,費用の劣加法性が弱まり,電信電話産業は完全に民営化され,価格・サービス面での激しい競争が展開されている.不完全競争,とりわけ自然独占における政策のあり方については,第3章で詳しく議論する.

情報の不完全性

市場メカニズムがうまく機能するためには,そこで取引される財やサービスの中身や性格がしっかりと理解されていることが前提となる.たとえば,消しゴムは,それを使えば鉛筆で書いた字が消える道具であることがわかっており,その機能の金銭的な価値もだいたい評価できる.しかし,その財やサービスが何なのかよくわかっていない場合,どれだけの価値があるのか,そしてどれだけの価格が妥当なのか判断に苦しむ.このように,情報の不完全性という問題があると,市場メカニズムは十分機能しにくくなる.

その代表的な例が,専門知識を必要とする財やサービスの提供である.たとえば,私たちが病気にかかり,医師に診てもらう場合を考えよう.医師が適切な医療サービスを提供するかどうかはっきりわからないと,私たちはとても不安になる.そこで,医師の知識や技能を公的に保証する医師免許制度が要請される.医師免許を保有しているということで,情報の不完全性に関する問題は,すべてではないにせよかなり軽減される.各種の営業許可制度も,情報の不完

全性を軽減するという役割を果たしている．免許や営業許可などの仕組みを運営するのは，政府など公的な主体となる．

情報の不完全性は，情報の非対称性（偏在）という形をとる場合が多い．情報が非対称であるというのは，ある情報について一方はよく知っているが，他方がそれほどでもない，という状況である．このように情報の非対称性が存在するとき，市場メカニズムに委ねると問題が発生することがある．医療保険が，その代表的な例として指摘される．自分の疾病リスクは，保険を販売する保険会社よりも自分のほうがよく知っているという意味で，情報の非対称性が存在すると仮定してみよう．このとき，保険に加入するのは，疾病リスクが高く，保険会社が設定した保険料でも十分"元がとれる"人たちである．そのような人たちだけが加入すると，医療保険は赤字になるので，保険会社は保険料を引き上げる．そうすると，保険加入者は疾病リスクがさらに高い人たちに絞られるので，保険会社はさらに保険料を引き上げる．こうしたプロセスが繰り返され，医療保険は成立しなくなる．これを逆選択（adverse selection）という．

このように，疾病リスクに伴う情報の非対称性が逆選択を生み，医療保険が民間では成立しないので，社会を構成する人々全員に医療保険の加入を強制するという社会保険の仕組みが要請されることになる．政府は疾病リスクの高い人も低い人も保険料を強制的に負担させ，社会全体で疾病リスクに備えることになる．第8章では，この情報の非対称性が問題となる医療保険における，政府の対応の仕方を検討することにする．

価値財

政府による市場メカニズムの介入を正当化する根拠としては，これまで説明してきた市場の失敗が挙げられることが多い．しかし，市場が必ずしも「失敗」しているわけではないものの，政府が消費者の選好とは別の基準に基づいて政府が供給する財やサービスも存在する．そうした財やサービスは価値財（merit goods）と呼ばれる．

政府が市場に介入するのは，資源配分の効率性を高めるためばかりではない．資源配分の効率性は，個人の私的な選好を反映したものだが，社会にはそれとは異なる，社会が全体として追求すべき価値があり，政府はそれを追求すべき

だという考え方が，価値財という概念の背景にある．上の説明では，政府による教育に対する支援の理論的根拠を教育の外部性に求めた．しかし，教育それ自体に社会的な価値があり，したがって，政府は人々に教育を強制的に受けさせる——と考えるわけである．

同様のことは，公的年金についても言える．人々は近視眼的になりがちなので，若いうちに老後に備えた貯蓄を十分にしない．したがって，政府は公的年金という仕組みを設定し，人々に強制的に貯金をさせることになる．逆に，喫煙や飲酒の年齢制限，麻薬の禁止は，タバコやアルコール，麻薬がいわば負の価値財的な性格を持っているために行われる．

経済学は，消費者による選好を重視する消費者主権の考え方を基本とする．しかし，以上の説明のように，消費者主権を超えた，政府の温情主義（paternalism）やそれによる政府の積極的な関与を認める考え方もある．ただし，この温情主義の考え方については，政府による関与を正当化する根拠としてどこまで説得的なのか，それによって資源配分が必要以上に歪められていないか，といった検討が必要となるだろう．

1.3　効率性と公平性

公平性の観点

本章ではこれまで，市場メカニズムが効率的な資源配分を実現するという点で優れた機能を発揮するということ，そして，市場メカニズムが何らかの理由で「失敗」した場合は，政府が市場に介入してその機能を補完する必要があることを説明してきた．しかし，そこでの議論はあくまでも資源配分をどうすれば効率的に行うことができるかという，効率性（efficiency）の観点に基づくものであった．

しかし，経済学には効率性という観点だけでなく，公平性（equity）という観点もある．公平性とは，市場メカニズムによる資源配分の結果生まれる所得分配が，どこまで平等なものになっているかという観点である．市場メカニズムは，能力が高く社会全体の生産水準の向上に貢献した者ほど高く評価する仕

組みであり，その限りではきわめて公正である．しかし，市場メカニズムが機能した結果発生する所得格差を是正せず，そのまま受け入れてよいかどうかは，意見の分かれるところであろう．

公平性の観点から，所得格差の是正に政府が関与すべきだと考える根拠としては，次のようなものが考えられる．第1に，機会の平等（機会均等）が必ずしも保障されていない．市場競争による優劣や勝敗を人々が納得して受け入れるためには，人々ができるだけ同じスタートラインに立って，同じような条件で市場競争に参加するという条件が必要である．しかし，子供時代の貧困によって教育が十分に受けられず，知識や技能を十分に身につけられないまま，社会に出てくる人たちもいる．このように機会の平等が確保されていないのであれば，結果の不平等はそのままの形では受け入れられない．

第2に，たとえ機会の平等が確保されていたとしても，災害や事故，病気など自分では回避できなかった出来事によって所得が著しく低下した場合はどうか．「運が悪かったから諦めなさい」と言っておしまい，というのではあまりに冷たい．私たちは，こうした不運な目に遭った人たちをかわいそうに思って助けようと思う．そのための社会的な仕組みが社会保障である．社会保障は，社会保険料や税などの形で加入者が資金をあらかじめ貯めておき，リスクが現実のものになった人を支援する仕組みである．

第3に，市場がその人の成果を正確に把握し，所得にそれが完全に反映されるとは限らない．賃金は，基本的にはその人が生産にどれだけ貢献したかに応じて支払われるが，一人ひとりの貢献を正確に把握することは不可能である．その人の成果の中には，ほかの多くの人たちの貢献分も反映されているはずだし，逆にその人の貢献の一部はほかの人たちの成果に反映されていると思われる．生産への貢献を個人レベルに完全に分割できない以上，分配された所得には不公平な分が含まれている．

第4に，市場が完全な形で機能し，さらに，人々の成果を正確に把握できたとしても，あまりにも大きな所得格差は是認すべきではないと私たちは考える．世の中の姿として，所得格差があまりにも大きな状況は避けるべきだと私たちは判断する．ただし，なぜ私たちが格差を回避するのか，その理由については明らかでない面がある．社会全体における所得格差を回避する気持ちは，個人

レベルにおける所得変動リスクを回避する気持ちと翻訳して解釈することもできる．つまり，社会の所得格差が大きいほど，自分の所得も将来大きく変動するという予想につながり，リスク回避の観点から否定的にとらえられる，という説明もできる．しかし，最近の実験経済学や脳科学の研究によると，リスク回避だけでなく，格差そのものを回避したいという気持ちが私たちの心の中にあることがわかっている．

社会的厚生関数

効率性の観点だけでなく，公平性の観点も考慮して，社会全体の幸せを意味する社会的厚生（social welfare），そしてそれを，社会を構成する各個人の効用の関数として表現した社会的厚生関数（social welfare function）がある．

社会的厚生関数は，社会的厚生を W，社会を構成する N 人のそれぞれの効用を $U_i(i=1,2,\ldots,N)$ として，

$$W = W(U_1, U_2, \ldots, U_N) \tag{1-9}$$

として表現される．ここで，$\partial W/\partial U_i \geqq 0$ であると仮定しよう．つまり，社会の構成員のうち，ほかの者の効用が変わらなくても，その1人の効用が高まれば社会的厚生も高まると考えるわけである．

いま，各個人の効用が比較可能であると仮定しよう．このとき，公平性の観点をまったく考慮せず，効率性の観点からのみ社会的厚生をとらえるとすれば，(1-9) 式の社会的厚生は，各自の効用の総和として表現され，

$$W = U_1 + U_2 + \cdots + U_N \tag{1-10}$$

として与えられる．社会全体の厚生水準が高ければ，各個人の効用がどのように構成されているかはここでは不問とされる．N 人の効用がすべて同じであったとしても，N 人のうち1人だけが幸福で残りの $N-1$ 人が悲惨な生活を送っていたとしても，効用の総和が同じであれば差はなく，その総和だけを問題にするという考え方である．これは，効率性だけを考慮する社会的厚生関数であり，ベンサム（Bentham）型の社会的厚生関数という．

一方，社会全体の公平性を最大限追求する場合はどうか．その場合，社会的厚生は，社会の構成員の中で効用が最も低い人の効用で社会的厚生が決まるというものである．すなわち，社会的厚生関数は，

$$W = \min(U_1, \ldots, U_N) \tag{1-11}$$

として与えられる（min（ ）は，（ ）の中の最小値を意味する関数）．このタイプの社会的厚生関数を，ロールズ（Rawls）型の社会的厚生関数という．効用が最も低い人の効用を最大にするためには，構成員のすべての効用を同じにするような平等主義的な所得再分配を進める必要がある（これは簡単に証明できるので，読者への宿題とする）．

　私たちが実際に想定する社会的厚生関数は，ベンサム型，ロールズ型という両極端のものではなく，その中間的な姿だと考えてよいだろう．たとえば，効用が低い水準の人ほど高いウェイト付けをした社会的厚生関数も考えられる．

　このように，社会的厚生関数は，効率性と公平性のウェイト付けをどのようにするかでその形状が変わってくる．しかし，それ以上に重要なことは，両者の関係が，一方を追求すれば他方がそのために悪化するというトレードオフ（二律背反）になる場合があることである．もちろん，効率性と公平性を同時に高めることが可能な状況もあり，両者が常にトレードオフの関係にあるわけではない．しかし，公平性を過度に追求して大規模な所得再分配を行おうとすると，税や保険料の負担が重くなって，人々の労働意欲が低下し，社会全体の生産水準が低下する可能性がある．そうなると，所得再分配を行おうと思っても，そのための財源が減少するので，当初の政策目的を達成することが難しくなる．次節では，所得再分配をめぐるこの問題を考えることにしよう．

1.4　所得再分配

平等主義の根拠：効率性を無視する場合

　本節では，前節で紹介した社会的厚生関数を念頭に置いて，望ましい所得再分配のあり方を具体的に考えてみよう．まず，効率性を考慮しない場合の所得再分配のあり方を考えてみる．一般的には，せっかく働いた賃金のうち多くを税や社会保険料として持って行かれると，人々は労働意欲を失い，その結果，社会全体における所得総額も減少する可能性がある．しかし，ここでは，そうした効率性への影響を無視したうえで，人々がすでに働いて得た所得を政府が

再分配するという状況を想定してみよう．このとき，人々はすでに働いた後なので，どのような再分配を行っても人々の就業意欲は影響を受けない．

いま，話を簡単にするために，個人1，個人2という2人だけで社会が構成されると仮定し，それぞれが得た所得を Y_1, Y_2 で表記する．政府は，その合計 $Y_1 + Y_2$ を2人に再分配し，社会的厚生の最大化を目指す．ただし，2人の効用関数 $U(y)$ は共通であり，効用は所得だけで決定されると想定しよう．さらに，効用関数については，$U'(y) > 0$, $U''(y) < 0$ を仮定する．つまり，効用は，所得の増加に伴って上昇するが，その上昇は次第に頭打ちになっていくと考えるわけである．

社会全体の厚生を評価する社会的厚生関数としては，前節で説明したように，

ベンサム型社会的厚生関数：$W = U(y_1) + U(y_2)$ (1-12)

ロールズ型社会的厚生関数：$W = \min(U(y_1), U(y_2))$ (1-13)

という2つのタイプを考える．ただし，ここで，y_1, y_2 は政府が再分配した後の所得を表している．

再分配所得の合計 $y_1 + y_2$ が再分配前の所得の合計 $Y_1 + Y_2$ に等しいという制約の下で，社会的厚生 W を最大化するためにはどうすればよいだろうか．y_2 は $Y_1 + Y_2$ から y_1 を差し引いたものであるから，ベンサム型社会的厚生関数の場合は，$W = U(y_1) + U(Y_1 + Y_2 - y_1)$ を最大にする条件を求めればよい．この式を y_1 で微分してゼロと置くと，その条件は $U'(y_1) = U'(Y_1 + Y_2 - y_1)$ となる．$U'(y)$ は1対1対応の関数なので，この条件は，$y_1 = Y_1 + Y_2 - y_1$，すなわち，y_1 が当初所得の和のちょうど半分に等しいことを意味する．y_2 についても同じことが言えるから，結局，最適な所得再分配は，

$$y_1 = y_2 = \frac{Y_1 + Y_2}{2} \quad (1-14)$$

となる．つまり，この場合は総所得を完全に等分することが望ましい．

一方，ロールズ型社会的厚生関数の場合は，$W = \min(U(y_1), U(Y_1 + Y_2 - y_1))$ を最大にする条件を求めればよいが，それは $U(y_1) = U(Y_1 + Y_2 - y_1)$ となる．$U(y)$ は1対1対応の関数なので，この条件は，$y_1 = Y_1 + Y_2 - y_1$ となり，ここでも，y_1 は再分配前の総所得のちょうど半分に等しいことを意味する．y_2 についても同様のことが言えるから，この場合の最も望ましい所得再分配も，

ベンサム型の場合とまったく同様に,（1-14）式が成り立つ．つまり,ここでも総所得を完全に等分することが望ましい．

こうして得られた結果は,意外である．ベンサム型社会的厚生関数は公平性に無頓着であり,ロールズ型社会的厚生関数は公平性を最大限追求するはずなのに,いずれも平等主義的な所得再分配が望ましいという結果になっているからである．政府はいずれの社会的厚生関数を想定しても,各自に税率100％の所得税を課し,得られた税収（＝2人の再分配前所得の合計）を半分ずつ2人に再分配する．

このように,いずれの場合にも平等主義的な所得再分配が最適なものとして導出されるのは,モデルの中に効率性の観点が一切入ってこないからである．ここで議論している所得再分配を振り返ってみると,それはあくまでも人々が所得を得た後での作業であり,人々の行動に影響を一切及ぼさないという構造になっている．そのため,公平性の観点だけが問題となり,平等主義的な所得再分配が最も望ましいという結果が導かれるわけである．ここでは,公平性と効率性のトレードオフはまったく発生していない．

図による説明

以上の点を,図を用いて説明しておこう．個人1,個人2の効用をそれぞれ

$$U_1 = U(y_1) \tag{1-15}$$
$$U_2 = U(y_2) = U(Y_1 + Y_2 - y_1) \tag{1-16}$$

と表記する．y_1を徐々に増やしていくとU_1は増加し,U_2は減少する．したがって,U_1を横軸,U_2を縦軸にとると,両者の関係を示した曲線は右下がりになる．さらに,効用は所得の増加とともに頭打ちになっていく（$U''(y) < 0$）と仮定しているので,y_1の水準が高くなるほど,U_1の増加ペースは低下していく．その一方で,個人2の受け取る所得は減少していくので,U_2の減少ペースは高まっていく．したがって,U_1とU_2の関係を示した曲線は,原点に対して凹の形となるはずである．さらに,2人の効用関数の形状が同じであることも考慮すると,この曲線は,45度線を境にして対称になる．このようにして描かれる曲線を,効用フロンティア（utility frontier）という．図1-1は,横軸にU_1,縦軸にU_2をとって,この効用フロンティアを図示したものである．

図1-1 効用フロンティアと社会的無差別曲線
──効率性を考慮しない場合──

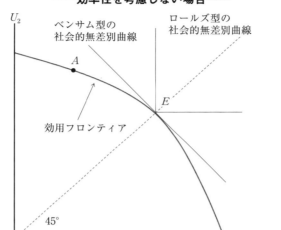

　政府が所得再分配を行う前において，2人の効用の組み合わせは点Aで示されていたとしよう．点Aでは，個人2のほうが個人1より所得が多く，したがって効用も高くなっている．政府は，この効用フロンティア線上にある，2人の効用の組み合わせの中で，社会的厚生を最大にするものを探す．そこで，社会的無差別曲線を登場させよう．これは，消費者行動の説明で登場する無差別曲線のように，2人の効用がこの曲線上にあれば，社会的厚生が同じであることを意味する．政府は，効用フロンティア線と共有点を持つという条件の下で，この社会的無差別曲線をできるだけ右上にシフトさせることを目指す．

　社会的無差別曲線の形状は，社会的厚生関数としてどのようなものを想定するかに依存する．ベンサム型の社会的無差別曲線の場合は，傾きがマイナス45度の直線となる．一方，社会的無差別曲線がロールズ型の場合は，屈折点が45度線上にあるL字型になる．したがって，いずれの社会的無差別曲線も効用フロンティアと同様，45度線を境にして対称になる．そのため，社会的厚生が最大になる点は，いずれのタイプの社会的無差別曲線を想定しても，効用フロンティアと45度線が交わる点Eに対応することがわかる．そして，この点Eでは2人の効用は等しくなり，再分配後の所得もまったく同じになる．

効率性と公平性の両方を考慮する場合

 それでは，公平性だけではなく，効率性も考慮に入れるとどうなるだろうか．ここでも話を簡単にするために 2 人だけで構成される社会を想定するが，効用水準が消費 c と労働供給量 l によっても左右されるとしよう．つまり，個人 i の効用関数が $U(c_i, l_i)$ で与えられているとする（$i=1, 2$）．ただし，$\partial U/\partial c_i>0$, $\partial U/\partial c_i<0$ である．さらに，2 人の間に労働生産性の差があり，個人 2 の賃金率 w_2 が個人 1 の賃金率 w_1 を上回っているとする．両者の間に所得再分配のメカニズムがないとすれば，各人は，$c_i \leq w_i l_i$ という予算制約の下で，$U(c_i, l_i)$ を最大化するという問題を解くことになる（消費財価格は 1 としている）．その結果，得られた効用水準を U_1, U_2 と表記する．$w_1<w_2$ の場合，所得再分配が行われれば，$U_1<U_2$ となると想定してよいだろう．

 ここで，次のような所得再分配のメカニズムを考えてみる．すなわち，各自に税率 $t \times 100\%$ の所得比例税を課すとともに，それで得られた税収の半分 A を 2 人に補助金として再分配するわけである．このとき，個人 i は，$c_i \leq (1-t)w_i l_i + A$ という制約条件の下で，$U(c_i, l_i)$ を最大化するという問題を解くことになる．ただし，各個人は，税率 t と補助金 A を所与の変数としてとらえる．

 いま，政府が再分配を行う前に，2 人の効用の組み合わせは図1-2の点 A に位置していたとしよう．ここでは，$w_1<w_2$ と想定している．点 A が45度線の左上にあるのは，個人 2 のほうが個人 1 より生産性が高く所得も高くなるので，効用も高いからである．

 いま，政府が税率をゼロ％から少しだけ引き上げたと想定する．その結果，たとえば，個人 2 は 1 万円の税を政府に支払い，個人 1 は8000円を支払ったとする（個人 2 の支払った税のほうが多いのは，彼の生産性のほうが高いからである）．政府は，2 人から得た税収を半分ずつ 2 人に補助金として戻す．このとき，個人 2 は1000円損をし，個人 1 は逆に1000円得をする．したがって，個人 2 の効用は低下し，個人 1 の効用は上昇するだろう．

 ただし，個人 2 の効用は，1000円損することだけで低下するのではない．税金を負担することで労働意欲が低下する――（消費財に対する余暇の相対価

図1-2 効用フロンティアと社会的無差別曲線
──効率性を考慮する場合──

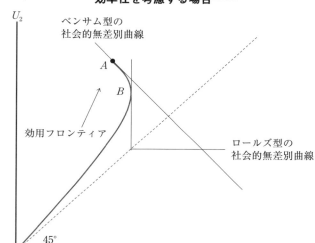

格である）税引き後賃金が低下するので，労働を減らして余暇を増やすと解釈してもよい——ため，労働供給が減少して賃金所得が減少するという効果も発生するからである．また，個人1の効用も，1000円得をする分だけ効用が高まるわけではない．個人2と同様，増税が労働意欲を低下させ，賃金所得を減少させる．したがって，個人1の効用の増加分は，1000円を得た場合の効用の増加分を下回ることになる．

　こうした再分配の結果，個人1の効用は上昇し，個人2の効用は低下するので，両者の効用の組み合わせは点 A からその右下に位置する点に移る．その点から，政府がさらに税率を引き上げて再分配を強化したとしよう．個人2の効用は，上と同じ理由でさらに低下する．個人1の効用はおそらく上昇するだろうが，増税のために労働意欲がさらに低下し，賃金所得が減少して効用の増加の度合いは弱まる．政府がさらに税率を引き上げて再分配を強化すると，個人2の効用はさらに低下する．個人1も労働意欲がさらに弱まって賃金所得が減少し，しかも個人2からの所得移転にもあまり期待できなくなるので，彼の効用も低下に転じる．図では，点 B でそうした状況が生じている．

望ましい所得再分配

このように，税率を引き上げ，所得再分配を強化していくと，生産性の高い個人の効用が減少していくだけでなく，生産性の低い個人の効用も増加から減少に転じていく．税率があまりに高くなると労働意欲が弱まり，労働供給が弱まって賃金所得が減少し，さらに再分配も難しくなることがその背景にある．

このようなプロセスを続けていったときに，2人の効用の組み合わせ，つまり効用フロンティアは，曲線 ABO のような形になる．図1-1とは大きな違いである．原点 O では，税率があまりに高くなって2人とも働く意欲を完全に失い，したがって，所得がまったく発生しない状況を示している．

このように効率性をモデルの中に組み入れた場合，望ましい再分配はどのようなものになるだろうか．まず，社会的厚生関数がベンサム型の場合，再分配を一切行わない点 A で，社会的厚生は最大になる．証明は省略するが，この点 A では，マイナス45度の直線で示される，ベンサム型の社会的無差別曲線が効用フロンティアと接していることを示すことができる．

一方，社会的厚生関数がロールズ型の場合はどうだろうか．効用フロンティアが右に最も出っ張り，生産性の低い個人の効用が最大になる点 B で，社会的厚生は最大になる．この点 B では，L字型のロールズ型の社会的無差別曲線が効用フロンティアと接している．

以上から，次の2点を指摘することができる．第1に，社会的厚生関数をベンサム型からロールズ型にすると，最適な税率は上昇する．これは，税率を高めて所得再分配を強化することが，公平性の観点を重視するほど是認しやすいことを意味する．これに対して，効率性の観点を重視するほど，労働意欲の後退のもたらす効率性の低下が問題視されるので，再分配政策は是認されにくくなる．

ところが，第2に，公平性の観点を最大限に追求した場合，つまり，ロールズ型の社会的厚生関数を想定した場合でも，あまりに高い税率は是認できない．図1-2の場合について言えば，点 B に対応する水準を上回る税率は，ロールズ型の社会的厚生関数を想定しても是認できない．公平性を追求しようと思っても，税が労働意欲を抑制するという，効率性の観点から見た問題点を無視す

るわけにはいかないことがここからも示唆される．

1.5 まとめ

　市場メカニズムは，効率的な資源配分を可能にする社会的装置である．効率的な資源配分を示すものとして，パレート効率的という概念がある．ほかの誰の効用も引き下げないで，ほかの誰の効用も高めることができない状況にあるとき，その資源配分は効率的であると呼ばれる．このパレート効率的な資源配分を実現するためには，各財の限界代替率が各消費者の間で等しく，さらに，それが限界変形率に等しくなっていなければならない．

　市場メカニズムは，このパレート効率的な資源配分を実現させる．消費者や企業が各財の価格所与のものとして受け止め，効用最大化や利潤最大化を目指すことによって，相対価格を媒介にして各財の限界代替率や限界変形率が一致する．これを示したものが厚生経済学の第1定理である．

　しかし，市場メカニズムは常に理想的に機能するわけではない．公共財，外部性，不完全競争，情報の不完全性，外部経済性といった市場の失敗が生じている場合には，効率的な資源配分が必ずしも実現されず，政府による市場への介入が必要になる．

　さらに，効率的な資源配分だけでなく，平等な所得分配を目指すという，公平性の観点からも政府の機能が期待される．課税によって得られた税収を再分配することがその代表的な例である．しかし，公平性を追求すると，人々の労働意欲が減退するなど，市場メカニズムに歪みが発生し，効率性の追求が阻害される状況も生じる．効率性と公平性は，しばしばトレードオフの関係にあり，両者をどのようにバランスさせるかが公共経済学の重要なテーマの一つとなる．

コラム 1　配分と分配

　経済学では，効率的な資源配分や公平な所得分配をどのように実現すればよいかという問題がよく登場する．このとき，資源分配とか所得配分という言い方はあまりしない．配分は allocation，分配は distribution に対応する日本語だが，両者のニュアンスは微妙に異なる．資源配分は，資源がどのように「割り当て」(allocate) られているか，所得分配は所得がどのように分配 (distribute) されているかを問題にしている．どう違うのかややこしいところだが，市場メカニズムを通じた（あるいは市場メカニズムを通じていない）人々の経済取引によって資源が配分され，その結果を金銭的に評価したものとして，所得の分配状況が決定されるという理解でよいと思われる．そして，資源配分を評価するのが効率性の観点であり，所得分配を評価するのが公平性の観点である．

　資源配分という言葉は新聞などにはあまり出てこない，経済学っぽい言葉だが，所得分配，あるいは所得再分配は格差や貧困問題との関連でよく登場する．しかし，所得配分とか所得再配分という表記も少なくない．しかし，配分と分配は，それぞれ効率性と公平性と対応している，異なる概念なので，きちんと使い分けをしたほうがよい．

練習問題

問題 1
経済が個人1，個人2という2人で構成され，財は X, Y という2種類で構成されているとする．X と Y は，それぞれ1ずつあり，限りなく細かく刻むことができる．2人の効用関数は，各自の効用を U_i, X と Y の購入量をそれぞれ x_i, y_i とすれば $U_1 = x_1^2 y_1$, $U_2 = x_2 y_2^2$ で与えられる．2人の間のパレート効率的な資源配分はどのようなものとして表現されるか説明しなさい．

問題 2
市場の失敗にはどのようなものがあるか．具体例を挙げて，政府がそれにどのように対応すればよいか説明しなさい．

問題 3
2人で構成される社会を考える．ベンサム型，ロールズ型の社会的厚生関数に対応する社会的無差別曲線は，2人の効用を座標軸として描くと，それぞれマイナス45度線の直線，L字型の形になる．なぜそうなるかを説明しなさい．

問題 4
本章4節で説明した，税による所得再分配を考える．税率をゼロから徐々に引き上げるにしたがって，税収はどのように変化するか，説明しなさい．興味のある人は，効用関数を適当に設定してシミュレーションを試みなさい．

第2章

公共財

この章で学ぶこと

＊公共財の経済学的な特徴を理解する．

＊公共財の最適な供給にとって必要な条件を考える．

＊公共財がなぜ民間の経済主体によっては供給できないのかを考える．

＊公共財に対する真の評価を人々に表明させる工夫を考える．

市場メカニズムは，効率的な資源配分をもたらす仕組みだが，その機能が常に完全な形で発揮されるわけではなく，しばしば「失敗」する．この市場の失敗の代表的な例の1つが公共財の供給に関するものである．

公共財とは，道路や空港，図書館など，国や自治体など政府が供給する財やサービスのことである．私たちは，こうした公共財の効用を得るとき，そのつど直接的にその費用を支払うのではなく，税という形で負担している．これは，どうしてだろうか．リンゴやミカンのように私的に取引される私的財と公共財との間には，はたしてどのような違いがあるのだろうか．

公共財が私的財と異なるとすれば，その最適な供給のために必要な条件も異なってくるはずである．私的財の場合は，それぞれの財の間で，各消費者にとっての限界代替率，そして限界変形率がすべて等しくなることが，効率的な資源配分の実現にとっての必要条件だった．また，その必要条件は，各財の価格を所与として各消費者が効用最大化を，各企業が利潤最大化を目指すことで達成される（厚生経済学の第1定理）．公共財の場合はどうなのだろうか．

一般的に，公共財は私的財の場合とは異なり，政府による供給が必要になる．しかし，政府が関与せず，私的に供給することは不可能なのだろうか．公共財の供給を消費者に任せると，どのような問題が起こるのかを考えてみる．

ただし，公共財の供給を政府に任せるとしても，それによって最適な供給がそのまま実現するわけではない．自分にとっての公共財の価値を正しく表明しようとする誘因が私たちの間に働かないからである．そのため，公共財の供給はしばしば社会的に最適な水準を下回ってしまう．本章では，そうした事態を回避するためにどのような工夫が必要になるかも考えてみる．

2.1 公共財とは何か

私たちが消費している財やサービスの中には，私たちがその費用を直接負担しているものだけでなく，国や自治体が供給し，そのコストを税という形で間接的に支払っているものも存在する．道路や空港，図書館などの公共施設がその具体的な例である．こうした公共財（public goods）の供給はどうして民間に任せられず，政府の介入が必要となるのだろうか．また，その公共財の供給

表2-1 財の分類

	非排除性 あり	非排除性 なし
非競合性 あり	純粋公共財	準公共財（クラブ財）
非競合性 なし	準公共財（共有地（コモンズ））	私的財

は，どのような条件が満たされたときに最適と言えるのだろうか．

こうした問題を考える前に，公共財の経済学的な特徴を整理することにしよう．第1章でも簡単に説明したように，公共財には，非排除性（non-excludability）と非競合性（non-rivalness）という2つの重要な特徴がある．このうち，非排除性とは，その財やサービスの利用から，利用料を支払わない人を排除できないことを意味する．また，非競合性とは，自分でお金を出して購入しても独り占めできないことを意味する．ただし，広い意味での公共財は，この2つの特徴を併せ持っている必要はなく，そのうち少なくとも1つの特徴を持っていればよい．両方の特徴を持っている財を純粋公共財（pure public goods），1つの特徴しか持っていない財を準公共財（quasi public goods）という．

表2-1は，非排除性と非競合性という特徴を持つかどうかという観点から財を4つに分類したものである．純粋公共財は，非排除性と非競合性の両方の特徴を持つものとして，左上のセルに示されている．純粋公共財としては，警察や消防，国防などがその代表的な例である．

そして，準公共財は2つのタイプに分かれる．第1は，排除的だが，非競合性という特徴は持っている財（右上のセル）であり，クラブ財（club goods）と呼ばれる．たとえば，会員制のスポーツ・クラブの施設は，入会金や月間費を支払わなければ利用できないので，排除的である．しかし，その施設は会員どうしで一緒に使用できるので，非競合性という特徴を持っている．

第2は，非排除性という特徴は持っているが，競合的な財（左下のセル）であり，共有地（コモンズ：commons）という．たとえば，牧草地は誰にも広く開放されており，非排除的だが，あまりに多くの農民が放牧すると荒廃し，競合的になる．これを共有地の悲劇（tragedy of commons）と呼ぶ．

そして，この非排除性と非競合性の両方の性格をいずれも持たない財（右下のセル）が，私的財（private goods）として位置づけられている．

2.2 公共財の最適供給

2人2財モデルの設定

それでは，公共財の最適供給を実現するためには，どのような条件が必要になるのだろうか．ここでは，社会が消費者1，消費者2という2人の消費者によって構成され，財はそれぞれ1種類の公共財と私的財によって構成されていると想定して，この問題を考えてみる．さらに，2人の消費者の効用 U_1, U_2 は，公共財と私的財の購入によって決定されると考え，$U_1(G_1, x_1)$, $U_2(G_2, x_2)$ として表されるとしよう．ただし，G_i は消費者 i による公共財の購入量，x_i は消費者 i による私的財の購入量を示す．

ここで，公共財の需給均衡を考えてみる．この公共財が非競合性という性格を持っているとすると，その供給量を G と表記したとき，

$$G_1 = G_2 = G \tag{2-1}$$

と表すことができる．これに対して，私的財の需給均衡は，私的財の供給量を X と表記したとき，

$$x_1 + x_2 = X \tag{2-2}$$

と表すことができる．

さらに，公共財と私的財の生産の間には，

$$F(G, X) = 0 \tag{2-3}$$

という技術的な関係があると想定しよう．この関係式で示される G と X の関係を図示したものを，公共財と私的財に関する生産可能曲線と呼ぶ．一般的には，公共財の生産を引き上げれば，資源制約によって私的財の生産を削減する必要があるので（逆もまた真），この (2-3) 式を満たす G と X の間にはマイナスの相関がある．

以上のような枠組みを念頭に置いて，(2-3) 式で示される生産面での制約の下で，消費者1の効用水準をひとまず変えないまま，消費者2の効用水準を

最大にする条件を考えてみよう．これが，両者の間で公共財と私的財の配分がパレート効率的になる必要条件となる．もちろん，消費者1の効用水準を変えればパレート効率的な財の組み合わせも異なってくる．

生産可能曲線と無差別曲線

この問題を考えるために，公共財を横軸に，私的財を縦軸にした座標で，生産可能曲線と消費者1の無差別曲線を重ねて図示したものが図2−1である．(2−3)式を満たす生産可能曲線は，資源制約を反映して右下がりになっている．しかも，この曲線は，原点に対して凹になっている．これは，公共財の生産水準がすでに高くなっている場合，さらにそれを引き上げようとすると私的財の供給をそれまで以上に削減する必要があることを意味する．そして，この生産可能曲線の傾きは，公共財の生産を1単位増加したときに，私的財の生産が何単位減少するかを示した，公共財の私的財に対する限界変形率 MRT に対応する．

一方，消費者1の無差別曲線は，消費者1のある一定の効用を維持するために必要な公共財と私的財の購入量の組み合わせを示したものであり，右下がりの曲線となる．この曲線は原点に対して凸となっているが，これは，公共財の消費水準がすでに高くなっている場合，さらにそれを引き上げようとしても，効用はあまり高まらないので，効用を一定にとどめるためには，私的財の消費をそれほど削減する必要がなくなることを意味する．この無差別曲線の傾きは，消費者1が効用水準を一定とした場合，公共財の購入を1単位増加したとき，私的財の購入を何単位削減できるかを示した，公共財の私的財に対する限界代替率——それを MRS_1 と表記しておこう——に対応する．

この生産可能曲線と消費者1の無差別曲線に挟まったレンズ型の部分の高さは，私的財の生産量から消費者1による私的財の消費量を差し引いたもの，すなわち，消費者2が購入できる私的財の量を意味する．消費者2が私的財を消費できるためには，公共財の生産量 G は図2−2で示した G_{min} から G_{max} の間にとどまっていなければならない．そして，消費者2が消費できる私的財の量は，公共財の生産量 G を G_{min} から徐々に引き上げていくにつれて増加し，G がある水準以上に高まると減少していき，G が G_{max} になればゼロとなる．

図2-1 生産可能曲線と消費者1の無差別曲線

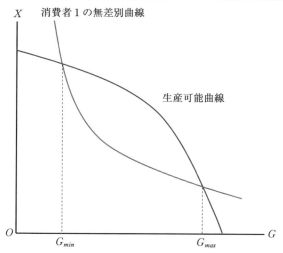

図2-2 消費者2の消費可能曲線と無差別曲線

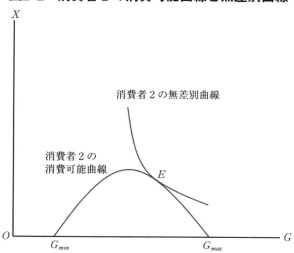

サミュエルソンのルール

　そこで，図2-2では，消費者2が消費できる公共財と私的財の関係を消費者2の消費可能曲線として示してある．この曲線は，上述の説明からも明らかな

ように，山のような形になる．消費者2は，この消費可能曲線上にある公共財と私的財の組み合わせの中から，効用が最大になるものを選ぶことになる．その組み合わせは，消費者2の無差別曲線が消費可能曲線と接する点Eに対応する．この点Eにおいて，公共財と私的財の配分がパレート効率的になっているわけである．なお，この消費者2の消費可能曲線は，消費者1の効用を一定として描かれたものであり，消費者1の効用を変化させれば，当然ながら変化する．それに伴って，消費者1の効用を最適にする（したがって，パレート効率的な）点の位置も異なってくる．

ここで，このパレート効率的な状況を数式で示せないか考えてみよう．点Eでは，消費者2の無差別曲線と消費可能曲線の傾きが等しくなっている．このうち，無差別曲線の傾きは，消費者2が公共財の消費を1単位増やすとき，私的財の購入を何単位諦められるか，つまり，消費者2にとっての，公共財の私的財に対する限界代替率——それをMRS_2と表記しておこう——を示している．

それでは，消費者2の消費可能曲線の傾きは何を意味するだろうか．それは，消費者2が公共財の消費を1単位増やしたとき，消費者1の効用を変化させないままで，消費者2にとって消費可能な私的財がどれだけ変化するかを示したものである．この点をさらに詳しく考えてみよう．

まず，公共財の消費量は消費者1，消費者2の間で共通だから，消費者2が公共財の消費を1単位高めるとき，公共財の需要量は社会全体でみても1単位増えることになる．ところが，公共財の供給を需要の増加に対応して増やすと，資源制約によって私的財の供給量を減らす必要が生まれてくる．その減少分は，公共財の私的財に対する限界変形率（MRT）に等しい．

一方，消費者1は，公共財の購入が1単位増えたので，私的財の購入を少し減らしても効用水準を維持できる．その私的財の購入の減少分は，消費者1にとっての公共財の私的財に対する限界代替率（MRS_1）に等しい．したがって，消費者2にとって消費可能な私的財の変化分は，公共財の私的財に対する限界変形率MRTから，消費者1にとっての，公共財の私的財に対する限界代替率MRS_1を差し引いたもの，つまり，$MRT-MRS_1$に等しいことがわかる．

以上より，パレート効率的な資源配分を示す点Eでは，消費者2の無差別

曲線の傾き（MRS_2）が消費可能曲線の傾き（$MRT-MRS_1$）と等しくなっている．つまり，

$$MRS_2 = MRT - MRS_1 \tag{2-4}$$

すなわち，

$$MRS_1 + MRS_2 = MRT \tag{2-5}$$

という関係が成り立っている．要するに，公共財の供給がパレート効率的であるためには，消費者1と消費者2にとっての，公共財の私的財に対する限界代替率の合計が，公共財の私的財に対する限界変形率に等しくなっていなければならない．

なお，この条件を満たす公共財と私的財の供給の組み合わせは無数にあることを改めて確認しておこう．図2-1では，消費者1の無差別曲線の位置を適当に与え，そこから図2-2のような形で消費者2の消費可能曲線を描いたが，消費者1の無差別曲線の位置を変えれば，消費者2の消費可能曲線の形状もそれに応じて変化し，効用を最大にする点の位置も移動するからである．

以上の結論は，2人のケースだけでなく，一般化することができる．すなわち，公共財の供給がパレート効率的であるためには，各消費者における公共財の私的財に対する限界代替率の合計が，公共財の私的財に対する限界変形率に等しくならなければならない．つまり，社会がN人の消費者で構成されているとすれば，公共財の最適供給のための必要条件は，i番目の消費者にとって，公共財の私的財に対する限界代替率をMRS_iと表記すると，

$$MRS_1 + MRS_2 + \cdots + MRS_N = MRT \tag{2-6}$$

で与えられる．これを，公共財の最適供給に関するサミュエルソンのルール（Samuelson rule）という．

サミュエルソンのルールの解釈

この(2-6)式で与えられる，公共財の最適供給に関するサミュエルソンのルールについては，以下の説明を付け加えておこう．

まず，公共財の私的財に対する限界代替率は，公共財の購入を限界的に1単位増やしたときに得られる効用を，私的財から得られる効用を基準にして測ったものである．そこで，公共財の私的財に対する限界代替率を，公共財の限界

便益 MB（marginal benefit）と読み替えてみる．同様に，公共財の私的財に対する限界変形率は，公共財の生産を限界的に1単位増やしたときに必要な費用を，私的財の生産に必要な費用を基準にして測ったものなので，公共財の限界費用 MC（marginal cost）と読み替えることができる．

したがって，公共財の最適供給に関するサミュエルソンのルールは，公共財の供給を1単位増やしたときに発生する便益の増分，すなわち，限界便益の総計が，その供給に必要な追加的に必要な費用，すなわち，限界費用に一致するとき，公共財の水準は最適になっている，ということを意味する．つまり，i 番目の消費者にとっての公共財の限界便益を MB_i と表記すると，(2-6) 式は，

$$MB_1 + MB_2 + \cdots + MB_N = MC \tag{2-6}'$$

と表現することもできる．その公共財が社会を構成する人々に与える限界便益の総計が限界費用を上回っていれば，公共財の供給は増やすべきであり，逆であれば減らすべきだということになる．限界代替率，限界変形率を用いた説明よりも，こちらの説明のほうが直感的に理解しやすいかもしれない．

私的財との比較

このような公共財の最適供給の条件に対して，私的財の最適供給の条件は，第1章で説明したように，それぞれの2財の間に，

$$MRS_1 = MRS_2 = \cdots = MRS_N = MRT \tag{2-7}$$

という関係が成り立つことで与えられる．読者は，この (2-7) 式と上の (2-6) 式の違いに改めて注意していただきたい．

さらに，私的財の場合も，ある特定の財——仮にそれをリンゴとする——に注目し，リンゴ以外の財をひとまとめにすると，(2-7) 式に登場する MRS は，リンゴの購入を1個増やした場合に発生する，リンゴ以外の財で測った限界便益とみなすことができる．また，MRT は，リンゴの生産を1個増やした場合に必要な，リンゴ以外の財で測った限界費用と読み替えることができる．つまり，公共財の場合に (2-6) 式を (2-6)′ 式に書き直すことができたように，私的財の場合も，(2-7) 式を

$$MB_1 = MB_2 = \cdots = MB_N = MC \tag{2-7}'$$

と書き直すことができる．

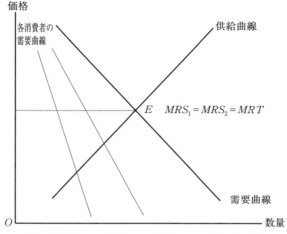

図2-3 私的財の需給均衡

(注) 社会全体の需要曲線は、各消費者の需要曲線を水平方向に足し上げたもの.

　以上に基づいて、公共財と私的財の間で、市場の需給均衡の描写の仕方がどのように違ってくるかを説明しておこう。ただし、いずれも、公共財だけ、あるいは特定の私的財だけを取り出した部分均衡についての話である。さらに、公共財、私的財はそれぞれ1つの企業によって生産されているとしよう。

　部分均衡の説明は通常、横軸に数量を、縦軸に価格をとった座標の中で議論されるが、私的財（リンゴ）の場合はどうなっているか。図2-3で示したように、リンゴの供給曲線は通常、右上がりの曲線となる。どうしてだろうか。企業がリンゴの生産で利潤最大化を行う場合、限界費用と価格は一致する。ところが、限界費用は供給量（生産量）が大きくなるほど高くなる（費用逓増）と想定するのが一般的である。そのため、企業にとっては、生産量がすでに高いときには、価格を高く設定しないと利潤が減少する。だから、供給曲線は右上がりになるのである。

　一方、社会全体におけるリンゴの需要曲線は、各消費者の需要を加えたものである。各消費者は、限界効用が価格に等しくなる水準でリンゴの需要量を決める。すでにリンゴをたくさん購入していれば、限界効用は低下する。だから、さらにリンゴの需要を増やすためには、価格が低くなっていなければならない。

図2-4 公共財の市場均衡

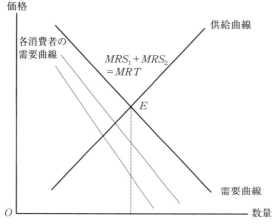

(注) 社会全体の需要曲線は，各消費者の需要曲線を垂直方向に足し上げたもの．

したがって，各消費者の需要曲線は右下がりになる．社会全体の需要曲線は各消費者の需要の合計を表したものであり，一定の価格の下で各消費者の需要量を水平方向に加えていくことで得られる．各消費者の需要曲線が右下がりなので，社会全体の需要曲線も右下がりとなる．

そして，その需要曲線と供給曲線が交わる点 E では，リンゴの価格を媒介にして，リンゴの限界費用と，各消費者の限界便益が等しくなっている．つまり，(2-7)' 式が成立している．だからこそ，市場均衡はリンゴの効率的な生産と消費を実現するのである．

これに対して，公共財の場合はどうか．図2-4が，公共財の市場均衡を示したものである．公共財の供給曲線については，私的財とまったく同じ説明ができる．一方，各消費者の需要曲線については，公共財の限界便益が公共財の購入量に応じて低下していくとすれば，私的財の場合と同様，右下がりになることは容易に理解できる．問題は，社会全体における公共財の需要曲線である．公共財は，各消費者が同じだけの量を購入する．だから，公共財の社会全体の需要曲線は，一定の量の下で各消費者の需要量を垂直方向に加えていくことで得られる．その需要曲線も，私的財の場合と同様に右下がりになる．

しかし，その曲線の高さは，私的財の場合とは異なり，各消費者にとっての公共財の限界費用の合計を意味している．つまり，私的財の社会全体の需要曲線は，各消費者の需要を水平に加えたものであるのに対して，公共財の社会全体の需要曲線は，各消費者の需要を垂直に加えたものである．

そして，公共財の社会全体の需要曲線が供給曲線と交わる点 E では，公共財の限界費用と，各消費者の限界便益の合計が一致している．つまり，(2-6)′ 式が成立する．したがって，ここでも市場均衡は公共財の効率的な生産と消費を実現するように思える．しかし，もしそうなら公共財を私的財と区別して議論する必要はない．公共財の最適な供給は，私的財の場合と異なって，市場メカニズムに委ねるわけにはいかないのである．その理由を，以下で考えてみよう．

フリーライド問題

(2-7) 式あるいは (2-7)′ 式で示される私的財の最適供給の条件は，市場メカニズムによって自動的に実現される（厚生経済学の第1定理）．消費者の効用最大化，企業の利潤最大化の下で，各消費者にとっての限界代替率，生産者にとっての限界変形率がいずれも各財の相対価格に等しくなるように調整されるからである．しかし，公共財の場合は，この厚生経済学の第1定理が説明するような，市場メカニズムによる最適供給は期待できない．

それは，公共財の性格に原因がある．公共財は独り占めできず，他人と一緒に利用する．しかもその費用は，他人も負担する．それを考えると，その公共財はあまり必要でないと表明しておいて，他人の負担を当てにすればよいと考えてしまうのが人情である．このとき，私たちは公共財の限界便益について真の水準より低い値を申告するだろう．

そして，私たちが限界効用を過小に申告してしまうと，(2-6)′ 式は左辺が右辺よりも小さくなるので，政府は (2-6)′ 式が成り立つように公共財の供給を引き下げるだろう．これは，実際に供給される公共財の水準が社会的に最適な水準を下回ることを意味する．これを，公共財の供給に関するフリーライド（ただ乗り）問題という．

この点は，図2-4を用いても確認できる．人々が公共財に対する限界便益を

過小に表明すれば，それを垂直に合計した値を示す，公共財に対する社会全体の需要曲線は下方にシフトする．したがって，市場での需給均衡点も供給曲線上で左下に移動する．そこで新たに決定される公共財の供給水準は，元の均衡点 E に対応する公共財の最適な供給水準を明らかに下回る．

2.3 公共財の自発的供給

2人2財モデル

公共財の最適な供給にとっては，各家計における公共財の私的財に対する限界代替率の合計が，公共財の私的財に対する限界変形率に等しくなる必要がある．問題は，そうした状況が政府の関与なしに，民間の経済主体の取引によって実現できるかどうかである．私的財の場合は，価格がそれを可能にした．公共財の場合はどうだろうか．

本節では，政府の存在を想定しないで，各消費者が自主的に供給財の財源を提供すると想定したときに，公共財の供給が社会全体にとって望ましい水準を達成するかという問題を考えてみる．もし，この問題に対する答えが「イエス」であれば，公共財の供給に際して政府の関与は必要でなくなる．

いま，前節と同じように，社会が消費者1，消費者2という2人の消費者によって構成され，財は私的財と公共財の2種類であったとする．2人の消費者の効用 U_1, U_2 は，公共財と私的財の消費量によって決定されると考え，それぞれ，$U_1(G, x_1)$, $U_2(G, x_2)$ として表されるとしよう．ただし，G は公共財の消費量，x_i は私的財の消費量を示す．

さらに，各個人は，G という水準の公共財を共同で消費しているが，その公共財の費用のうち，g_1 を消費者1が，残りの g_2 を消費者2が負担すると想定してみよう．つまり，

$$G = g_1 + g_2 \tag{2-8}$$

という関係が成り立つと考える．この式は，G という量の公共財を，g_1 を消費者1が，残りの g_2 を消費者2が供給すると解釈してもよい．

問題は，公共財の供給に際して，各消費者がどれだけ負担するか，つまり，

g_1 と g_2 がどのように決定されるか，である．以下では，各消費者が，他方の消費者が提示する公共財の負担を所与として，自分にとって最適な公共財の負担を提示するという，一種の非協力ゲームを考える．そこで得られる均衡はいわゆるナッシュ均衡（Nash equilibrium）であるが，そのナッシュ均衡に対応する公共財の水準が，社会的に最適かどうかが重要な注目点となる．

いま，公共財の私的財に対する相対価格が p で与えられたとしよう．私的財，公共財を生産する企業がこの相対価格を所与として利潤を最大化しているとき，公共財の私的財に対する限界変形率（限界費用）はこの相対価格に等しくなっているはずである．したがって，以下では，相対価格 p を公共財の私的財に対する限界変形率（限界費用）とみなして話を進める．

最初に，消費者1の行動を考えてみよう．彼は，消費者2の公共財の負担に関する意思決定，つまり，第2消費者が決定した g_2 の水準を所与として，自分の効用を最大にすることを目指す．つまり，消費者1は，$U_1(G, x_1)$ で与えられる効用を，

$$pg_1 + x_1 = I_1 \tag{2-9}$$

という予算制約の下で最大化するように，公共財の費用のうち自分が負担する分 g_1 と私的財の購入量 x_1 を決定する．ただし，ここで I_1 は消費者1の，私的財の価格で評価した所得である．

この予算制約式は，(2-8) 式を考慮すると，

$$pG + x_1 = I_1 + pg_2 \tag{2-10}$$

と変形することができる．ここから，消費者1の予算制約に消費者2の意思決定 (g_2) が反映されていることが確認される．

公共財の費用分担に関する反応関数

いま，消費者1は，消費者2による公共財の負担 g_2 を所与として，自分の効用が最大になるように，公共財に対する自分の負担 g_1 と私的財の購入量 x_1 を決定していたと想定する．このとき，それぞれの消費者は，公共財の私的財に対する限界代替率が公共財の私的財に対する相対価格に等しくなるように，公共財や私的財に対する需要を決定しているはずである．

ここで，消費者2が公共財に対する自分の負担 g_2 の水準を $\Delta g_2 (>0)$ だけ引

き上げたとしよう．このとき，消費者1は，いままで公共財に対して自分が負担していた分が，消費者2が追加した負担分だけ不要になるので，所得が実質的に上昇することになる．そのため彼は，公共財に対する需要を引き上げると同時に（$\Delta G > 0$），私的財に対する需要も増やすはずである（$\Delta x_1 > 0$）．ただし，ここでは，公共財や私的財はいずれも，所得の増加に応じてその需要が高まる，上級財であると想定する．

ここで，所得I_1は固定されていると想定すると，(2-10) 式より，

$$p\Delta G + \Delta x_1 = p\Delta g_2 \tag{2-11}$$

が必ず成り立つので，$\Delta x_1 > 0$ も併せて考えれば，$\Delta G < \Delta g_2$ となる．ところが，(2-8) 式より，$\Delta G = \Delta g_1 + \Delta g_2$ が成り立つので，結局のところ，$\Delta g_1 < 0$ となる．

要するに，消費者1は，消費者2が公共財の負担を増やしてもよいと表明したとき，自分の公共財の負担を少しぐらい削減しても構わないと考える．ここでは，こうした関係を

$$g_1 = n_1(g_2) \tag{2-12}$$

という関数で表現しておく．この関数は，消費者1による公共財の負担g_1の，消費者2による公共財の負担g_2に対する反応関数（response function）であり，上の説明からも明らかなように，g_2の減少関数である．図2-5は，g_2を横軸に，g_1を縦軸にとった座標に，(2-12) 式で示された消費者1の反応関数を示したものであり，右下がりの曲線（ここでは単純化のため直線としている）として描かれている．この曲線を消費者1の反応関数に対応する反応曲線（response curve）という．

この反応曲線について，以下の2点を指摘しておこう．

第1は，この反応曲線と無差別曲線との関係である．消費者1の無差別曲線は，この反応曲線上の点を頂点とする，縦軸に対して凸の曲線で示される．その理由は次のように説明される．この反応曲線上の点は，消費者2の提示した公共財の費用g_2を所与としたとき，消費者1が，自分の効用が最大になるように設定した公共財の費用g_1を示したものである．この公共財の費用g_1を，反応曲線上の点に対応する水準から少し引き上げたとしよう．そのとき，消費者1の効用水準は低下するので，その低下分を解消するためには，消費者2に

図2-5 消費者1の反応曲線と無差別曲線

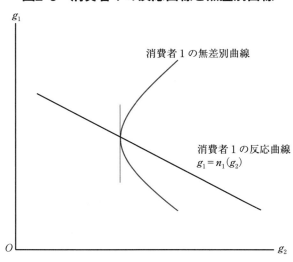

公共財の費用g_2を追加的に負担してもらわなければならない．同様に，公共財の費用g_1を，反応曲線上の点に対応する水準から少し引き下げた場合も，効用水準の低下分を解消するためには消費者2に公共財の費用g_2を追加的に負担してもらう必要がある．したがって，無差別曲線の頂点が反応曲線上にあることになる．なお，無差別曲線が右に位置するほど，消費者2が公共財の費用をより多く負担することになるので，効用水準は高くなる．

第2に，この反応曲線の傾きは，マイナス45度線より緩やか（水平に近く）になる．というのは，上の説明のように，消費者2が公共財の費用負担を$\Delta g_2(>0)$だけ増やしたとき，消費者1は確かに自分の負担を減らそうとするものの（$\Delta g_1<0$），公共財が上級財である以上，公共財に対する需要も同時に増やす（$\Delta G>0$）．ところが，$\Delta G=\Delta g_1+\Delta g_2$だから，結局のところ，$\Delta g_1>-\Delta g_2$となる．これは，この反応曲線の傾きがマイナス45度線より緩やかであることを意味する．

ナッシュ均衡

以上は，消費者1が，消費者2による公共財の費用負担を所与としたときに，

図2-6 公共財の供給に関するナッシュ均衡

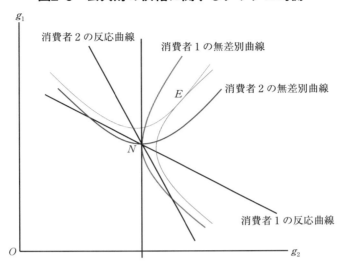

公共財に対する自らの費用負担をどのように設定するかという説明だった．それとまったく同じ説明を，消費者2についても行うことができる．つまり，消費者2についても，消費者1の行動に対する反応関数

$$g_2 = n_2(g_1) \tag{2-13}$$

を導出することができる．

　図2-6は，消費者1と消費者2の反応曲線を重ね合わせたものである．この図の座標は，g_2 を横軸に，g_1 を縦軸にとっている．消費者2の反応曲線は，消費者1と同様に右下がりになるが，縦軸の値に横軸の値がどう対応するかを見たものであり，その傾きは45度より急になっている．なお，無差別曲線の頂点（底）が反応曲線上にあることも，消費者1の場合とまったく同じである．

　消費者1と消費者2がお互いに，相手の行動を所与として自分の行動を決めるとき，その結果得られる均衡をナッシュ均衡という．数式で言えば，このナッシュ均衡は，2人の反応関数である（2-12）式と（2-13）式を連立させて得ることができる．また，図2-6では，2人の反応曲線の交点 N がナッシュ均衡に対応する．

　問題は，この点 N に対応するナッシュ均衡がパレート効率的かどうかであ

る．結論を先取りすると，パレート効率的とは言えない．というのは，点Nには2人の無差別曲線が交わっているが，2人の消費者の効用を同時に引き上げることができるからである．パレート効率的な点は2人の無差別曲線が接する，たとえば点Eで示されるが，無差別曲線が接するのは点Eだけでなく無数に存在する．そして，そうしたいずれの点もナッシュ均衡点Nの右上に位置していることがわかる．これは，ナッシュ均衡点に対応する公共財の供給量（$G=g_1+g_2$）がパレート効率的な水準を下回ることを意味する．

以上の説明からもわかるように，公共財の供給を個人に任せておくと，公共財の供給が社会的に最適な水準を下回ることになる．しかし，どうしてこのような結果になるのだろうか．それは，私たちが，公共財の負担をどうするかという判断を委ねられたとき，その公共財の供給が他人にどのようなメリットを及ぼすかという点を十分に考えなかったためである．本節で説明したモデルではむしろ，他人が公共財の費用を多く負担するほど，自分の負担を引き下げようとする誘因が働くようになっている．

消費者が同質である場合

以上の議論は，2人の間で効用関数が同じであることを想定していない．ところが，効用関数が同じである，つまり，消費者が同質であると想定すればどのような状況が生じるだろうか（ただし，所得は2人の間で異なると仮定する）．ナッシュ均衡の下における2人の効用は，

$$消費者1の効用：U(g_1+g_2, I_1-pg_1) \tag{2-14}$$

$$消費者2の効用：U(g_1+g_2, I_2-pg_2) \tag{2-15}$$

として表される（効用関数の形状を2人の間で共通にしていることに注意）．各消費者は，公共財の私的財に対する限界代替率が公共財の私的財に対する相対価格pに等しくなるように，各財の需要を決定している．ナッシュ均衡の下では，2人の消費者は同じ量の公共財（g_1+g_2）を消費している．その場合，2人の効用関数は同じ形の関数なので，私的財の公共財に対する限界代替率も同じになっている．

ところが，限界代替率は，公共財と私的財の組み合わせと1対1対応になっているはずである（限界代替率は無差別曲線の傾きであることを思い起こして

ほしい．無差別曲線が同じ傾きになるところはないので，傾きが決まれば，無差別曲線上の公共財と私的財の組み合わせもそれに応じて一意的に決まる）．したがって，公共財の利用量が2人の間で同じであるということも併せて考えると，限界代替率が2人の間で同じであることは，私的財の消費量も2人の間で同じであることを意味する．つまり，$I_1 - pg_1 = I_2 - pg_2$ が成り立つ．このように，公共財だけでなく私的財の消費量も等しくなるので，2人の効用も均等化するわけである．

したがって，2人の消費者が同質であれば，公共財の存在は，その2人の所得が異なっていても，効用を等しくしてしまうという興味深い効果をもたらすことになる．そこでは，所得の高い者は，所得の低い者との所得差に相当する分だけ公共財の費用を多めに負担している（$I_1 > I_2$ とすれば，その額は $(I_1 - I_2)/p$ で与えられる）．これは，公共財の費用分担を通じて，2人の間で所得が実質的に均等化することを意味する．

もちろん，実際の社会は同質な個人によって構成されておらず，効用関数の形状も個人間で異なる．したがって，公共財の存在によって効用が完全に均等化されるわけではない．しかし，上の議論は，公共財の存在が社会の構成員間の所得格差や効用格差を是正する役割を果たしていることを示唆する．

公共財は，なぜこのような格差是正効果を伴うのだろうか．直感的には，次のように説明できる．すなわち，公共財が上級財であるとすれば，高所得の人ほどより充実した公共財を需要し，多くの費用を負担してもよいと考えるだろう．低所得の人は，自分だけでは負担できない公共財が裕福な人の負担で供給されたので，大きな便益を受ける．彼らは，公共財のメリットを享受できるだけでなく，公共財に回すお金を減らせるので私的財の購入を増やすこともできる．

高所得の人は，こうした低所得の人たちのことを思って公共財の費用を負担したのではなく，あくまでも自分の効用を高めるためにそれを行った．にも拘わらず，その便益はほかの人にも波及する．これは，公共財の持つ非排除性・非競合性という特徴に依存することが大きい．公共財は，高所得の人が自分の所得から得られる効用をほかの人にも享受させるという経路を通じて，実質的な所得再分配機能を発揮しているのである．

もっとも，高所得の人がほかの人の効用を十分考慮に入れないことは，公共財の供給にとって深刻な問題をもたらす．公共財の自発的供給は，社会的に最適な水準を必ず下回ってしまうのである．それではどうすればよいかということになるが，ここで，公共財が実質的な所得再分配機能を持っていることに注目してみよう．政府が，高所得の人からそうでない人へ所得を移転するという所得再分配を人為的に行えば，公共財の供給水準は社会的に最適な水準に近づけそうである．はたして，そう考えてよいか．次節では，その問題をもう少し詳しく検討してみよう．

2.4 公共財の中立命題

消費者間の所得再分配

前節では，公共財の自発的供給では，公共財の供給が最適な水準を下回ってしまうことを説明した．そこで，政府が何らかの形で公共財の供給に関与することが求められるが，具体的にどのように関与すべきかという点については，これまでの議論から明らかになっていない．本節では，公共財の自発的供給というフレームワークはそのままにしたうえで，政府が消費者間の所得再分配を行うことにより，公共財のパレート効率的な供給が可能になるか検討してみよう．結論を先取りすると，政府による所得再分配は，公共財の供給や人々の効用に何の影響も及ぼさない．

前節と同じように，社会が消費者1，消費者2という2人の消費者で構成され，公共財と私的財の2種類の財が存在すると想定する．政府が所得再分配を行う前において，各消費者は公共財に対してそれだけ g_1^*，g_2^* だけの費用を負担していたとする．そのとき，公共財の供給量を $G^*(=g_1^*+g_2^*)$，2人の消費者による私的財の購入量を x_1^*，x_2^* とする．一方，政府が，ΔI だけの所得を消費者1から消費者2に移転したとしよう．そして，所得再分配後における各変数の均衡値を ** をつけて表記する．各消費者の予算制約は，所得再分配前では，

$$消費者1：pg_1^*+x_1^*=I_1 \qquad (2-16-1)$$

$$消費者2：pg_2^* + x_2^* = I_2 \qquad (2\text{-}16\text{-}2)$$

と表すことができ，所得再分配後では，

$$消費者1：pg_1^{**} + x_1^{**} = I_1 - \Delta I \qquad (2\text{-}17\text{-}1)$$
$$消費者2：pg_2^{**} + x_2^{**} = I_2 + \Delta I \qquad (2\text{-}17\text{-}2)$$

と表すことができる．この（2-17-1）式（2-17-2）式を変形すると，

$$消費者1：p(g_1^{**} + \Delta I/p) + x_1^{**} = I_1 \qquad (2\text{-}18\text{-}1)$$
$$消費者2：p(g_2^{**} - \Delta I/p) + x_2^{**} = I_2 \qquad (2\text{-}18\text{-}2)$$

となる．この（2-18-1）式（2-18-2）式を，所得再分配前の予算制約を示す（2-16-1）式（2-16-2）式と見比べると，

$$g_1^{**} = g_1^* - \Delta I/p \qquad (2\text{-}19\text{-}1)$$
$$g_2^{**} = g_2^* + \Delta I/p \qquad (2\text{-}19\text{-}2)$$
$$x_1^{**} = x_1^* \qquad (2\text{-}19\text{-}3)$$
$$x_2^{**} = x_2^* \qquad (2\text{-}19\text{-}4)$$

とすれば，所得再分配前のナッシュ均衡が再現できることがわかる．しかも，所得再分配前のナッシュ均衡は，前出の図2-6からも明らかなように1つしかないから，g_1^{**}，g_2^{**}，x_1^{**}，x_2^{**} の組み合わせは，（2-19-1）式～（2-19-4）式の組み合わせ以外にはあり得ない．

所得再分配の中立性

以上の計算で得られた結果をまとめてみよう．消費者間で所得再分配を行った場合，次のような興味深い状況が生じている．

第1に，（2-19-1）式と（2-19-2）式の両辺をそれぞれ足し上げればわかるように，所得再分配後の公共財の供給量（$g_1^{**} + g_2^{**}$）は，所得再分配前のそれ（$g_1^* + g_2^*$）とまったく同じである．つまり，消費者間における所得再分配によっては，公共財の供給量を操作することはできないのである．

第2に，（2-19-3）式（2-19-4）式からもわかるように，私的財の購入も所得再分配によってまったく影響を受けない．所得を差し引かれた消費者1は，その分だけ公共財の費用負担を引き下げて対応するので，私的財の購入を調整する必要はない．また，所得を受け取った消費者2は，その分だけ公共財の費用負担を増やすので，彼の私的財の購入も変化しない．

第3に、以上の結果、公共財の供給量、私的財の購入量がいずれも変化しないので、所得再分配は各消費者の効用に影響しない。

このように、公共財の自発的供給を前提とする限り、政府による所得再分配は公共財の供給量や消費者の消費行動や効用に影響をまったく及ぼさないことがわかる。これを、公共財の中立命題という。ただし、この中立命題が成立するためには、所得再分配を、消費者の消費行動とは連動しないように定額で行わなければならないという点には注意が必要である。

2.5 リンダール・メカニズム

費用分担比率の提示

公共財は、人々の自発的供給に任せておくとパレート最適な供給を実現することが難しい。そこで、政府が公共財の供給に積極的に関与する必要が出てくる。しかし、公共財の中立命題が示唆するように、政府による所得再分配だけでは、公共財の最適供給は実現できない。政府は、公共財の供給メカニズムそのものに積極的に介入する必要がある。

公共財の最適供給を目指す代表的な仕組みとして、リンダール・メカニズム（Lindahl mechanism）と呼ばれるものがある。これは、次のようなメカニズムである。まず、政府が各消費者に対して、公共財の負担割合を提示する。各消費者は、その負担割合に対応して、最も望ましいと考える公共財の供給量を政府に表明する。そして、政府は、各消費者が表明した公共財の供給量がすべて等しくなるまで、公共財の負担割合を調整する。以上のプロセスが完了して達成される均衡をリンダール均衡（Lindahl equilibrium）という。このリンダール均衡における公共財の水準は、サミュエルソンのルールを満たし、したがってパレート効率的である。以下では、それを確認しておこう。

これまでと同じように、社会が消費者1、消費者2という2人の消費者で構成され、財が公共財と私的財の2種類だとしよう。そして、公共財を限界的に1単位増やすために必要な限界費用を、私的財で測ったものを MC と表記する。この限界費用は、私的財の公共財に対する限界変形率 MRT と解釈して

もよい．また，各消費者にとって，公共財が限界的に1単位増えたことから得る限界便益を，私的財で測ったものをそれぞれ MB_1, MB_2 と表記する．この限界便益は，公共財の私的財に対する限界代替率 MRS_1, MRS_2 と解釈してもよい．

いま，政府が公共財の費用について，消費者1に $\alpha \times 100\%$，消費者2に残りの $(1-\alpha) \times 100\%$ を負担してもらうことを提案したとする．各消費者は，公共財から得る純便益が最大になるような公共財の水準――その値を G_i と表記する――を表明する．純便益が最大になるときは，限界効用が限界費用と一致しているはずだから，消費者1の場合は，

$$MB_1(G_1) = \alpha MC_1(G_1) \tag{2-20}$$

という関係が成り立っている．ただし，ここで，MB_1 及び MC_1 は公共財の関数として表記している．消費者1は公共財の費用の $\alpha \times 100\%$ しか負担しないので，限界費用にも $\alpha \times 100\%$ がかかっている．MB_1 は公共財の供給量の減少関数，MC_1 公共財の供給量の増加関数であることにも留意しておこう．

一方，消費者2の場合は，公共財の費用の $(1-\alpha) \times 100\%$ を負担するので，

$$MB_2(G_2) = (1-\alpha) MC_1(G_2) \tag{2-21}$$

という関係が成立するような公共財の水準 G_2 を政府に表明する．

リンダール均衡のパレート効率性と問題点

消費者1が最適だとして表明する公共財の供給量 G_1 と，消費者2が最適だとして表明する公共財の供給量 G_2 とは，当然ながら必ずしも一致しない．$G_1 > G_2$ の場合は，消費者1のほうが公共財に対するニーズが高いと考えられるので，政府は消費者1に対する費用分担率 α を上方修正する．そうすると，費用負担割合を引き上げられた消費者1は，提案する公共財の供給量を引き下げるだろう．その一方で，費用負担割合を引き下げられた消費者2は，提案する公共財の供給量を逆に引き上げる．その結果，両者の提案する公共財の供給水準の差は縮小するだろう．その差がなくなるまで，政府は費用負担割合を調整するわけである．

こうした費用負担割合の調整が完了した時点における公共財の水準を G^* と表記すると，(2-20) 式の G_1 と (2-21) 式の G_2 に G^* を代入して整理して，

$$MB_1(G^*) + MB_2(G^*) = MC(G^*) \tag{2-22}$$

という関係が得られる．これは，2人の消費者にとっての公共財の限界便益の合計が，公共財の限界費用に等しいことを表しており，サミュエルソンのルールを満たしていることがわかる．したがって，リンダール・メカニズムは，公共財の最適供給を実現する．

しかし，リンダール・メカニズムの最大の問題は，各消費者が自分にとって最適な公共財の供給量を表明する際，自分にとっての公共財の真の限界便益を反映させるインセンティブが働かないことである．上の説明からも明らかなように，その公共財が自分にとって有益であり，したがって，供給水準を高くしてほしいと表明するほど，高い費用負担が求められることになる．そのため，政府に求める公共財の供給水準は望ましい水準を下回る傾向がある．そのような傾向が一般的であれば，実際に供給される公共財の水準も，社会全体にとって必要な水準を下回る可能性が出てくる．いわゆるフリーライド問題がここでも生じている．

このように，リンダール・メカニズムには，公共財に対する人々の真の評価をその供給量に反映できないという問題がある．この問題を解決しない限り，公共財を最適な水準で供給することはできない．

2.6 クラーク=グローブス・メカニズム

ヴィックリー・オークション

公共財の供給に際しては，その供給財に対する人々の真の評価をどのように把握するかという点が重要になる．人々の選好を正確に把握するためのメカニズムを考案することを，一般的にメカニズム・デザイン（mechanism design）という．前節で紹介したリンダール・メカニズムは，公共財に対する人々の評価を正確に把握できず，公共財の供給量は社会的に最適な水準を下回る．その意味で，リンダール・メカニズムには，メカニズム・デザインという観点から見ると不十分な面がある．

公共財に対する評価を人々に正確に表明してもらう仕組みとしては，さまざ

まなものがすでに考案されている．その代表的な例が，クラーク＝グローブス・メカニズム（Clarke-Groves mechanism）と呼ばれるものである．本節ではこの仕組みを紹介するが，その前に，この仕組みの出発点となった，ヴィックリー・オークション（Vickrey auction）と呼ばれる考え方を簡単に説明しておこう．

いま，ある品物がオークション（競売）に出されており，各個人はそれぞれ独自にその価値を評価しているとする．その品物は，通常は最も高い価格をつけた者に競り落とされる．こうしたタイプのオークションを，ファースト・プライス・オークションという．ところが，このタイプのオークションでは，買い値を引き下げて少しでも得をしたいというインセンティブが常に働く．しかし，買い値をあまりに引き下げてしまうと，より高い買い値をつけた他人が落札してしまう．したがって，最も高い評価をしている者に落札されない可能性が出てくる．これは，資源配分から見て望ましくない．

この問題を，ヴィックリー・オークションは次のように解決しようとする．つまり，最も高い買い値をつけた者は，自分のつけた買い値ではなく，2番目に高い買い値で支払う仕組みにすることである．このようなオークションをセカンド・プライス・オークションというが，この仕組みにしておくと，品物に対する自分の評価を常に正直に表明することになる．その理由は，次の通りである．

いま，A 氏が品物の価値を v と評価しており，A 氏以外の者がつけた買い値の最高値が M であったとしよう．問題は，A 氏が自分の評価 v を買い値として表明するかどうかである．自分の買い値が M を上回れば，彼はこの品物を手に入れられるが，M だけ支払うことになるので，$v-M$ の純利益を得る．一方，自分の買い値が M を上回らなければ，彼はこの商品を得られないが，損失も発生しない．

ここで，2つのケースが考えられる．まず，$v>M$ の場合はどうか．このとき，A 氏としては，M を上回る買い値をつけて，$v-M$ を得ることが最適な戦略である．このとき，自分の真の評価である v をそのまま買い値として表明してもよいだろう．もちろん，M を上回る価格を買い値にすればいつでも $v-M$ の利益を得られるが，買い値を v 以外にすべき積極的な理由は見当

たらない.

次に，$v \leqq M$ の場合はどうか．このときは，M を下回る買い値をつけて商品を落札しないことが最適な戦略である．M 以上の買い値をつけて落札してしまうと，$M-v$ だけの損失が発生してしまうからである．したがって，自分の真の評価である v をそのまま買い値としてよいだろう．この場合も，M を下回る買い値をつける限り結果は同じだが，買い値を v 以外にすべき積極的な理由は見当たらない．

自分の効用と他人の迷惑を比較する

以上より，このヴィックリー・オークションでは，その商品に対する真の評価以外の価格を買い値にわざわざ設定するインセンティブが働かない．これと同じような発想で，公共財に対する評価を人々に正直に表明してもらうことを工夫したのが，クラーク＝グローブス・メカニズムである．このメカニズムのポイントは，自分を社会からいったん切り離し，自分以外の人たちの利益に自分の判断がどのような影響を及ぼすかという点を考慮して，自分の判断を決定するという仕組みを考えることである．

ヴィックリー・オークションの場合，自分がその商品を落札すると，2 番目に高い買い値をつけた人がその商品を得られなくなる．それを，自分以外の人に迷惑をかけた分とみなすわけである．そのような他人への迷惑料（2 番目に高い買い値）を支払ってまで，その商品を落札してよいとあなたは考えるのかと，このオークションは問いかける．

そのように問いかけられると，人々は自分の評価を正直に表明しようと考える．どうしてだろうか．自分の評価が他人の迷惑を上回るのであれば，その迷惑料を支払っても，お釣りがくる．だから，正直に答えて構わない（「迷惑料を払うこと自体が嫌だ」，という気持ちはここでは考慮しない）．逆に，自分の評価が他人の迷惑を下回るのであれば，自分の低い評価をそのまま表明すれば，他人に迷惑はかからないし，自分も損はしない．だから，どちらの場合でも，人々は正直に自分の評価を表明しようとする．ゲーム論の用語を用いれば，ヴィックリー・オークションの下では，正直に自分の評価を表明することが支配戦略（dominant strategy）になっている．

それと同様に，公共財の供給に際しても，自分を社会からいったん切り離し，まず自分以外の人たちに意思決定をしてもらう．その意思決定をした人たちに対して，公共財に対する自分の評価の表明がどのような影響を及ぼすかを考えてみる．そのような仕組みにしておくと，ヴィックリー・オークションと同じように，私たちは公共財に対する自らの評価を正直に表明するかもしれない．これが，以下に説明するクラーク＝グローブス・メカニズムだが，ヴィックリーの名前を前につけて，ヴィックリー＝クラーク＝グローブス・メカニズム (Vickrey-Clarke-Groves mechanism) と呼ばれる場合も少なくない．

クラーク＝グローブス・メカニズム

クラーク＝グローブス・メカニズムは，次のようなルールを設定する．まず，人々はそれぞれ，公共財に対する自分の評価を表明する．しかし，この表明された価値は，真の価値とは限らない．次に，政府は各自が表明した価値を合計し，その合計が，公共財を供給する費用 C を上回ったら公共財を供給し，そうでなかったら供給しないとする．なお，誰の評価額も C を上回ることはないと仮定しておこう．もし上回ったら，その人が私的財として購入できるからである．

そして，次のようなルールを加える．すなわち，自分を除いた人たちで判断するのなら，公共財は供給されなかったのに，自分が判断に加わるとその決定が覆され，公共財が供給される場合——このように，自分以外の人たちの決定を覆す者をピヴォタル・エージェント (pivotal agent) という——には，公共財の供給費用 C から自分以外の人たちが表明した価値の総額 U を差し引いた額 $(C-U)$ を税——こうした税をクラーク税 (Clarke tax) という——として支払ってもらう．自分の表明が，自分以外の人たちの判断を覆さない場合，つまり，自分がピヴォタル・エージェントにならない場合は，この税はかからない（なお，自分を除いた人たちだけなら，公共財は供給されたのに，自分が判断に加わると供給財が供給されなくなるという状況が生じる可能性は，公共財に対する評価額は負にならないと仮定しているので排除される）．

それでは，このクラーク＝グローブス・メカニズムの下では，人々は公共財に対する評価を正直に表明するだろうか．自分以外の人たちが表明した，公共

財に対する評価額の合計を U，自分の真の評価額を v として，この問題を考えてみよう．ただし，$U, v \geqq 0$ であるとする．

まず，$U > C$ の場合は，自分が意思決定に参加していなければ，公共財は供給されている．しかし，自分が意思決定に参加し，どのような評価額を表明しても，それまでの意思決定が覆されることはなく（$v \geqq 0$ に注意），公共財は供給される．

次に，$U + v > C \geqq U$ の場合はどうか．$C \geqq U$ なので，自分が意思決定に参加していなければ，公共財は供給されない．ところが，自分が意思決定に参加して，$C - U$ を上回る評価を表明すると，公共財は供給される．しかし，自分はこのときピヴォタル・エージェントとなるので，$C - U$ だけの税を支払わされる．しかし，それでも，$v - (C - U) > 0$ だからプラスの利益は確保される．したがって，$C - U$ を上回る評価を表明すべきである．

念のために，$U + v > C \geqq U$ の場合に，$C - U$ 以下の評価を表明すればどうなるかを考えておこう．つまり，自分の真の評価よりも十分低めの額を表明し，ほかの人たちの評価の総額 U と合わせても費用を上回らないように評価を表明した場合の結果を考えてみる．このときは，ほかの人たちの判断の結果と同じく，公共財は供給されないし，自分がピヴォタル・エージェントになるわけでもないので，利益はゼロとなる．利益がゼロになるより，真の評価を表明して，プラスの利益を得るほうが有利である．したがって，$U + v > C \geqq U$ の場合に，$C - U$ 以下の評価を表明するということはあり得ない．

最後に，$C \geqq U + v$ の場合はどうか．わざわざ高い評価を表明し，ほかの人たちの決定を覆してまで政府に公共財を供給してもらっても，$C - U - v$ だけの損失が発生する．$C - U$ 以下の評価額を表明すべきである．

以上の結果をまとめたのが図2-7である．自分以外の評価額の合計 U を横軸に，自分が表明する評価額（u と表記している）を縦軸にとっている．シャドーをかけた部分が，自分が表明してよい評価額である（実線は含み，点線及び白丸は含まない）．このシャドーをかけた部分は，自分以外の評価の総計に対する，自分が表明する評価額の反応関数を描写したものと解釈してよい．

このように考えると，図からも明らかなように，
(1) $U > C$ の場合は，どのような評価額を申請しても構わない，

図2-7 クラーク=グローブス・メカニズムの下での意思表明

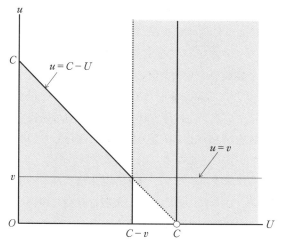

(注) シャドーをかけた部分が意思表明を示す．ただし，点線及び白丸は含まない．

(2) $U+v>C\geqq U$，つまり，$C-v<U\leqq C$の場合は，$C-U$を上回るのならどのような評価額でも構わない，

(3) $C\geqq U+v$，つまり，$U\leqq C-v$の場合は，$C-U$以下であればどのような評価額でも構わない，

ことがわかる．

そして，最も重要なことは，表明してよい評価額のどの領域においても，直線$u=v$が含まれることである．つまり，このクラーク=グローブス・メカニズムにおいては，公共財に対する自分の評価と異なる評価をわざわざ表明するインセンティブは，いかなる場合においても働かないことが確認される．ただし，このメカニズムにおいても，自分の評価を常に正確に表明することが保証されているわけではない，という点には注意が必要である．

"真実を語らせる"ための社会的コスト

このクラーク=グローブス・メカニズムに問題がないわけではない．最大の問題は，クラーク=グローブス・メカニズムは，すべての個人にとって公共財

の真の評価を表明することを支配戦略にする仕組みであるにも拘わらず，それに基づく資源配分がパレート効率的でなくなってしまうということである．

その理由は，次のように説明できる．いま，公共財の供給が，ピヴォタル・エージェントがクラーク税 $C-U$ を支払うことで決定されたとしよう．このとき，政府は社会の構成員から公共財の費用 C を調達する．その C だけで公共財は供給できる．ところが，政府はピヴォタル・エージェントから $C-U$ だけの税を受け取っている．これは，社会全体の可処分所得を引き下げていることを意味する．政府がその税を社会の構成員に還付していれば，社会全体の厚生は必ず高まっていたことになる．

この点で，クラーク＝グローブス・メカニズムは，パレート効率的な資源配分を実現していない．さらに，政府がこの税収を社会に還付しようとすると，それを想定して人々の行動が変化するかもしれない．これは，将来においてクラーク＝グローブス・メカニズムの変更を求めるものである．

実は，人々に公共財に対する真の評価を表明することが支配戦略になるような仕組みによって，パレート効率的な資源配分を実現することは不可能であることが理論的に示されている．人々に"真実を語らせる"ためには，それだけのコストを社会全体がどうしても支払う必要がある．これは，当然と言えば当然と言えるかもしれない．

2.7 中位投票者定理

中位投票者定理とは

現実の世界では，公共財の供給に際して，サミュエルソンのルールが厳密に適用されるわけでは当然ないし，クラーク＝グローブス・メカニズム的な発想で人々の意向を調べることもない．ほかの政策と同様に，国会や自治体の議会で多数決のルールによって決定されるのが通常である．この場合，公共財の供給水準のように，選択する対象が金額や質量など，1次元の量で表現される場合，ちょうど中位（低いものから高いものまで並べて，ちょうど真ん中に位置するもの）が選好されるという中位投票者定理（median voter theorem）と

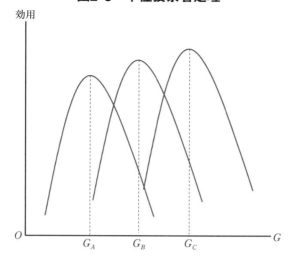

図2-8　中位投票者定理

呼ばれるものがある．

　いま，3人の個人 A, B, C で社会が構成されるとしよう．さらに，話を簡単にするために，公共財の供給に必要な費用は3等分されることが決まっていると仮定する．すでに説明したように，各個人は，公共財の供給水準について，限界便益が限界費用に等しくなる水準が最適だと考える．そして，公共財の実際の供給が，そうして決まるそれぞれにとっての最適な水準を上回れば上回るほど，各個人の効用は低下すると想定しよう．逆に，公共財の実際の供給がその最適な水準を下回る場合でも，その水準から離れるほど効用は低下すると考える．このように，公共財が最適な水準から離れるほど，効用が低下する状況を，選好が単峰型（single-peaked）になっているという．

　図2-8に示したように，公共財の供給を横軸に，効用を縦軸にとった座標で両者の組み合わせを描くと，最適な公共水準に対応するところで最も高くなる山のような形になる．まさしく，峰が1つしかない形である．

　さて，図2-8に示したように，個人 A, B, C にとって公共財の最適な水準がそれぞれ G_A, G_B, G_C で示され，$G_A < G_B < G_C$ であるとしよう．このとき，中位投票者は個人 B である．ここで，公共財の供給水準に関して，G_A と G_B

の間で多数決をとればどうなるだろうか．当然ながら，個人 A は G_A を選び，個人 B は G_B を選ぶ．個人 C にとっては，どちらも最適ではないが，自分にとっての最適な水準 G_C と比較すると，G_B のほうが近いので，G_B を選択する．したがって，2対1の多数決によって，G_B がこの社会全体の合意となる．

それでは，G_B と G_C の間で多数決をとればどうなるだろうか．上と同様の理由で，G_B がこの社会全体の合意となる．一方，G_A と G_C の間では，結果は不透明である．個人 B の効用が両者の間でどう違うか，ここで与えられた条件だけではわからないからである．しかし，G_A と G_C のいずれが選ばれるにせよ，そこで選ばれたものと G_B との間で再び多数決をとれば，すでに説明したように，G_B が必ず選ばれる．

もちろん，この中位投票者仮説は，選好が単峰型でなければ成立しない．しかし，社会の構成員の中で真ん中の選好が社会全体の意思決定に反映されるというのは，直感的にも理解しやすい結果である．

中位投票者定理の帰結

ところが，中位投票者定理が説明するように，公共財の供給に際して，中位投票者にとっての最適な水準が社会全体として採択されたとしても，それが効率的である保証はどこにもない．その点を確認しておこう．

いま，社会が N 人の個人で構成され，各個人の効用は，公共財と私的財の購入量で決定されるとする．さらに，公共財の私的財に対する相対価格を p と想定する．公共財の費用は，各自に均等に分担されると想定しよう．いま，中位投票者は，自分にとっての，公共財の私的財に対する限界代替率（MRS_m と表記する）が，公共財の私的財に対する相対価格（p/N）に等しくなるように，つまり，

$$MRS_m = p/N \qquad (2-23)$$

という関係が成り立つように，自分にとっての最適な公共財の水準を決定したとしよう．この式は，

$$MRS_m \times N = p \qquad (2-24)$$

と書き直すことができる．この式の右辺 p は，公共財の私的財に対する限界変形率と解釈することができる．したがって，サミュエルソンのルール（2-

6) 式が成り立つためには，社会を構成する N 人にとっての，公共財の私的財に対する限界代替率の平均が，中位投票者の限界代替率 MRS_m と等しくなっていなければならない．これは，偶然にしか成り立たない関係である．したがって，中位投票者定理によって決定される公共財の水準がパレート効率的になる保証はない．

2.8 まとめ

　公共財は，非排除性と非競合性という私的財にはない特徴を持っている．そのため，その供給をパレート効率的なものにする条件も，私的財とは異なってくる．私的財の場合は，任意の2つの財の間の限界代替率が各消費者の間で等しく，さらにそれが限界変形率に等しいことがパレート効率性を満たす条件であり，しかも，それは価格を通じた市場メカニズムによって満たされる．これに対して，公共財の場合は，公共財の私的財に対する限界代替率の合計が，公共財の私的財に対する限界変形率に等しいというサミュエルソンのルールが満たされなければならない．このサミュエルソンのルールは，公共財の限界便益の合計が公共財の限界費用に等しいこと，と読み替えることもできる．

　ところが，公共財の自発的供給では，このサミュエルソンのルールが満たされず，公共財の供給水準は社会的に最適な水準を下回ってしまう．これは，公共財に対する自分の負担がほかの人たちの効用を同時に高めるという効果を，私たちが十分配慮しないからである．ところが，公共財には実質的に所得再分配機能を持っていることに注目して，その効果を強めるために政府が所得再分配を行ったとしても，公共財の水準に変化がないことが，公共財の中立命題として示されている．

　したがって，公共財の供給に政府が直接乗り出す必要がある．その代表的な仕組みとして考えられたものが，リンダール・メカニズムである．そこでは，各消費者に公共財の費用分担比率を提示し，公共財の最適な供給量をそれぞれ表明してもらい，その値がすべて一致したところで公共財の供給水準が決定される．このリンダール・メカニズムは，サミュエルソンのルールを満たすものの，各自が他人の費用負担を当てにして公共財に対する評価を過小申告する誘

因が働くために，公共財の供給が過小になるというフリーライド問題を解消できない．

　これに対して，クラーク＝グローブス・メカニズムは，公共財に対する真の評価を表明することを支配戦略とする仕組みである．これは，自分以外の人たちの判断を覆し，彼らがこうむる迷惑分を支払ってまでも自分の意向を貫けるかどうかを問いかけることにより，真の評価を表明させる仕組みである．しかし，この仕組みは，公共財に対する真の評価を人々に表明させることはできるものの，パレート効率的な資源配分を保証しないという問題を抱えている．

　公共財の供給は，実際には民主主義的な多数決の下で決定される．その場合，世の中における中位の選好を持っている人（中位投票者）の意向が，社会全体の意向となることが，中位投票者定理として示されている．しかし，この中位投票者の意向によって決定される公共財の供給水準が，サミュエルソンのルールを満たす保証はなく，したがってパレート効率的な供給が実現されるわけではない．

コラム 2　ソーシャル・キャピタル（社会関係資本）

　最近では，他人との信頼関係や社会的ネットワークをソーシャル・キャピタル（社会関係資本）と位置づけ，その役割を重視する動きが高まっている．経済学でキャピタル（資本）という場合，工場や機械などの物的な資本や，教育などで身につける人的資本などが頭に浮かぶ．しかし，ソーシャル・キャピタルは，そうした資本が持っている，投資や資本蓄積といった仕組みを明示的に議論しない概念なので，伝統的な経済学にはあまり積極的に受け入れられていない．

　しかし，ソーシャル・キャピタルを，人的資本の一種としてとらえたうえで，公共財的な性格を持つものとして解釈する考え方がある．本文では詳しく説明しなかったが，公共財には，すべての人が無制限に共同利用できる一般公共財（global public goods）と，地域住民など特定のグループに限って共同利用される地方公共財（local public goods）に分類される．ソーシャル・キャピタルも居住している地域の中で形成されることが普通であり，その便益も，公共財的な性格は持ちつつも地域住民に限定的な形で発生することが多い．

　このソーシャル・キャピタルが充実した地域に住んでいるほど，人々の生活満足度が高く，健康面でもプラスの効果が生じることが確認されている．しかし，ソーシャル・キャピタルは金銭的な取引を伴わずに形成されることも多く，どのようなメカニズムで形成され，維持されるのか，といった点については今後の研究の進展が望まれるところである．

練習問題

問題 1

非排除性,非競合性が何を意味するかを説明し,その2つの特徴を両方持っている財,1つだけを持っている財をいくつか挙げなさい.

問題 2

公共財の供給を消費者による自発的な供給に任せると,どのような問題が発生するか.2人の消費者,公共財と私的財の2財で構成される簡単なモデルを用いて説明しなさい.

問題 3

部分均衡分析では,社会全体の需要曲線は,私的財の場合は各消費者の需要曲線を水平方向に足し上げ,公共財の場合は垂直方向に足し上げる.なぜそのような違いが出てくるのか,簡単に説明しなさい.

問題 4

公共財の量を G とするとともに,公共財の限界費用は1で固定され,消費者1及び消費者2の限界効用はそれぞれ $a_1/G, a_2/G$ で表されるとする $(a_1, a_2 > 0)$.公共財の供給に関するリンダール均衡が成立したとき,公共財の供給量を求めなさい.また,それがパレート効率的であることを示しなさい.

第3章 不完全競争

この章で学ぶこと

*市場が完全競争状態にないとき，どのような問題が生じるか整理する．

*どのような場合に市場が自然独占と呼ばれる状態になるかを考える．

*市場が自然独占されている場合に，どのような価格規制のあり方が望ましいかを考える．

*効率化を進めるインセンティブ規制の与え方を考える．

厚生経済学の第1定理によると，市場均衡は効率的な資源配分をもたらすことになる．しかし，そうした状況が実現するためには，市場における自由な参入と退出が可能であり，企業が完全競争状態に置かれているという前提が必要である．その前提が成り立たない場合は，市場メカニズムは効率的な資源配分を保証しない．したがって，市場メカニズムをできるだけ完全競争の状況に近づけ，独占・寡占状況になることを避けるための政策が必要になる．独占禁止法は，そのための代表的な例である．

しかし，財の性格によっては，企業が利潤最大化を目指して行動するとき，自然に独占が発生する場合がある．この場合には，政府は独占の発生をむしろ容認し，それを前提として独占企業に規制を行ったほうが，社会的厚生が高まるかもしれない．市場が自然に独占状態になる場合に，政府はどのように市場に関与すべきだろうか．

本章ではまず，ミクロ経済学の復習として，独占が社会的厚生に対してどのような点で問題になるのかを考える．独占企業が利潤最大化を目指すと，資源配分に歪みが生じ，厚生損失が発生する．その理由を簡単に振り返ってみる．

次に，どのような場合に自然独占が発生するかを考える．そこでは，財を生産するための費用構造がポイントとなる．生産すればするほど平均費用が低下する産業では，複数の企業が競争するよりも独占を許したほうが効率的になる場合が出てくる．しかし，自然独占を許すだけで社会的厚生が高まる保証はない．自然独占が発生した場合には，政府がむしろその企業の行動を規制する必要がある．

そこで，次のテーマとして政府による価格規制のあり方を考える．これは，実際には公共料金のあり方に密接に関係するテーマである．効率的な資源配分を実現するとともに，独占企業の採算割れを回避して財の生産を持続させるという2つの政策目標をどのように追求するかが論点となる．

しかし，価格規制には，費用削減や生産性向上への取り組みが弱まるという問題が伴う．そこで，価格規制を行ったうえで，経営効率化へのインセンティブを企業に与えるという，インセンティブ規制のあり方を議論する．さらに，自然独占が発生しても，一定の条件さえ揃えば効率的な資源配分が可能になるという，コンテスタビリティー理論を紹介する．

3.1 完全競争と独占

供給曲線と需要曲線

完全競争の下に置かれた企業が利潤最大化を目指し，消費者が効用最大化を目指すとき，市場均衡によって効率的な資源配分が実現されることになる．これが，厚生経済学の第1定理である．しかし，市場は常に完全競争の状態にあるわけではない．自由な参入や退出が認められ，競争が行われているにも拘わらず，自然に1社だけが市場に残る場合が考えられる．

もちろん，その独占企業の行動にすべてを任せることで社会的厚生が最大化する保証はない．厚生経済学の第1定理は完全競争を想定しているので，市場が独占状態になっていれば適用できない．そこで，政府の介入の是非あるいはその望ましいあり方を議論する必要が出てくる．

本節では，こうした議論を行うための理論的な出発点として，①市場が完全競争状態にあるときには効率的な資源配分が実現され，②市場が独占されていると厚生損失（welfare loss）が発生する，という2つの点を，特定の財の市場均衡だけを考える部分均衡モデルに基づいて確認しておく．

まず，完全競争から話を始めよう．いま，ある財の市場が完全競争状態にあるとき，企業はその財の市場価格を与えられたものとしてとらえ，利潤が最大になるように生産量を決定する．財の市場価格を p，生産量を q とするとともに，生産費用が生産量の関数であると考え，$C(q)$ という関数で与えられると想定しよう．企業は，売上から生産費用を差し引いた利潤の最大化を目指す．ただし，費用関数 $C(q)$ は生産量の増加関数であり，$C'(q)>0$ である．また，生産を1単位増やしたときの費用の増加分を限界費用（marginal cost）という．この限界費用は生産を増やすほど高まる，つまり，$C''(q)>0$ と想定しよう．

市場が完全競争であれば，利潤最大化のための必要条件は限界費用が価格に等しくなることである．これは，次のように考えれば確認できる．限界費用が価格を下回っていれば，生産を1単位増やしても利潤が増加する．逆に，限界

図3-1 完全競争の下での需給均衡

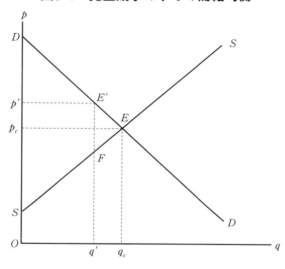

費用が価格を上回っていたら，生産を1単位増やせば利潤が減少する．したがって，利潤が最大化していれば限界費用は価格に一致しているはずである．ここでは，企業が価格を操作できず，生産を1単位増やせば価格だけの収入が常に得られることに注意されたい．

図3-1のように，生産量を横軸に，価格を縦軸にとった座標において，限界費用をグラフに示したものが供給曲線 SS である．利潤が最大化しているときは，限界費用は価格に等しいから，供給曲線は価格を縦軸にとって示すことができる．そして，生産量が高くなるほど限界費用が高まると想定したので（$C''(q)>0$），この供給曲線は右上がりとなる．さらに，この供給曲線上では，限界費用が価格に等しいので，上の説明からもわかるように，与えられた価格の下で企業の利潤が最大になっていることにも注意しておこう．

一方，需要量を横軸に，価格を縦軸にとった曲線 DD が需要曲線である．ただし，この需要曲線は，この財をすでにある量だけ保有している消費者が，1単位追加的に購入したとき，価格がいくらであれば元の効用を維持できるかを見たものと考えていただきたい．すでに保有している財の量が多いほど，その財の購入を増やす見返りに犠牲にしてもよいと考える，ほかの財の購入量は

少なくなるはずである．そのとき，その財の評価である価格も低くなる．したがって，需要曲線は右下がりになる．

なお，この説明からわかるように，この需要曲線は効用を一定として描いたものである．価格が変化しても，所得を補償して元の効用を維持する需要を補償需要（compensated demand）という．図3-1に描かれた需要曲線 DD は，厳密に言うと，この補償需要と価格の関係を示した補償需要曲線と呼ばれるものである．

生産者余剰と消費者余剰

このように定義される供給曲線と需要曲線が交差する点 E が，市場均衡を示している．この市場均衡では，価格が p_c で決定され，供給と需要が q_c という水準で一致している．この市場均衡は，次のような意味で社会的厚生にとって望ましい．

まず，企業から見ると，生産をゼロから1単位引き上げるためには，この企業は OS だけの価格でそれが販売できれば十分である．さらに生産を1単位引き上げるためには，供給曲線に沿って OS より若干高い価格で販売できれば十分である．このように，生産量をゼロから q_c まで徐々に引き上げていったとき，企業は $OSEq_c$ の面積に相当するだけの収入を得れば十分だと考えていたはずである．この $OSEq_c$ の面積は，この財の生産をゼロから q_c まで増やすために必要な生産費用の増加分，言い換えれば，生産量が q_c のときの可変費用に等しい（固定費用は含まれないことに注意）．

ところが，実際には q_c だけの生産量は1単位当たり p_c で販売できるのだから，Op_cEq_c の面積だけの収入を得られる．したがって，企業から見ると，Op_cEq_c の面積から $OSEq_c$ の面積を差し引いた，Sp_cE の面積だけ"得"をしたことになる．この Sp_cE の面積を生産者余剰（producer surplus）という．つまり，生産者余剰は，この財の生産をゼロから q_c まで増やすことによって得られた，利潤の増加分を意味する．ここで，$OSEq_c$ の面積は可変費用だけであり，固定費用を含んでいないので，生産者余剰は利潤そのものではない．生産者余剰は，利潤から可変費用だけを差し引いた値に等しい．

次に，消費者の状況に目を向けてみよう．消費者がこの財の購入をゼロから

1単位購入しようとするとき，効用水準を維持したままで，支払ってもよいと考える価格が OD である．さらに次の1単位は，OD を若干下回る価格で購入してもよいと考える．このように，購入量を q_c まで引き上げていったとき，消費者は $ODEq_c$ の面積に相当するだけの金額を支払う用意がある．つまり，消費者はそれだけの金銭的な価値を q_c だけの財の購入に認めているわけである．

ところが，消費者は，実際には q_c だけの生産量を1単位当たり p_c で購入できるのだから，Op_cEq_c の面積だけの費用を負担するだけでよい．したがって，消費者から見ると，$ODEq_c$ の面積から Op_cEq_c の面積を差し引いた，DEp_c の面積だけ"得"をしたことになる．この DEp_c の面積を消費者余剰（consumer surplus）という．消費者余剰は，この財を q_c だけ購入したときの効用の増加分を金額ベースで示したものから，そのために用いた支出を差し引いた分として解釈できる．

完全競争の意義

このように，完全競争による市場均衡の下では，Sp_cE の面積に等しい生産者余剰と，DEp_c の面積に等しい消費者余剰が生まれる．この両者を合わせた，DES の面積を総余剰（total surplus）という．この財を生産し，消費することで社会的厚生がどれだけ高まったかを金額で表示したものが，この総余剰である．ただし，ここでは生産者余剰は最終的に消費者にすべて還元されると想定している．

完全競争による市場均衡以外での取引では，需要と供給のどちらか小さいほうで財の取引量が決定されるので，そこで生まれる総余剰の大きさは，DES の面積を必ず下回る．たとえば，価格が完全競争の下での均衡価格 p_c より高めの p' に引き上げる規制を政府が行ったとき，市場での取引は，完全競争の下での均衡需給量 q_c より少ない q' になる．その結果，消費者余剰は $DE'p'$，生産者余剰は $Op'E'q'$ の面積にそれぞれ変化するが，総余剰は両者の合計である $DE'FS$ となり，総余剰は市場均衡の場合より，$E'EF$ の面積だけ小さくなる．これが市場均衡からの乖離による厚生損失の大きさを意味する．

このように，市場での取引の結果が，完全競争による市場均衡を離れると厚

生損失が必ず発生する．この結果を逆に言えば，総余剰は完全競争による市場均衡が達成された場合に最大となるということになり，その意味で完全競争は最も効率的な資源配分を実現する．

ところで，その財の価格は，消費者にとってその財を1単位増やすときに犠牲にしてもよいと考えるほかの財の量を意味する．一方，その財の限界費用とは，その財の生産を1単位増やすために，ほかの財の生産をどれだけあきらめる必要があるかを示したものである．したがって，価格と限界費用が一致するということは，その財が社会全体で最適な形で生産され，消費されていることを意味する．

独占企業の価格決定

これまでは，企業が完全競争に置かれていることを想定してきた．それでは，独占企業が市場を支配している場合は，状況はどのように異なってくるだろうか．図3-2を用いて考えよう．独占企業にとっては，価格は所与ではなく，生産量を調整することによって価格に影響を及ぼすことができる．そして，独占企業の利潤最大化にとっては，生産量を1単位増やしたときの収入の増加分である限界収入（marginal revenue）と，そのときの生産費用の増加分である限界費用が一致することが必要条件となる．なぜなら，限界収入が限界費用を上回れば生産を増やせばよいし，逆であれば生産を減らす必要があるからである．

独占企業の収入 R は，価格を p，数量を q としたとき，pq として示される．ここで，価格を数量の関数としてとらえると，限界収入 MR は，

$$MR = \frac{dR}{dq} = p + q\frac{dp}{dq} \tag{3-1}$$

として与えられる．このうち，数量 q は消費者が実際に購入した数量なので，需要の大きさを意味する．しかも，需要曲線が右下がりであることからも明らかなように，この右辺の第2項はマイナスの値をとる．したがって，曲線 MR で示される限界収入曲線は，点 D を軸にして需要曲線を下の方向に $-qdp/dq$ だけ移動したものであることがわかる．なお，市場が完全競争にある場合は，価格が所与になっているので，(3-1) 式の右辺第2項はゼロとなり，限界収

図3-2 独占の下での需給均衡

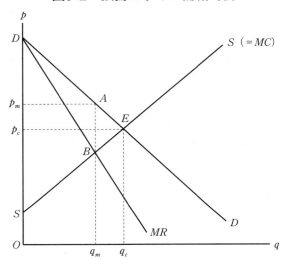

入は価格に等しくなり,したがって,限界収入曲線が需要曲線に一致する.一方,すでに説明したように,限界費用曲線は供給曲線 SS そのものである.

独占企業は,供給曲線(限界費用曲線)SS と限界収入曲線 MR が交わる点 B に対応する q_m だけの財を生産する.このとき,価格は p_m となる.この生産量 q_m は完全競争の下での生産量 q_c を下回り,価格は同じく完全競争の下での価格 p_c を上回っている.そしてこのとき,消費者余剰は DAp_m,生産者余剰は Sp_mAB となるので,余剰は両者を合わせた $DABS$ の面積に等しくなる.この面積は,完全競争の場合に比べて AEB の面積だけ小さくなる.これが,市場が独占されている場合に発生する厚生損失である.

このように,市場が独占されていると,独占企業が価格を限界費用ではなく限界収入に等しくなるように設定するので,厚生損失が発生してしまい,最適な資源配分が不可能になる.そのために,政府は,市場が独占あるいは少数の企業によって支配されないように努める必要がある.

3.2 自然独占

自然独占とは

　財の性質によっては，企業が利潤最大化を目指して行動した場合，複数の企業で生産するよりも1社だけで生産したほうが，費用が低くなり，そのまま放っておけば企業の合併が進んで自然と独占状態になる場合がある．このようにして発生する独占を自然独占（natural monopoly）という．以下では，この自然独占が発生する場合の政府の介入のあり方を検討する．

　最初に，どのような理由で自然独占が発生するかを考えてみる．その一般的な理由として挙げられるのは，費用の劣加法性（subadditivity）という性格である．ある財の生産において，2社以上の企業で生産するよりも，1社で生産したほうが，費用が全体として低下する場合，費用は劣加法性を示すという．

　以上の点を数式で説明してみよう．いま，ある財の生産をqだけ行うときに必要な費用が，$C(q)$という費用関数で表されるとしよう．そして，その財を2つの企業がq_1とq_2だけそれぞれ生産しているとき，

$$C(q_1+q_2) < C(q_1) + C(q_2) \tag{3-2}$$

という不等式が成り立つとする．ここで，右辺は2社が別々に生産した場合の費用の合計であり，左辺は2社の生産量を1社がまとめて生産した場合の費用を示している．2社で生産しても1社だけで生産しても市場での供給量に違いはなく，したがって価格にも影響が出てこないと想定すれば，1社だけで生産したほうが，利潤が高くなる．したがって，この市場では企業の合併が進み，最終的に独占状態となる．これが，自然独占である．

劣加法性

　そこで，費用が劣加法性という性格を持っているとき，市場がどのような費用構造になっているかを調べてみることにしよう．ここで注目するのは，1単位当たりの生産費用を意味する平均費用である．

　平均費用曲線は，生産量を横軸にした座標で描くと，図3-3に示したように

図3-3 費用の劣加法性

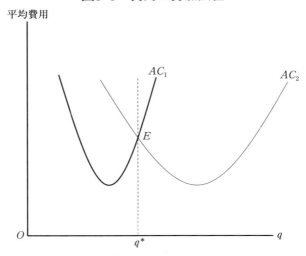

U字型の曲線になることが一般的である．それは次のように説明される．q だけの生産に必要な費用を，上と同じように，生産量 q の関数として $C(q)$ と表す．このとき，平均費用 AC 及び限界費用 MC はそれぞれ q の関数として，

$$AC(q) = \frac{C(q)}{q}, \quad MC(q) = C'(q) \tag{3-3}$$

で表される．このとき，平均費用が生産量 q に応じてどのように変化するかを調べると，

$$AC'(q) = \frac{C'(q)q - C(q)}{q^2} = \frac{C'(q) - C(q)/q}{q} = \frac{MC - AC}{q} \tag{3-4}$$

となる．つまり，平均費用の増減は，限界費用と平均費用の大小関係に依存する．ここで，限界費用 MC は生産量が増えるとともに上昇すると仮定しよう（$C''(q) > 0$）．このとき，平均費用は，生産水準が低く，限界費用が平均費用より低い間は（$MC < AC$），生産が増加するとともに低下していく（$AC'(q) < 0$）．しかし，生産水準がある程度上昇し，限界費用が平均費用を上回るようになると（$MC > AC$），生産の増加につれて上昇することがわかる．さらに，平均費用が最も低くなるところ，つまり平均費用曲線が底を打つところでは（$AC'(q) = 0$），平均費用と限界費用が一致する（$MC = AC$）こともわかる．

図3-3では，ある財の供給量を横軸にとっている．その財の生産が1社だけで行われており，平均費用曲線は図のAC_1で示されているとする．次に，この財の生産が規模のまったく同じ2社によって同じ量だけ生産されているとする．このとき，2社を合わせた場合の平均費用曲線AC_2は，1社だけの場合の平均費用曲線を右方向に2倍引き伸ばした曲線として表現できる．すなわち，$AC_2=C(q/2)/(q/2)$である．ここでは，2社のケースを想定しているが，企業の数が3以上の場合でも，企業が同質である限りまったく同じような議論を行うことができる（一般的に，その財の供給量がq，企業の数がNのとき，各企業の平均費用$AC_N(q)$は$AC_N(q)=C(q/N)/(q/N)$で示される）．

それでは，この図3-3の中で費用の劣加法性はどのようなところで成り立っているだろうか．市場に同じだけの量の生産量を供給する場合，2社で生産するより1社で生産したほうが，費用が低くなるという状況は，この図3-3で言えば，横軸の同じqに対して，1社だけの場合の平均費用のほうが2社の場合の平均費用より高くなるところを探せばよい．それは，AC_1曲線がAC_2曲線を下回っているところである．すなわち，両曲線が交わる点Eに対応する生産量をq^*としたとき，生産量がそれを下回るところで，費用の劣加法性は成立することになる．そして，費用の劣加法性が成立する限り，自然独占が成立することになる．

費用逓減

図3-3からも明らかなように，1社の場合の，平均費用曲線AC_1が右下がりになっていれば，生産量はq^*を下回っているはずなので，費用の劣加法性は必ず成立する．平均費用曲線が右下がりであるということは，生産量を増やすほど平均費用が低下するということを意味するが，これを費用逓減という．費用逓減が起こるのは，生産量の水準に比べて固定費用が大きい場合である．電気，上下水道，ガス，鉄道などの産業が，費用逓減産業の代表的な例である．

その財の生産が費用逓減に陥っている場合，平均費用は限界費用を必ず上回っていることに注意する必要がある．この点は，(3-4)式より，平均費用が減少している限り，$MC(q)<AC(q)$となることから確認できる．ここで，企業が完全競争の下でのように，限界費用と生産者価格が等しくなるように生産

量を調整すると，生産者価格が平均費用を下回ることになるので，企業は採算がとれなくなる．そこで，次節で説明するように，政府が自然独占を許し，価格規制を行うことで社会的厚生が高まる可能性が出てくる．

ただし，費用逓減は費用の劣加法性が成立するための必要条件ではない．図3-3では，1社の場合の平均費用曲線 AC_1 と，2社の場合の平均費用曲線 AC_2 が交点 E で交わっているが，そこで曲線 AC_1 を見ると右上がりになっている．つまり，平均費用が生産に応じて上昇する状況になっており，費用逓減とは言えない．その意味では，自然独占が生まれるための条件である費用の劣加法性は，費用逓減より緩い条件と言える．

なお，費用逓減や費用の劣加法性とよく似た概念として，規模の経済（economies of scale）という概念がある．これは，生産規模を $k(>1)$ 倍にしても，生産費用の増加は k 倍未満にとどまる，つまり，$C(kq)<kC(q)$ というものである．この関係が成り立てば，この不等式の両辺を kq で除すると，$C(kq)/(kq)<C(q)/q$ となるが，これは費用逓減を意味している．したがって，規模の経済は費用の劣加法性にとっての十分条件である．

2つの留意点

自然独占については，次の2点に注意しておこう．第1に，各企業の生産規模に対してその財の市場規模が十分に大きければ，費用の劣加法性は成立しない．これは，図3-3からも明らかであろう．市場で求められる需要の大きさが q^* を下回れば，費用の劣加法性は成立する．しかし，需要量が q^* を上回るとそれは成立しない．たとえ固定費用が高く費用逓減状態が見られるとしても，市場規模が十分大きいために，生産を拡大することによって十分収益が上がる場合がある．このとき，費用の劣加法性は生じず，したがって自然独占への動きも見られない．

自然独占は，後述するように政府による価格規制を根拠づける重要な概念であるが，自然独占が成立するかどうかは，大まかに言えば，固定費用の水準と市場規模の大きさの相対的な関係に依存する．技術革新が急速に進み，固定費用が大幅に低下している場合，あるいは当該市場で提供される財に対するニーズが急速に拡大している場合には，市場は自然独占より完全競争に近くなる．

こうした場合には，政府による価格規制はむしろ弊害になる．

　第2に，これまでの議論では，生産される財が1種類のケースに限定されている．実際には，複数の財を生産している場合のほうが多い．そのとき，費用の劣加法性に基づく自然独占の発生の説明が妥当かという問題がある．この点については，費用の劣加法性の定義を複数の財の場合に拡張することで，費用の劣加法性が自然独占につながることがすでに示されている．

　つまり，複数の財の生産のどのような組み合わせに対しても，複数の企業で生産するより，1社で生産したほうが費用が低下する場合，費用は劣加法性を満たすとされる．2種類の財，同質の2企業の場合について説明すると，第i企業による第j財の生産量をq_{ij}，第i企業の費用を$C(q_{i1}, q_{i2})$と表記して，

$$C(q_{11}+q_{21}, q_{12}+q_{22}) < C(q_{11}, q_{12}) + C(q_{21}, q_{22}) \tag{3-5}$$

という不等式が成立するとき，費用は劣加法性を満たすと言われる．

自然独占の問題点

　それでは，費用が劣加法性を満たし，自然独占が成立した場合，それで最適な資源配分は実現するのだろうか．

　第1の問題は，自然独占が生じたとしても，固定費用がかなり大きいために独占企業が採算割れになる可能性があることである．効率的な資源配分を実現するためには，企業はその財の価格を限界費用に等しい水準に設定する必要がある．ところが，費用逓減の下で独占企業がそのように価格を設定すると，(3-4)式からわかるように，平均費用が価格を上回るので利潤はマイナスになる．その財に対する社会的なニーズがきわめて大きい場合，採算割れを理由にその産業が存続できないことは社会的な損失となるだろう．したがって，自然独占が成立したとしても，独占企業を存続させる政策が必要となる．

　しかし，第2に，独占企業に自由な価格設定を認めると，効率的な資源配分が実現できなくなる．独占企業は，競争状態に置かれている企業とは異なり，価格を自分で設定し，収入を操作できる．独占企業の利潤が最大になるのは，そこで導出される限界収益が限界費用に等しくなるときである．このとき，価格は限界費用から乖離するので，厚生損失が発生することになる．この厚生損失をどのように軽減するかという問題を考えなければならない．

このように，自然独占が成立する財市場においては，①独占企業が採算をとれるようにし，財の供給を維持するだけでなく，②できるだけ効率的な資源配分を追求するという，2つの政策目標を同時に追求する必要がある．この2つの目標は対立し合う面があり，同時に追求することは容易でない．

3.3 価格規制（1）

限界費用価格形成原理

自然独占が発生するような産業では，政府はむしろ独占を容認したうえで，価格を規制することによってできるだけ社会的厚生を高める工夫をしたほうがよい，という考え方がある．実際，電気，ガス，鉄道などは多くの場合，各地域で独占的な営業を認められる一方，その価格は公共料金として政府による規制の対象となっている．本節では，自然独占の下における価格規制のあり方を議論するが，その具体例として公共料金をどのように形成するかを考えてみる．

政府による価格規制の代表的なものとして，限界費用価格形成原理がある．そもそも，独占市場において厚生損失が発生したのは，独占企業が限界費用を価格ではなく限界収入に等しくなるように設定したからである．したがって，政府がとるべき最も直接的な解決策は，独占企業に対して，価格を限界費用に等しくなるように生産調整を誘導することである．

図3-4は，この限界費用価格形成原理を適用した場合の状況を示している．ここでは，費用逓減を想定しており，平均費用を示す AC 曲線は右下がりになっている．AC 曲線が右下がりである場合，限界費用を示す MC 曲線は AC 曲線を必ず下回る．

政府による価格規制が存在しない場合は，限界費用が限界収入に等しくなるように生産量が q_m に調整され，価格は p_m に設定される．このとき，企業は独占利潤を獲得できる．しかし，第1節で説明したように，生産量は社会的に最適な水準を下回り，厚生損失が発生している．

そこで，政府が，価格を限界費用に等しくなるように企業に要請したとしよう．このとき，需要曲線 DD と限界費用曲線 MC との交点 E に対応する価格

図3-4 限界費用価格形成原理

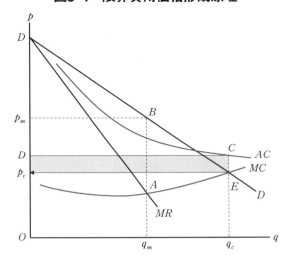

p_c と生産量 q_c が決定される．この価格 p_c は独占価格 p_m を下回り，生産量 q_c は独占したときの生産量 q_m を上回っている．そして，厚生損失は発生しておらず，効率的な資源配分に寄与していることがわかる．

限界費用価格形成原理の問題点

ところが，この限界費用価格形成原理には大きな欠点がある．最大の問題は，独占企業の利潤がマイナスになってしまうことである．上述のように，費用逓減の下では，平均費用が限界費用を必ず下回るので，価格を限界費用に等しい水準で設定してしまうと，利潤がマイナスになってしまう．図3-4でも，シャドーをつけた Dp_cEC の面積が赤字として発生している．

独占企業はこの赤字を抱えたままでは存続できないので，政府がこの企業に赤字分を補塡する必要がある．しかし，政府がその財源を調達するためにほかのところで課税を行うとすれば，そこで厚生損失が発生してしまいかねない．

もちろん，独占企業の赤字が発生したとしても，厚生損失の解消のほうが大きい場合は，限界費用価格形成原理が是認できる．図で言えば，自然独占からこの価格規制を行うことによって，厚生損失が BAE の面積だけ減少する．こ

の面積が独占企業の赤字を上回っていれば価格規制は是認してよいだろう．

しかし，赤字を補塡してもらえる独占企業から見ると，限界費用を正直に報告する誘因は働かないし，第三者がその限界費用を客観的に把握することもできない（完全競争の場合は限界費用が価格に一致するので，価格を見ることによって限界費用を把握できる）．価格規制を実際に行う必要のある政府にとっては，この問題は深刻である．そして，独占企業が限界費用を高めに報告する誘因が存在する以上，限界費用価格形成原理を導入することによって，生産がかえって非効率になってしまう危険性がある．

平均費用価格形成原理

政府がわざわざ価格規制をしてまで独占企業の存在を認めるのは，その財の供給が社会的に見て必要だからである．したがって，独占企業が採算割れで維持できないことになれば元も子もない．限界費用価格形成原理によって厚生損失が解消できるとしても，それを上回る赤字が発生すれば独占企業を維持することはできない．そこで，価格を限界費用に一致させることはあきらめ，平均費用に等しい水準に設定する方法を平均費用価格形成原理という．図3-5がそれを示したものである．この図でも，平均費用曲線 AC が右下がりになっており，費用逓減状態となっている．限界費用曲線 MC も，それに応じて平均費用曲線の下に位置している．

このとき，平均費用価格形成原理によって設定される価格 p_{ac} は，平均費用曲線 AC と需要曲線の交点 F に対応する水準になる．その水準は，完全競争の場合の価格 p_c を上回る．これは，費用逓減を背景にして，限界費用曲線が平均費用曲線の下方に位置し，需要曲線との交点も左上に位置するからである．また，平均費用価格形成原理の下での生産量は q_{ac} で示される．その水準は，完全競争の場合の数量 q_c を下回っている．

平均費用価格形成原理の問題点

この平均費用価格形成原理では，独占企業の収支が均衡しているので，その財の生産を維持することができる．しかし，その一方で，厚生損失が発生するという大きな問題がある．図3-5では，EGF の面積がその厚生損失の大きさ

図3-5 平均費用価格形成原理

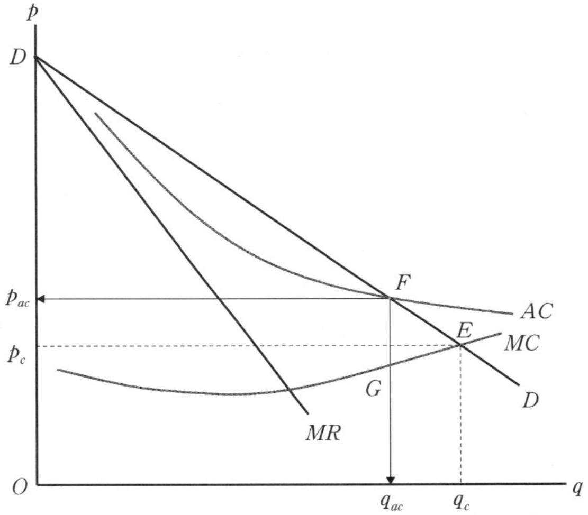

を示している．

さらに，限界費用価格形成原理と同じように，独占企業に効率化を進めるインセンティブが生じないことも問題である．価格を平均費用に等しい水準に設定することが，生産にかかった費用をそのまま価格に上乗せできることを意味するので，企業の内部において効率化を進めようというインセンティブは発生しない．とくに，費用構造に関する情報は独占企業側に偏在しており，また，企業側にもそれを積極的に明らかにしようという動機も生まれない．確かに，限界費用価格形成原理の場合とは異なり，政府が独占企業の限界費用を知る必要はない．しかし，平均費用を正確に把握できなければ，それは平均費用価格形成原理のメリットとは言いにくい．

総括原価方式

日本においても，電気，ガス，水道料金などの公共料金は，この平均費用価格形成原理の考え方に近い総括原価方式という方式で価格が設定されている．総括原価方式とは，事業経営のために必要となる営業費用（原材料，人件費など）に適正利潤を加えた額を原価とし，それに料金収入が等しくなるように料

金(単価)を設定するという方法である．このうち適正利潤とは，事業資産(レート・ベースと呼ばれることも多い)に政府が決定する公正報酬率 (fair rate of return) を乗じたものである．事業資産には，銀行からの借り入れや株式，内部留保などが含まれ，資本ストックを保有するための費用と考えてよい．

この総括原価方式の構造は，基本的に平均費用価格形成原理であり，効率化への誘因が働きにくいという問題を抱えている．そのほか，総括原価方式に特有の問題として，アヴァーチ＝ジョンソン効果 (Averch-Johnson effect) が発生することが知られている．アヴァーチ＝ジョンソン効果とは，事業審査に公正報酬率を乗じたものが原価とみなされるために，公正報酬率が資本の借入コストよりも高めに設定されていると，設備投資が過剰に行われ，資本ストックが適正な水準を上回るという効果のことである．

逆に，政府が公共料金の価格を低めに設定しようとして，公正報酬率を引き下げた場合，それが資本の借入コストを下回ると，設備投資が抑制され，資本ストックが不足する可能性もある．これを，反アヴァーチ＝ジョンソン効果と呼ぶ場合もある．そのほか，レートベースに何を含めるか，公正報酬率をどのようなルールで決めるかという点も，公共料金の決定に際して問題となる．

3.4　価格規制（2）

二部料金

前節で述べてきたように，限界費用価格形成原理と平均費用価格形成原理には一長一短がある．前者は効率的な生産を可能にするが，独占企業を赤字にする．後者は独占企業の採算をとれるようにするが，効率的な生産を達成できない．本節では，この2つのタイプ以外の価格規制のアイデアを紹介することにしよう．最初に紹介する二部料金は，この2つの価格規制を組み合わせることで，両者のメリットを生かし，ディメリットを解消することを目指す仕組みである．

二部料金は，需要量には関係なく消費者に負担してもらう基本料金と，需要

量に比例的に負担してもらう従量料金の二部構成になっている．日本でも，電気やガス，水道など多くの公共料金でこの仕組みが用いられている．

この二部料金の仕組みは，前出の図3-4を用いて説明できる．費用逓減を反映し，平均費用曲線が右下がりになり，限界費用曲線がその下に位置している状況をここでも想定しよう．二部料金には，需要量に応じて料金を支払う従量料金の部分がある．この部分の価格設定においては，価格が限界費用に等しくなるように設定する．この図では，これは需要曲線と限界費用曲線との交点 E で価格を設定することを意味する．これは，限界費用価格形成原理とまったく同じ方法である．このようにすれば，厚生損失は発生しない．

しかし，すでに説明したように，この方法では独占企業に赤字が発生する．その赤字は，図3-4では Dp_cEC の面積で示されている．そこで，この面積に相当する額を需要量とは関係なく消費者に負担してもらうわけである．それによって独占企業は赤字を逃れつつ，しかも資源配分に歪みを与えない形で財を供給することができる．

さらに，従量料金を3つ以上に分けた仕組みを考えることもできる．これを多部料金という．そのほか，基本料金と従量料金の組み合わせにはさまざまなものがあり，それらを総称して非線形料金（nonlinear pricing）という．

ただし，ここで注意すべきなのは，これまで無視してきた公平性の観点である．電気，ガス，水道など公共料金の対象となっているサービスには必需品的な特徴があり，低所得層ほど家計所得に占める比率が高くなっている．ところが，ここで説明したような単純な二部料金では，所得の高低に関係なく定額の基本料金の支払いが求められるので，所得の低い家計ほど負担が相対的に重くなる．したがって，そうした逆進性を軽減する工夫が求められる．実際の公共料金の従量料金を見ても，小口の利用者ほど割安になる仕組みがある．

2つ以上の財の場合

これまでの議論では，独占企業が消費者に提供する財は1種類であった．しかし，それが2種類以上あったときに，採算をとりながら厚生損失をできるだけ小さくする方法を考えてみよう．

いま，ある独占企業が2種類の財を供給していたとする．財1，財2の限界

図3-6 ラムゼー価格形成

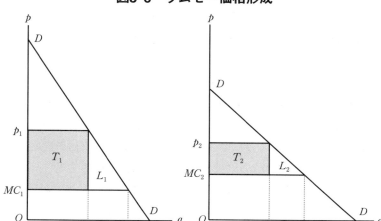

費用は MC_1, MC_2 で固定されているとする．独占企業がこの2つ財を生産するためには，共通の固定費用が必要であると想定する．そして，それぞれの財に対する補償需要の価格弾力性（絶対値）を ε_1, ε_2 と表記する．このとき，政府は，各財に対する価格 p_1, p_2 をどのように設定すべきだろうか．ただし，独占企業はこの2財の売上によって費用を完全に回収し，収支はバランスしていなければならない．

この2つの財が，完全競争の下で供給されていたときには，それぞれの価格は限界費用 MC_1, MC_2 に等しい水準で決定されていたはずである．また，そのときの需要量（供給量）を q_1, q_2 としよう．ここで，政府が各財の価格を，それぞれの限界費用に少し上乗せする形で p_1, p_2 と設定したとする（$p_1 > MC_1, p_2 > MC_2$）．

図3-6は，この様子を示したものである．限界費用曲線 MC_i は，話を簡単にするために，いずれも水平の直線で描かれている．各財の規制価格が限界費用にどれだけ上乗せしたかを示す比率を μ_i と表記しよう．すなわち，

$$\mu_i = \frac{p_i - MC_i}{MC_i} \tag{3-6}$$

と表記する．このとき，各財に対する需要は，需要の価格弾力性を考慮すると，

$\varepsilon_i\mu_i \times 100\%$ だけ減少するはずである.

さらに,各財において発生する厚生損失 L_i は,それぞれの図に示した直角三角形の面積として示される.この直角三角形の底辺は $\varepsilon_i\mu_i q_i$ で,高さは $\mu_i MC_i$ で示されるので,厚生損失の大きさは,

$$L_i = \frac{1}{2}\varepsilon_i\mu_i q_i \times \mu_i MC_i = \frac{\varepsilon_i\mu_i^2 q_i MC_i}{2} \qquad (3-7)$$

と与えられる.

一方,この規制価格をつけて各財を消費者に販売した結果,独占企業が得た売上は,可変費用と固定費用の支払いに用いられる.このうち,可変費用は各財の売上から支払うことが適当だと考えてよいだろう.一方,固定費用の支払いに用いられるのは,売上から変動費用分を差し引いた分であり,図3-6では限界費用曲線 MC_i の上にある長方形 T_i の面積で示される.ところが,この長方形の横の長さは $(1-\varepsilon_i\mu_i)q_i$,縦の長さは $\mu_i MC_i$ で示される.したがって,各財の販売から得られる,固定費用の支払いに向けられる財源 T_i は,

$$T_i = (1-\varepsilon_i\mu_i)q_i \times \mu_i MC_i = (1-\varepsilon_i\mu_i)\mu_i q_i MC_i \qquad (3-8)$$

と与えられる.

ここで,その財の生産によって固定費用の支払いに向ける財源を1円引き上げたときに,どれだけの厚生損失が発生するかを考えてみよう.これは,dL_i/dT_i の値を求めることを意味するが,そのためには,厚生損失 L_i と財源 T_i がそれぞれ価格の上乗せ率 μ_i によって決定されることを利用して,次のように計算すればよい.

すなわち,(3-7)式,(3-8)式をそれぞれ価格の上乗せ率 μ_i で微分すると,

$$\frac{dL_i}{d\mu_i} = \varepsilon_i\mu_i q_i MC_i, \quad \frac{dT_i}{d\mu_i} = (1-2\varepsilon_i\mu_i)q_i MC_i \qquad (3-9)$$

となるから,この2式の比をとることにより,

$$\frac{dL_i}{dT_i} = \frac{dL_i/dp_i}{dT_i/dp_i} = \frac{\varepsilon_i\mu_i}{1-2\varepsilon_i\mu_i} \qquad (3-10)$$

という関係式が得られる.したがって,固定費用に向ける財源を増やそうと思うほど,厚生損失が高まることは,この式からも明らかであろう(ただし,

$\varepsilon_i \mu_i < 1/2$ と仮定する).

ラムゼー価格形成

以上の結果を用いて，2つ以上の財が存在するとき，それぞれの財の価格はどのように設定すべきかを考えよう．

まず，規制価格の体系が最適になっているためには，どの財で固定費用にあてる財源を限界的に増やそうとしても，厚生損失の増加分が等しくなっていなければならない．この点は，直感的には次のように説明できる．いま，政府が独占企業に対して，財1の規制価格を引き上げて，固定費用にあてる財源の10億円増を目指させた場合，厚生損失が1億円増加するとする．これに対して，財2の規制価格を高め，同じく固定費用にあてる財源の10億円増を独占企業に目指させると，厚生損失が3億円増加すると仮定してみる．その場合，財1の価格を引き上げ，その一方で財2の価格を引き下げることによって，厚生損失を現時点よりも減らすことが可能になる．こうした調整の余地が残されている限り，規制価格の体系は最適とは言えない．

それでは，2つの財の間で，固定費用にあてる財源の限界的な増加が，同じだけの厚生損失の増加を生み出すのはどのような状況なのかを考えてみよう．その状況は，(3-10) 式より，

$$\frac{\varepsilon_1 \mu_1}{1-2\varepsilon_1 \mu_1} = \frac{\varepsilon_2 \mu_2}{1-2\varepsilon_2 \mu_2} \tag{3-11}$$

として表現される．この式を整理し，さらに，(3-6) 式を用いて μ_i の定義を振り返ってみると，

$$\frac{p_1 - MC_1}{MC_1} : \frac{p_2 - MC_2}{MC_2} = \frac{1}{\varepsilon_1} : \frac{1}{\varepsilon_2} \tag{3-12}$$

という結果が得られる．

この式は，興味深い結果を示している．つまり，政府は，独占企業が採算をとれるように配慮しつつ，厚生損失を最小にするために，限界費用に対する上乗せ分を，補償需要の価格弾力性の逆数に比例する形で価格規制を行う必要がある．このような考え方の価格規制を，ラムゼー価格形成（Ramsey pricing）という．

このラムゼー価格形成は，常識に反する面がある．というのは，需要の価格弾力性の低い財というのは，食料品などの生活必需品である．その生活必需品に相対的に高い価格を設定することは，その生活必需品に対する支出比率が高い低所得層に，独占企業の固定費用を相対的に多く求めていることを意味する．こうした逆進的な価格形成は，公平性の観点からは是認できない．

ラムゼー価格形成は，求められる財源（ここでは固定費用）をできるだけ効率的に獲得するにはどうすればよいかという発想で考えられたものである．したがって，価格を引き上げても人々の行動があまり変わらない財——つまり，需要の価格弾力性が小さい生活必需品のような財——にこそ高い価格を設定すべきだ，という結果がどうしても導かれてしまう．

実は，このラムゼー価格形成の考え方は，第5章で取り上げる消費税制のところでほぼ同じような姿で登場する．そこでは，政府が一定の税収を確保しようと考えるとき，それぞれの財に対する消費税率をどのように設定すべきかという問題を検討する．結論は，このラムゼー価格形成とまったく同じように，需要の価格弾力性が小さい財にこそ高い税率をかけるべきだというものになる．

3.5 インセンティブ規制

プライス・キャップ規制

第3節，第4節では，自然独占が発生した場合，政府がどのように価格規制をするかという問題を扱ってきた．さまざまな価格規制のあり方が提案されているが，そこでしばしば問題になるのは，独占企業に，費用を削減させ，経営効率を高めるようなインセンティブ（誘因）をどのように与えるかという問題である．独占企業に効率化を進めるインセンティブを与えることを目指した価格規制をインセンティブ規制と総称する．

インセンティブ規制の代表的な例は，価格の上限を定めて，経営の効率化を目指す，プライス・キャップ規制と呼ばれるものである．このプライス・キャップ規制は，実際には，価格の水準よりも，その変化率に関する規制という形をとる．価格の引き上げ率の上限を，物価上昇率からその独占企業の生産性向

上率を差し引いた部分とし，その上限を超えなければ，独占企業は価格を自由に改定できる，というのがその考え方である．

つまり，当該年の価格を p，1年前の価格を p_{-1}，当該年の物価上昇率を π，そして生産性向上率を x とすると，

$$p \leqq (1+\pi-x)p_{-1} \tag{3-13}$$

という関係がこのプライス・キャップ規制の基本である．ただし，ここで，生産性向上率 x は，政府が外から与えるものである．

企業から見ると，この生産性向上率を確保しなければ価格の引き上げがそれだけ削減されてしまうので，経営効率化に努めざるを得ない状況に置かれる．一方で，この生産性向上率を上回る結果を生むような経営効率化を進めた場合には，その分を利潤として参入することができる．したがって，プライス・キャップ規制は，独占企業に経営効率化のインセンティブを与える効果を持っている．さらに，この規制は，独占企業の費用構造を政府が詳細に知らなくても実施できるというメリットを持っている．

このプライス・キャップ規制は，独占状態から競争状態へ移行しつつある市場構造に適合した価格規制であり，競争状態に移行するまでの過渡的な性格の強い仕組みである．電気通信事業のように技術革新が急速に進み，競争が急速に進展している産業では，プライス・キャップ規制は広範に用いられてきた．しかし一定規模以上の市場シェアを持つ事業者が存在しなくなるなど，市場の競争状態になったと判断された段階では，規制は是認しにくくなる．

プライス・キャップ規制の問題点

このプライス・キャップ規制は，政府が独占企業の費用構造を詳しく調べなくても，効率化のインセンティブを与えることができる，という点が実際の政策運営において高く評価されている．しかし，次のような問題点がある．第1に，政府が生産性向上率をどのように決めるべきかが明らかでない．低すぎると，効率化への誘因が弱まるだろうし，高すぎると採算割れの危険性がある．

第2に，実際のプライス・キャップ規制は，(3-13) 式のように価格の改定率に対する規制が中心となっているが，この方式は前年度の価格が適正に決定されていることが前提となっている．しかし，その前提が成立するかどうかは

確かではない．

　第3に，第1，第2の点と関連して，独占企業に費用構造を明らかにする誘因が働かないので，情報の偏在に伴う問題点を克服できないという欠陥がある．

　なお，実際のプライス・キャップ規制に際しては，(3-13) 式がそのまま適用されることはない．独占企業による企業努力では削減できない費用の増加分（石油など原材料の大幅な値上げ）が，価格の上限設定に際して考慮される場合がある．また，プライス・キャップ規制が生産性向上を義務付けている見返りに，投資を促進するための費用が上乗せされることもある．

　しかし，このような点に対する配慮が加わると，政府が独占企業の費用構造に関する詳細な情報が必要になるので，プライス・キャップ規制のメリットがそれだけ弱まることは避けられない．また，追加される項目が企業にとってどこまで外生的なのか不透明な面があり，政策による恣意性や裁量が入り込む余地が出てくる．

ヤードスティック規制

　政府が独占企業の費用構造に関する情報を十分に知らなくても，同じような事業を展開している独占企業の実績を比較することにより，効率化へのインセンティブを与える仕組みがある．これを，ヤードスティック規制という（ヤードスティック（yardstick）は「物差し」という意味）．日本でも，電力会社やガス会社は各地域で独占状態になっているが，各地域の会社の費用構造を比較することによって料金改定の是非がしばしば検討されている．

　異なる地域で事業を展開している独占企業を比較し，平均的なコストを計算してそれを基準コストとする．その基準コストよりも低いコストを実現した事業者に対しては，その基準コストと実現したコストとの差額を基準に超過利潤を得ることを認める．一方，基準コストを上回るコストでしか実現できなかった事業者に対しては，実際にかかったコストを基にした料金設定を認めないというペナルティーを科す．このようにして，それぞれの独占企業に効率化へのインセンティブを与えるわけである．このような形で修正されたコストをベースにして，平均費用価格形成原理（より現実的には総括原価方式）に基づいて，独占企業の提供する財の価格が決定されることになる．

日本でも，鉄道などの分野では，このヤードスティック規制の考え方に基づいて料金が査定されている．これをヤードスティック査定という．具体的には，まず，各企業の実績コスト（c）を調査し，単位当たりの平均的な費用を求め，それを基準コスト（$\bar{c}$）とする．実績コストが基準コストを下回っている企業は，相対的に見て効率的な企業と言える．

そこで，まず，各企業にとっての基準コスト（c^*）を，

$$
\begin{aligned}
&c^* = \frac{c + \bar{c}}{2} \quad \text{if} \quad c < \bar{c} \\
&c^* = \bar{c} \quad \text{if} \quad c \geq \bar{c}
\end{aligned}
\tag{3-14}
$$

と定義する．実績コストが基準コストを下回っていれば，両者の平均を適正コストとする．逆に，実績コストが基準コストを上回っていれば，基準コストを適正コストとする．つまり実績コストが基準コストを下回った企業には，効率化の努力の成果の半分を還元するわけである．一方，そうでなかった企業には，基準コストしか認めず，ペナルティーを与える．

以上の査定はヤードスティック規制の発想によるものだが，ヤードスティック査定では，前回の料金改定時からの効率化の取り組みにも注目する．具体的には，前回の料金改定時における実績コスト（c_{-1}）を調べる．現在の実績コストが前回の実績コストを下回っていれば，効率化に取り組み，成功した企業と言える．そこで，前回よりコストが低下している企業には，その低下分の半分をコストに上乗せする．逆に，コストが上昇している企業には，その上昇分の半分をコストから削減する．したがって，最終的にコストと認められる算定コストc^{**}は，

$$
\begin{aligned}
&c^{**} = c^* + \frac{c_{-1} - c}{2} \quad \text{if} \quad c < c_{-1} \\
&c^{**} = c^* - \frac{c - c_{-1}}{2} \quad \text{if} \quad c \geq c_{-1}
\end{aligned}
\tag{3-15}
$$

となる．これによって，他社と比べて効率的である企業ほど，そして前回から効率化に取り組んだ企業ほど，その取り組みが評価され，そうでない企業はペナルティーを受けることになる．

ヤードスティック規制の問題点

このヤードスティック規制は，独占企業に効率化に向けてのインセンティブを与えるうえで効果的な方法である．実際にも，この考え方に基づいた価格規制がしばしば行われている．しかし，問題がないわけではない．

第1に，まさしくヤードスティックとなるべき基準コストの計算が重要になるが，参考になるべき独占企業の数が少なく，地域特性などを反映して費用構造がかなり異なっている可能性がある．この場合は，基準コストの正当性に疑問が出てくる．とくに，地域特性など各企業の特殊性を考慮に入れるほど，政府の恣意性が入り込み，政府・企業間の不透明な交渉が生まれる可能性を否定できなくなる．

第2に，政府と独占企業との間の情報の非対称性が完全に解消できるわけではないので，独占企業が結託して費用構造に関する情報を歪める可能性もある．その場合は，ヤードスティック規制はうまく機能しなくなる．

コンテスタビリティー理論

以上の議論においては，自然独占を市場の失敗の一つととらえ，そこで発生する厚生損失を軽減するためには，政府によるどのような関与が望ましいかを考えてきた．ところが，自然独占が存在するからといっても，ただちに政府の関与が必要になるわけではない．それを示したのが，ボーモル（Baumol）らが提唱したコンテスタビリティー（contestability）理論である．

市場がコンテスタブルというのは，その市場が独占されているいないに拘わらず，誰もが自由に参入・退出でき，競争状態がいつでも成立し得る状況にあることを意味する．実態としては独占だが，いつでも競争状態になる状況に晒されていれば，独占企業も勝手な行動は許されなくなる，というのは直感的にも理解できるところである．

より厳密に言うと，コンテスタブルな市場は，①すでに市場にいる既存企業と新規参入企業が，同じ費用構造を持つなど同質であること，②市場に新規参入したときに必要だった固定費用を，退出時に完全に回収できること（これを，固定費用がサンク・コスト（埋没費用）になっていない，という），③新規企

業が市場に参入したとき，既存企業の対応（価格水準の調整）に時間がかかること，という3つの特徴を持った市場のことである．

市場が独占されているとき，独占企業は，利潤最大化のために限界収入と限界費用が等しくなるように価格を設定することはすでに説明した．その価格が平均費用を上回っていれば，プラスの利潤が発生する．このとき，既存企業とまったく同質の新規企業が，既存企業が設定している価格をわずかに下回る価格を設定して，この市場に参入するとどうなるか．既存企業の対応には時間がかかり，しかも退出時には固定費用を完全に回収できると仮定しているので，この財の市場では既存企業が退出し，新規企業がそれに置き換わることになる．

こうしたプロセスが続くと，最終的には，市場で決定される価格は平均費用に等しくなる．したがって，政府の価格規制がなくても，平均費用価格形成原理に適合するような価格が形成されることになる．

こうしたプロセスは，平均費用をこれ以上引き下げることができなくなるまで続くだろう．したがって，価格は平均費用が最も低いところで決定されることになる．価格が，平均費用が最も低くなる水準で決定されるとき，2つの状況が考えられる．

第1は，供給に比べて需要の規模が大きい場合である．このとき，平均費用が最も低くなるところは平均費用曲線の底であり，そこでは限界費用曲線が通過している．したがって，価格は限界費用とも一致していることになり，厚生損失が発生していないことを意味する．

第2は，供給に比べて需要の規模が小さい場合である．このとき，価格は限界費用を上回っているので，厚生損失が発生している．しかし，価格を平均費用より引き下げることは採算割れになるので無理だし，引き上げると厚生損失が大きくなる．

したがって，価格が，平均費用が最も低くなる水準で決定されているということは，以上2つのいずれの場合においても，パレート効率的な資源配分が達成されていることを意味する．

コンテスタビリティー理論の評価

コンテスタビリティー理論は，自然独占がただちに政府による関与を必要に

するわけではないことを示唆するものである．しかも，コンテスタブル市場が維持されるかぎり，パレート効率的な資源配分が実現されていることは，効率的な資源配分が完全競争でなくても達成される可能性を示しており，注目に値する．

　もっとも，市場がコンテスタブルである場合は，きわめてまれである．とくに，固定費用が退出時に完全に回収可能であることはまずない．しかし，科学技術の進展などにより，公的なサービスと民間のサービスとの関係が変化し，相互乗り入れが容易になると，固定費用がサンク・コストにならない可能性も高まってくる．また，技術革新によっては，固定費用そのものが低下し，自然独占が成立しなくなる状況も考えられる．このような状況の下では，参入規制や価格規制が新規企業の参入を不当に抑制し，社会的厚生を引き下げる可能性もある．

3.6　まとめ

　本章では，市場が自然独占に置かれている場合，政府がどのように市場に関与すべきかという問題を考えてきた．生産するほど平均費用が低下するという費用逓減が成立する場合，あるいは，2社以上で別々に生産するより1社で生産するほうが，費用が低下するという劣加法性が成立する場合は，自然独占が発生する．このとき，政府は自然独占を容認し，独占企業の行動に規制をかけることによって効率的な資源配分の実現を目指したほうが有益な場合がある．

　市場が自然独占になっている場合の価格規制のあり方としては，さまざまなものがある．独占企業が設定する価格を限界費用に一致させる限界費用価格形成原理や，価格を平均費用に一致させる平均費用価格形成原理がその代表である．前者は効率的な資源配分を可能にするが独占企業が採算割れとなり，後者は独占企業の採算割れは回避できるが，効率的な資源配分は実現できない．

　そうした問題点の克服を目指す一つの方法として，需要量には関係なく消費者に負担してもらう基本料金と，需要量に比例的に負担してもらう従量料金で構成される二部料金という仕組みがある．さらに，独占企業が供給する財が2種類以上の場合は，各財の価格設定に際して，限界費用に対する上乗せ分を，

補償需要の価格弾力性の逆数に比例する形で価格規制を行う，ラムゼー価格形成という考え方もある．

一方，独占企業に，費用を削減させ，経営効率を高めるようなインセンティブを与えることを目指したインセンティブ規制も考えられる．そのうち，プライス・キャップ規制は，価格の上限を定めて，経営の効率化を目指すという方法であり，実際にも料金改定率の算定に利用されている．また，ヤードスティック規制は，同じような事業を展開している独占企業の実績を比較することにより，効率化へのインセンティブを与える仕組みである．

しかし，自然独占がただちに政府の介入を必要とするわけではない．その市場に誰もが自由に参入・退出でき，競争状態がいつでも成立し得る状況にあれば，実際には市場が独占されていても，平均費用が最小になり，パレート効率的な資源配分が達成される可能性がある．この可能性を示したものがコンテスタビリティー理論であり，政府規制の理論的根拠に対する批判的な見方を提供している．

コラム 3　タクシーの規制緩和と再規制

　日本のタクシー業界では，伝統的に参入・価格規制が行われている．2002年に規制緩和が行われ，参入については免許制が許可制になり，運賃については運賃ブロックごとに設定した上限運賃額以下の一定の範囲内であれば，申請された運賃を認めることとした．しかし，その後，新規参入やタクシー台数の増加が進み，不況の影響も相まって運転者の賃金・労働条件が悪化した．そのため，政府は2009年，タクシー台数の減少を促すための再規制策を講じている．

　タクシー業界は電力やガス業界と異なり，固定費用は相対的に低く，費用の劣加法性はないと考えられるので，規制の理論的根拠は弱い．ブロックごとの運賃の設定に際しても，総括原価方式が基準になっているが，この方式は電力など固定費用が巨額に上る産業を想定したものであり，タクシー業界への適用には問題がある．

　ただし，タクシー業界については，運転者の給与が歩合制になっているという特殊性に注意する必要がある．台数が増えて競争が激化したとき，タクシー会社は売上維持のためにむしろ台数を増やそうとする．そのために，タクシーの客の奪い合いが激化し，そのおかげで歩合制による運転者の収入が大きく低下する．このように，運賃という価格メカニズムを通じた，通常の需給メカニズムが機能しない，というのがタクシー業界の特徴である．

　そのため，供給過剰になっても，売上維持を狙うタクシー会社には台数を減らそうとするインセンティブがあまり生まれない．そのため，タクシー会社はむしろ政府による参入再規制を求め，政府もそれに応じたという格好になっている．しかし，運転者の間でも歩合制に対する支持は根強いと言われており，構造はなかなか変化しない．

練習問題

問題 1
劣加法性とは何か．また，それが成立するとき，どうして自然独占が発生するかを説明しなさい．

問題 2
ある財が，独占企業によって生産されている．政府がこの財について，限界費用価格形成原理と平均費用価格形成原理によって価格を設定したとき，価格や企業利潤，厚生損失はどのように違ってくるか，説明しなさい．

問題 3
ラムゼー価格形成において各財の価格を決定する場合，補償需要の価格弾力性が高い財ほど，限界費用に上乗せする分を低くする必要がある．その理由を説明しなさい．

問題 4
市場がコンテスタブルである場合，平均費用が最小になること，そして，効率的な資源配分が実現されることを説明しなさい．

第4章

外部性

この章で学ぶこと

*外部性とは何かを，消費面，生産面でそれぞれ考える．

*外部性が存在するとき，市場メカニズムで最適な資源配分が実現されない理由を考える．

*ピグー税など，外部性への政府の対応を考える．

*外部性の問題を政府による介入ではなく，市場で解決する方法を考える．

第 4 章　外部性

　本章で扱う外部性とは，経済主体がほかの経済主体と市場メカニズムを介さないで結びついている状況を指している．大気汚染や汚水などの公害が，その典型的な例である．川上に工場があり，そこから出る汚水によって川下に住む住民が被害をこうむっているとしよう．このとき，汚水は工場と住民の間で市場取引されていないので，市場メカニズムを用いて住民の利益を回復させることは一般的に難しい．

　一方，ほかの経済主体から良好な影響を受ける場合もある．商店街で，隣の店が売っている商品に人気が出て客が集まり，そのおかげで自分の店に買い物に来る客が増えて利益が高まる，といったこともあるかもしれない．このとき，隣の店にお礼を持っていくことは十分考えられるが，それは集客に対する報酬，対価という意味合いのものではないだろう．

　このように，ほかの経済主体から市場を通さずに受ける影響を外部効果という．第1章では，市場メカニズムが効率的な資源配分を実現することを説明したが，そこではこうした市場を通さない，外部効果の存在を考慮していなかった．消費者が予算制約の下で効用を最大化しようとするときは，その効用は自らの消費によってのみ決定され，他人の消費の影響を受けないと想定していた．また，企業が利潤を最大化しようとするときも，自らの投入量や生産量だけを問題にし，ほかの企業の生産からの影響は受けないと想定していた．

　こうした想定が崩れると，市場メカニズムによって効率的な資源配分が達成できるとは必ずしも言えなくなる．上述のような工場の生産量も，社会的に最適な水準を上回っているかもしれない．その場合，厚生損失を解消する方法はないだろうか．すぐ頭に浮かぶ措置は，政府が望ましくない外部効果を出している企業に課税し，生産量を削減させるというものである．それ以外にも，政府の関与によって外部性の問題を解決するというタイプの対応策はいくつか提案されている．

　しかし，外部性に関わる問題は，政府が介入しなくても，経済主体間の交渉によって処理できる可能性もある．外部効果を発生させている経済主体とその影響を受けている経済主体が交渉することによって，外部効果の発生を削減することはできないだろうか．本章では，交渉による外部効果の処理についても検討する．

4.1 外部性とは何か

消費面での外部性

本章で取り上げる外部性（externality）とは，経済主体がほかの経済主体から市場を通さずに直接受ける影響のことである．その影響が望ましい場合を外部経済，望ましくない場合を外部不経済という．また，こうした外部経済，外部不経済がもたらす効果を外部効果と総称する．このような外部性は市場を通さない形で発揮されるので，外部性を踏まえたうえでの最適な資源配分は，市場メカニズムでは一般的に達成できない性格のものである．

最初に，消費面で外部性が生じている場合，どのようなことが起こっているかをやや抽象的な枠組みの中で説明してみよう．話を簡単にするために，社会が消費者1，消費者2という2人の消費者，XとYという2種類の財で構成されていると想定する．財の供給量は，所与とする．

第1章で説明したように，外部性が存在しない場合，消費者の間でパレート効率的な資源配分が達成されるための必要条件は，2つの財の限界代替率が2人の消費者の間で共通することであった．ところが，各消費者が価格を所与として効用を最大化していれば，この2つの財の限界代替率は相対価格に等しくなる．したがって，2人の消費者の間で，2財の間の限界代替率は相対価格を媒介として一致する．このように，価格を所与とする市場メカニズムは効率的な資源配分を可能にする．これが，厚生経済学の第1定理が意味するところである．

それでは，市場での均衡が成立しており，2人の消費者の間で，財Xの財Yに対する限界代替率が，財Xの財Yに対する相対価格pに等しかったと仮定してみよう．ただし，ここで外部効果が発生し，消費者1の効用は消費者2による財Xの消費によって高まると想定してみる．このとき，市場均衡はパレート効率的であろうか．

この問題を考えるために，市場均衡の状態を出発点にして，消費者1が消費者2へ財Xを1単位与え，その代わりに財Yを消費者2からp単位受け取っ

たと想定する．これだけでは，消費者1の効用は市場均衡の状況から変化しない．なぜなら，財 X の財 Y に対する限界代替率が，財 X の財 Y に対する相対価格 p に等しくなっているからである．一方，消費者2は消費者1から財 X を1単位受け取り，その代わりに財 Y を消費者1に p 単位与えたが，それによって効用は変化していない．彼にとっても，2つの財の限界代替率が相対価格 p に等しくなっているからである．

ところが，外部性が存在するときには，話はここで終わらない．消費者2が財 X の消費を1単位高めたことで，消費者1の効用は市場均衡の場合より高まるからである．一方，消費者2の効用は不変である．つまり，市場均衡の状態から，消費者2の効用をそのままにして，消費者1の効用を高めることができる．したがって，この場合の市場均衡はパレート効率的でないことがわかる．

生産面での外部性

次に，生産面における外部性について考えてみよう．社会が同質の消費者と同質の生産者，そして，X と Y という2種類の財で構成されていると想定する．この2種類の財をめぐる資源配分がパレート効率的であるためには，財 X の財 Y に対する限界代替率と財 X の財 Y に対する限界変形率が等しくなっている必要がある．

市場均衡の下では，各消費者が価格を所与にして効用最大化を行っているので，この2財の間の限界代替率が相対価格に等しくなっている．また，各生産者が価格を所与として利潤最大化を行っているので，限界変形率が相対価格に等しくなっている．したがって，限界代替率と限界変形率が相対価格を媒介にして等しくなり，2つの財をめぐる資源配分がパレート効率的になっている．

ここで，財 X の生産が消費者にとってプラスの外部効果を及ぼすという形で，外部性が存在しているとしよう．このとき，市場均衡はパレート効率的であろうか．いま，市場均衡の状態から，生産者が財 X の生産を1単位増やし，財 Y の生産を p 単位だけ減少させたとしよう．生産者は利潤が最大化するように，財 X の財 Y に対する限界変形率を財 X の財 Y に対する相対価格 p に等しくしているので，この生産量の調整は利潤に影響しない．

一方，消費者は財 Y の購入を p 単位減らし，財 X の購入を1単位増やして

いる．消費者にとっても，限界代替率が p にちょうど等しくなっているので，この限りでは効用は変化しない．しかし，生産者が財 X の生産を増やしたことを受けて消費者の効用は高まる．したがって，この場合の市場均衡もパレート効率的ではないことがわかる．

次善（セカンド・ベスト）の理論

このように，外部性が存在する場合は，市場均衡はパレート効率的な資源配分をもたらさない．これは，市場メカニズムが十分に機能しない「市場の失敗」の代表的な例の1つである．市場メカニズムに問題が存在する以上，政府が介入して資源配分の効率性を高める余地が出てくる．

一般的に，経済の一部に市場メカニズムが十分機能しない箇所がある場合，最適な方法は，その箇所を見つけ出し，市場メカニズムがきちんと機能するように修正することである．しかし，実際にはそうした措置は困難であることが多い．その場合，その他の部分において市場メカニズムを完璧な形で機能させることよりも，市場メカニズムが働いていない箇所の影響を軽減することを目指して，その他の部分の市場メカニズムにむしろ歪みをかけたほうが，最適な資源配分に近づける，という考え方がある．

この考え方を次善（second best）の理論と呼び，その考え方に基づいて行う政策を次善の政策という．つまり，最適な状態を目指すのではなく，その次によい状態を目指そうと考えてみるわけである．本章で取り上げる外部性も，それを排除すればその問題は解消される．しかし，外部性の排除が事実上不可能であれば，第3節で説明するピグー税のように，市場メカニズムに歪みをかけたほうが望ましい場合がある．

しかし，経済学には，市場メカニズムに歪みをかけることには慎重な見方も根強く，外部性の処理に際しても市場メカニズムを活用する方法がいくつか提案されている．たとえば，外部性が取引されるような市場を政府が設定すれば，外部性も市場メカニズムの中で処理されるという考え方もある．

4.2 外部性の把握と評価

社会的限界便益

　本節では,外部性が発生しているさまざまな状況を紹介する.最初に取り上げるのは,消費面における外部性である.教育は,外部性が問題となる典型的な例である.教育を受けることで,人々は知識を深め,技能を身につけ,生産性を高める.しかし,教育の便益は本人にとどまらない.自分が身につけた教育のおかげで,職場全体の生産性が高まり,同僚の給与も高まるといった効果も期待できる.教育によって質の高い労働力が豊富に供給されれば,社会全体が生み出す富も増加するだろう.このように,教育は社会にとって重要な外部経済をもたらすが,人々はそうした外部性を十分に考慮に入れないで教育サービスを購入する.そのために,市場で実現される教育の供給水準は社会的に最適な水準を下回る可能性がある.だから,政府は教育に対する財政的な支援を行い,義務教育は無償にすらしている.

　図4-1は,こうした教育を念頭に置いて,外部経済を引き起こす財の需給の様子を描いたものである.曲線 SS は供給曲線を表しているが,そこに示されているのは,この財の生産を1単位増やそうとしたときに追加的に必要となる費用,つまり限界費用の大きさである.限界費用は供給量が高まるほど上昇すると想定されるので,供給曲線は右上がりになる.

　さらに,右下がりの曲線として,私的限界便益曲線 DD と社会的限界便益曲線 $D'D'$ という2つが描かれている.私的限界便益曲線は,この財を1単位購入することによって,消費者の私的便益がどれだけ増加するかを示したものである.私的限界便益は,財の購入量がすでに大きくなっているほど小さくなるので,私的限界便益は右下がりの曲線となる.通常,財の需要曲線と呼ばれているものはこの私的限界便益曲線に対応する.一方,社会的限界便益は,私的限界便益にこの財の購入によって社会が受ける外部経済を上乗せしたものである(マイナスの外部経済,すなわち外部不経済が発生している場合は,社会的限界便益曲線は私的限界便益曲線の下方に位置する).

図4-1 社会的便益と市場均衡

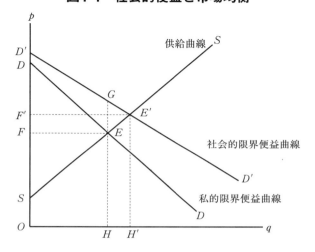

　消費者がこの財の外部経済を考慮せず,私的便益のみを考えて利潤最大化を行うと,私的限界便益曲線が需要の大きさを示すことになる.したがって,市場均衡の下では,この曲線と供給曲線との交点である点 E でこの財の需給が決定され,そのときの価格は OF,数量は OH で示される.第3章で説明したように,この市場均衡の下で,消費者余剰と生産者余剰の合計である総余剰が最大となる.図4-1では,その消費者余剰,生産者余剰,総余剰の大きさはそれぞれ DEF,SFE,DES の面積で示されている.

　しかし,この財を購入していることが社会にもたらしているメリットには,この総余剰だけでなく外部経済も含まれるはずである.この図では,市場均衡の下での外部経済の大きさは $D'GED$ の面積で示される.したがって,この財の購入がもたらす,外部経済効果を含めた全体としての総余剰の大きさは,$D'GES$ の面積で示されることになる.

　ところが,この市場均衡は社会的に最適な状況ではない.外部経済効果を含めた総余剰は,生産量が,社会的限界便益曲線と供給曲線の交点 E' に対応する OH' になるとき最大となるからである.このときの社会全体における総余剰の大きさは $D'E'S$ の面積で示され,市場均衡の場合の総余剰の大きさである $D'GES$ の面積を上回る.このように,市場均衡の下で決定されるこの財の

需要量は，社会全体にとって過小であることが確認できる．したがって，この財に対する需要を最適な水準 OH' にまでどのように高めていくかが問題となり，次節で詳しく検討する．

社会的限界費用

次に取り上げるのは，生産面で外部性が発生している場合である．ある財を生産する場合，大気汚染や汚水などの公害が発生するとしよう．公害は通常，市場で取引されないので，その水準を市場メカニズムで調整することはできないと考えるのが普通である（この考え方については，第3節で改めて考える）．

この財の生産についての市場均衡の様子は，図4-2で示される．すでに説明したように，右下がりの需要曲線 DD は消費者によるこの財に対する限界便益を示し，供給曲線 SS は限界費用を示している．この財の市場が完全競争である場合，この需要曲線と供給曲線が交わる点 E で需要が均衡する．外部性がなければ，この市場均衡の下で消費者余剰と生産者余剰の合計である総余剰が最大となる．図では，総余剰は DES の面積で示されている．

ところが，この財の生産によって大気汚染や騒音など外部不経済が発生する場合はどうか．この財の生産による外部不経済が社会全体にもたらす限界的な効果——それを限界外部費用という——を，生産者にとっての限界費用に上乗せしたものを社会的限界費用と呼ぶ．このとき，生産者にとっての限界費用を，社会的限界費用と区別するために私的限界費用と改めて名づけておこう．

図4-2では，この社会的限界費用を示した社会的限界費用曲線は，私的限界費用を示した供給曲線の上方に描かれている．そして，この社会的限界費用曲線と供給曲線の垂直距離が限界外部費用の大きさに対応している．

ところが，生産者にとって問題となるのはあくまでもこの財の私的限界費用であって，外部不経済は考慮されない．生産者にとって最適な生産量は，あくまでも利潤あるいは生産者余剰を最大にする OH であり，そのときの価格は OF に等しくなる．ところが，このとき外部不経済が発生しており，それによる厚生損失の大きさは $S'GES$ の面積に対応する．したがって，この財の需給均衡を市場に任せておくと，社会全体で発生する総余剰は，消費者余剰と生産者余剰を加えた総余剰 DES の面積から，外部不経済による厚生損失 $S'GES$

図4-2 社会的費用と市場均衡

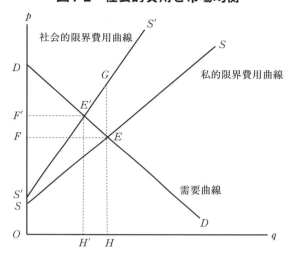

の面積を差し引いたものとなる．この値は，$DE'S'$ の面積から $E'GE$ の面積を差し引いたものに等しい．

したがって，外部不経済の効果を差し引いた総余剰を最大にするには，需要曲線と社会的限界費用曲線が交差する点 E' に対応する水準 OH' までに生産量を抑制する必要がある．このとき，総余剰は $DE'S'$ の面積に一致する．このように，生産面で外部不経済が発生している財の場合，市場均衡の下で決定される供給は社会全体にとって過大になっており，この財の供給を最適な水準にまでどのように削減していくかが問題となる．

共有地の悲劇

以上は，外部効果を受ける経済主体と与える経済主体が分かれている場合の議論であった．実際には，経済主体が外部効果を互いに与え合っている場合も少なくない．そこでも，外部効果をどのように処理するかが問題となる．

その代表的な例の1つが，「共有地の悲劇」（tragedy of the commons）である．これは，牧草地や湖など，自由にアクセスできる資源の利用に際して，各自が自分の利益だけを追求して行動すると，社会全体にとって最適な状況が達成できない状態のことをいう．この共有地の悲劇が起こる原因は，自分の行

動が他者に及ぼす外部不経済が個人によって十分考慮されないことである．

いま，ある村の住民が，村にある湖にボートを浮かべて漁をするかどうかを考えているとする．漁に関する規制は存在しない．魚の価格は1単位1円，ボートを借りる費用はc円でそれぞれ固定されている．そして，共有地の悲劇を説明する場合のポイントは，ボートの数xが増えると，1艘(そう)当たりの漁獲量が減少するという仮定である．ここでは，1艘当たりの漁獲量をボート数の減少関数$F(x)$で与える．魚の価格を1単位1円と仮定しているので，$F(x)$は1艘当たりの魚の売上額でもある．

住民は漁で利益が上がる限りボートを借りて漁をするので，ボート数の均衡値x^*は，利潤がゼロになるところで決定される．すなわち，

$$F(x^*) - c = 0 \qquad (4\text{-}1)$$

である．こうした均衡をオープン・アクセス均衡と呼ぶ．利潤がプラスである限りボートを借りて漁をする住民が増え，マイナスであれば漁をする住民はいなくなる．ボート数がx^*になれば，ボート数はそれ以上増えない．

ところが，このボート数の均衡値x^*は，次のような理由でこの村にとって最適ではない．その理由は，次のように説明できる．まず，漁から得られる村全体の利潤は$(F(x)-c)x$で与えられるが，この利潤を最大にするボート数をx^{**}とすると，その値は，この利潤を最大にする1階の条件，すなわち，

$$F(x^{**}) - c + x^{**}F'(x^{**}) = 0 \qquad (4\text{-}2)$$

という式から得られる．この式の左辺第3項はマイナスであり，ボート数が増えることによる外部不経済の大きさを示している．そして，(4-1)式と比較して，$x^{**} < x^*$という大小関係が成り立つことが確認できる．つまり，住民に自由な漁を認めるとボート数は明らかに過剰となる．これは，自分がボートを借りて漁をすることによって，ほかの住民の漁獲量が減少するという外部不経済が発生することが，住民一人ひとりによって考慮されないからである．

以上の状況を図にしたものが，図4-3である．ボート数に応じた1艘当たりの売上額$F(x)$は，右下がりの曲線で描かれる．オープン・アクセス均衡は，この曲線と固定費用cを示す水平の直線との交点Eで示される．売上額を示す曲線の下には，外部不経済の大きさを示す，$xF'(x)$の絶対値だけその曲線を下方にシフトさせた曲線を併せて描いてある．この曲線と水平の直線との点

図4-3 共有地の悲劇

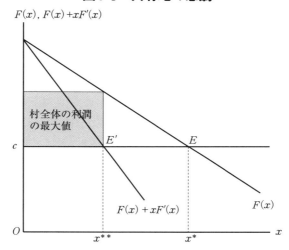

E' がこの村にとっての最適な状況に対応する．シャドーをかけた部分の面積は，村全体の利潤の最大値を示している．したがって，ここでも，ボートの数を最適な水準に抑制することが必要になる．

ネットワーク外部性

多くの人々がそのサービスを利用しているということ自体が，外部効果を生む場合もある．これが，バンドワゴン効果と呼ばれるものである．多くの人がそのサービスを利用していると，それが最適な選択であるかどうかは別にして，自分もそれを利用したほうが便利だと判断する人が増加し，それによってそのサービスが標準的なものとして定着する．この効果が発生するのは，そのサービスを利用することによる便益がどれだけ多くの人がそれを利用しているかに依存するという，ネットワーク外部性と呼ばれる外部性が発生しているためである．

このネットワーク外部性の古典的な例としては，英文タイプライターのキー配列における QWERTY 配列の普及が挙げられる．この配列は，打つ頻度の高い文字をわざと遠ざけて配置し，タイプライターのバーが絡みにくいように設計されている．しかし，この工夫は，タイプライターがパソコンとプリンタ

にほとんど置き換えられている現在では，タイピングのスピードを落とすだけの効果しかなく，かえって非効率である．そのため，QWERTY 配列よりもタイピングに適した Dvorak 配列なども考案されてきたが，普及度という点では QWERTY 配列に遠く及ばない．そのほか，かつてのビデオテープ・レコーダーの規格，OS，ワープロ・ソフト，端末用電子機器などでもネットワーク外部性の発生が指摘されている．

すでに多くの人が利用しているサービスがあるのなら，そのサービスを購入したほうが，少数派のサービスの場合より，メーカーによるサポートも行き届き，ユーザー間での融通も容易になる．また，新しいサービスにわざわざ乗り換えるより，そのサービスにとどまったほうが有益だと考える人も多いだろう．さらに，そうしたユーザーが増えると，さらにそのサービスのユーザーになるメリットが高まるので，需要が累積的に高まっていく．逆に，ユーザーが少ないと需要が累積的に減少していくことになる．需要の累積的な減少を回避するためには，サービスの導入に際してある程度以上のユーザー数――これをクリティカル・マス（critical mass）という――を確保する必要がある．

こうしたネットワーク外部性の発生は，社会的厚生から見て望ましくない状況につながる可能性がある．というのは，ネットワーク外部性の存在のために，社会的に有益なサービスであっても，過剰供給され，独占の弊害が出てきたり，あるいはその逆にほとんど供給されなかったりする可能性があるからである．また，社会に便益をもたらす新たなサービスを導入しようとしても，既存のサービスから切り替えが難しいと，導入がうまくいかない場合も出てくる．こうした問題への対応としては，クリティカル・マスが形成されるように新たなサービスの供給に対して財政的な支援を行うことが効果的になる場合がある．

公共財

第 2 章で紹介した公共財の問題も，外部性とよく似た面がある．第 2 章では，公共財の供給を民間の経済主体に委ねた場合，供給が社会全体にとって最適な水準を下回ることを説明した．そうした状況が生まれるのは，各経済主体が，自分が公共財を負担することが，自分の効用を高めるだけでなく，他人の効用も高めるという外部経済を発生させていることを認識していないからである．

とくに，公共財には，複数の経済主体が同時に消費するという非競合性という性格があるために，外部性が常に発生する．さらに，公共財の場合は，他人による負担を当てにして自分の負担を引き下げようとする，フリーライド問題が発生するが，これも外部性の存在なしでは生じない問題である．

この公共財の外部性の問題を処理するためには，政府が個人に税を課し，得られた税収で公共財を供給することが必要であった．しかし，この方法は，公共財以外の方法では適用しにくい．公共財は非競合性のほか，利用料を支払わない人を排除できないという，非排除性という特徴も持っている．そのため，政府がその供給を行うという形の処理が可能になるし，効果的である．しかし，通常の財の場合は，非競合性・非排除性という性格が認められないので，政府による供給がむしろ非効率になる可能性が高い．

4.3 ピグー税

ピグー税とは何か

外部性の解決法として最も伝統的なものは，ピグー税と呼ばれる方法である．外部経済や外部不経済が発生するのは，その財を消費することによる私的便益と社会的便益が乖離していること，あるいは，その財を生産するための私的費用と社会的費用が乖離しているためである．ピグー税（Pigouvian tax）とは，税を課し，あるいは補助金を与えて，そうした乖離の解消を目指すものである．こうした作業を，外部性の内生化（internalization）という．

第5章で詳しく説明するように，税や補助金は各財の相対価格に歪みを与えるので，通常の場合は資源配分の効率性を引き下げ，望ましくない．しかし，外部性が発生している場合は，市場メカニズムが最適な形で機能していないので，市場メカニズムにむしろ歪みを与えることで効率性を引き上げられる可能性がある．ピグー税は，税や補助金によって人々の効用を変化させ，それによって社会的にできるだけ望ましい資源配分を目指す．ピグー税は，代表的な次善の政策である．

以下では，図4-4に示したように，私的限界費用と社会的限界費用が乖離す

図4-4 ピグー税

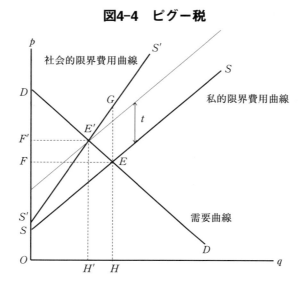

る状況を再び取り上げて、ピグー税の考え方を説明しよう。ここでは、この財の生産が大気汚染や騒音など外部不経済を発生させている。生産者は、私的限界費用曲線と供給曲線との交点 E に対応する OH だけの生産を行っている。しかし、社会的に最適な生産量は外部不経済を反映した社会的限界費用と供給曲線との交点 E' に対応する水準 OH' であり、この財の生産は過剰になっている。そのため、$S'GES$ の面積に対応する厚生損失が発生している。以上が、第2節で説明したところである。

この外部不経済の問題を解消する一つの方法は、この生産者に対して課税することにより、生産量を抑制させることである。図4-4では、生産量を1単位当たり増やすごとに t だけの税を課している。課税後の私的限界費用曲線は元の限界費用曲線をこの t だけ上方に平行移動したものである。政府はこの課税後の私的限界費用曲線が供給曲線と点 E' で交わるように、この t の値を調整すればよい。

ピグー税とピグー補助金

外部不経済を発生させている生産者に対しては税という形でペナルティーを

かけるという，ピグー税の考え方は直感的にも理解しやすい．ところが，それと実質的に同じ効果を補助金によっても得られる．つまり，外部不経済を発生させている生産者に対して，生産量を削減することに補助金を与えることによって，生産量を社会的に最適な水準に近づけていくインセンティブを与えるわけである．これを，ピグー補助金という．

このとき，補助金を反映した私的限界費用曲線は，生産量が現在の水準を上回らない限り，課税後の私的限界費用曲線とまったく同じになる．ただし，生産者が生産量を現在の水準から引き上げる場合は，補助金は支給されないので，補助金を反映した私的限界費用曲線は元の私的限界費用曲線と一致する．しかし，生産者が生産量を現在の水準から引き上げる場合は課税すると考えたほうが現実的かもしれない．その場合は，補助金を反映した私的限界費用曲線は課税後の私的限界費用曲線と完全に一致する．

このように考えると，ピグー補助金も，ピグー税と同じように社会にとって最適な生産量を実現できることがわかる．ピグー税は増産にペナルティーを科し，ピグー補助金は減産を支援しているわけだから，こうした結果が生まれるのは当然かもしれない．実際，ピグー税の場合も，社会的に過剰になっている生産量を出発点として，そこから生産者が生産を削減しようとすると，税負担がそれだけ減少するわけだから，ピグー補助金と実質的に同じように機能する．

しかし，ピグー補助金とピグー税にはいくつかの違いがある．第1に，ピグー税の場合は，生産者はその財を少しでも生産すると税を負担する必要がある．これに対して，ピグー補助金の場合は，生産者は減産しない限り何の影響も受けない．ピグー税は，外部不経済を発生している企業にただちにペナルティーを科す仕組みだが，ピグー補助金はそうしたペナルティーを科していない．

それにも拘わらず，ピグー税とピグー補助金がともに社会的に最適な生産量を実現できるのは，最適な生産量の実現にとっては，あくまでもその財の社会的限界費用と限界便益が一致していることが必要であり，それ以外のことは求めていないからである．この条件は，ピグー税とピグー補助金のいずれもが満たすことができる．

第2は，ピグー補助金はピグー税と異なり，それを実施するために財源が必要になることである．そして，その財源を調達するためにほかのところで課税

しようとすると，そこで資源配分に歪みがかかり，厚生損失が発生する可能性がある．これに対して，ピグー税は得られた税収を消費者にそのまま還付することができるので，社会的厚生に悪影響を及ぼさない．

第3に，第2の点と関連するが，ピグー補助金はピグー税に比べて消費者の負担が圧倒的に大きい．どちらの方法でも厚生損失が解消され，さらに生産量の減少と価格の上昇，消費者余剰の減少が発生するという点では同じだが，ピグー補助金は外部不経済の犠牲者である消費者に最終的な財源負担を求めている．これは，実際には是認できない状況であろう．

ピグー税の問題点

外部性の問題を処理するためには，その外部性を考慮に入れたうえで，税または補助金を導入することにより，社会的に望ましい資源配分が実現されるように，生産者や消費者を誘導する，というのがピグー税の発想である．これは，直感的にも理解しやすい考え方であるが，このまま実際に適用できるだろうか．

最大の問題点は，外部性が発生する様子が消費者，企業によって異なり，一律の税ないし補助金で対応することがパレート効率的になる保証がないことである．たとえば，ある財の消費が社会に便益を与えているという形で外部性が存在しているとしても，その便益の大きさは個人によって異なるはずである．パレート効率的な資源配分を目指すのであれば，こうした情報をできるだけ集めて，税や補助金を経済主体ごとに設定する必要があるが，それはほとんど不可能であろう．したがって，ピグー税を実施する場合は，その財に対する外部性の一般的な発生状況を把握し，できるだけ効率的な資源配分が達成できるような税の仕組みにするしかない．

この点に関連し，ピグー税を適用するのではなく，生産量を政府が総量規制するという考え方もあり得る．外部性も考慮に入れて社会的厚生が最大になるような生産量を計算し，それを達成するように社会全体の生産量の合計を調整するわけである．しかし，ピグー税と直接規制の優劣をつけることは難しい．両者の間で情報収集コストに大きな差がないことが，その理由の一つである．総量規制を実施するためには最適な生産量を計算する必要があるが，そのためには，ピグー税の場合と同様に，外部性に関する情報を収集しなければならな

いからである．

4.4 ボーモル＝オーツ税と排出権取引

ボーモル＝オーツ税

ピグー税は外部性を考慮に入れたうえで，最も効率的な資源配分の実現を目指すものだが，その財がどのような外部効果を生んでいるのか詳細な情報がなければ，適切な税負担を設定することができない．そこで，社会的厚生の最大化を目指すのではなく，とりあえず外部不経済の水準を引き下げることを目標とし，その目標の実現を目指そうというのが，ボーモル＝オーツ税（Baumol-Oates tax）の考え方である．

ここでは，このボーモル＝オーツ税を説明するため，温室効果ガスを排出している企業に排出量を削減させることが政策課題になっている状況を考えてみよう．政府は排出量の目標水準を設定し，課税によってその目標達成を目指すわけだが，そこでは，税を負担するのか，排出量を減らすのかという選択を各企業に迫る．

各企業にとっては，温室効果ガスの排出量を削減するためにコストがかかるが，排出量を1単位削減するためのコストを，ここでは限界排出削減費用と呼ぶことにする．この限界排出削減費用は，図4-5に示したように，排出量が大きいほど低くなるのが自然な姿であろう．

政府は，各企業に対して，排出量1単位当たり t だけの従量税を共通に課す．各企業からこれを見ると，排出量を1単位減らすことによって t だけの税負担が削減できることになる．したがって，各企業は，限界排出削減費用がこの税を下回る限り，排出量を減らしていくだろう．最終的には，排出量は，限界排出削減費用が税と一致する点 E に対応する OF に決定される．

そこで，政府は，そのように決定される課税後の排出量を各企業に報告させ，その総量を計算し，目標に達しているかどうかをチェックする．目標が達成されていなければ，政府は税負担を t から引き上げ，企業の排出量のさらなる取り組みを要請する．政府は，このようなプロセスを目標が達成するまで続ける

図4-5 ボーモル＝オーツ税

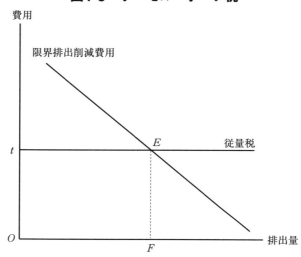

わけである．

このボーモル＝オーツ税の最大の長所は，各企業の費用構造に関する情報が不要であることである．それにも拘わらず，ピグー税のように外部不経済を削減する誘因を各企業に与えている点は，政策の方向として間違っていない．しかし，ボーモル＝オーツ税の最大の問題は，各企業が税負担と比較する限界排出削減費用が，限界外部費用と直接的な関係がないことである．同様に，排出量の目標水準は恣意的であり，社会的厚生の最大化と対応しているわけではない．さらに，頻繁な税負担の変更が多大な行政コストを必要とする点も，実務的には大きな問題となる．

排出権取引の発想

ボーモル＝オーツ税は，温室効果ガスなど有害物質の排出量を削減するための効果的な手段である．しかし，税率を頻繁に調整していくというプロセスが必要になるという点が大きな問題として指摘されている．この調整プロセスを市場メカニズムに任せるというのが，排出権取引という考え方である．

まず，温暖化ガスを排出する権利を排出権として設定し，その排出権がなけ

れば温暖化ガスを排出できないとしよう．排出権は，世界全体の排出量の目標額に基づいて，国や企業に割り当てられる．そして，ここが重要なところだが，この排出権は当事者間で売買される．国や企業が，あらかじめ割り当てられた排出権を超える排出をしたいと思えば，排出権を購入する．逆に，実際の排出権が，割り当てられた排出権を下回る場合は，その排出権を売りに出す．

割り当てられた排出権が，各主体にとって最適な水準にそれぞれ一致していることはまずないから，排出権の市場が成立する．その市場で排出権が取引されることにより，排出権の世界全体における目標水準が，各主体の排出に対するニーズを反映した形で達成されることになる．ここでは，政府は排出量の目標水準や当初の割当額の設定，排出量のモニタリングだけ行えばよい．

排出権取引のメカニズム

排出権取引のメカニズムを，単純な2国モデルで説明しよう．図4-6では，ボーモル=オーツ税の説明で用いた前出の図4-5と同様に，A 国，B 国という2つの国における温室効果ガスの排出量と，限界排出削減費用の関係を示している．図4-5と同じように，限界排出削減費用は，排出量に応じて逓減していくと想定している．ただし，この図では，A 国の排出量は左から，B 国の排出量は右から見る形になっており，横軸の長さは，この2国に割り当てられた合計の目標排出量 M に等しく設定されている．

いま，A 国と B 国に対して，それぞれ M_A^0，M_B^0 だけの排出量が割り当てられたとする（$M=M_A^0+M_B^0$）．しかし，A 国はこの割当量を上回る排出量を望んでおり，B 国はこの割当では多すぎると考えていると想定してみよう．図で示したように，A 国が割り当てられた水準から排出量を1単位削減するためには，MC_A^0 だけの費用がかかるが，B 国の場合は，MC_B^0 だけの費用で済む（$MC_A^0 > MC_B^0$）．

このとき，B 国が，この2国の排出限界費用の間の挟まれた価格 p（$MC_A^0 > p > MC_B^0$）で排出権を買わないかと持ちかけたとする．このとき，B 国は，排出量を1単位減らすためには MC_B^0 だけの費用がかかるが，排出権を1単位 p で売ることができれば，$p-MC_B^0$ だけの利潤を得る．一方，A 国は，排出量を1単位増やすことができれば MC_A^0 だけの費用を節約できるので，排

図4-6　排出権取引

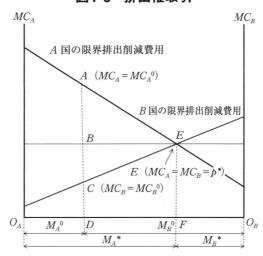

出権がその額を下回る1単位 p で売り出されているのであれば買ったほうが得策である．

このように，両国の間で思惑が一致するので，排出権は売買される．このとき，B国が排出権を1単位売り，A国がそれを購入したので，両国の排出量の合計は M で変わらず，政府の目標は達成されたままである．しかし，実際には，ここで取引は終了しない．排出権価格が両国の排出限界費用の間にある限り，さらに売買を進めるインセンティブが両国に存在するからである．

最終的には，両国の排出限界費用と排出権価格がすべて一致することになる．それらがどのような水準で決まるかは，排出権に対する需給の大小関係に左右され，排出権に対する需要が強いほどその価格も高くなる．その意味で，この排出権取引では市場メカニズムが働いている．この図では，排出権取引の均衡点は，両国の排出限界費用曲線の交点 E で示されている．そこでは，排出権価格の均衡水準は p^* で示され，A国及びB国の排出量がそれぞれ M_A^*，M_B^* になって取引が完了している．

排出権取引の長所と問題点

排出権取引が行われると，排出権がない場合に比べて各国にメリットが発生

する．図4-6を見て，その点を確認しておこう．A国は，割り当てられた水準M_A^0からM_A^*までに排出量を引き上げることができ，排出削減費用を$AEFD$の面積だけ節約できたが，その一方で，$BEFD$の面積に等しい排出権の購入代金を支払ったので，差し引きするとAEBの面積に等しい余剰が発生している．一方，B国は，$BEFD$の面積に等しい排出権の販売収入を得た．そこから，$CEFD$の面積に等しい，排出量を割り当てられた水準M_B^0からM_B^*までに引き下げるための費用を差し引くと，BECの面積に等しい余剰を得ている．このように，排出権取引は，政府が両国に排出量を直接割り当てる方法よりも当事者国にとって歓迎される．

しかし，排出権の初期配分は，無視できない所得再分配を引き起こす．確かに，排出権取引によって各国の排出権が市場メカニズムによって調整されていく仕組みは，排出権の初期配分がどのようなものであっても同じように働く．図4-6に即して言えば，M_A^0，M_B^0の組み合わせがどのようなものであっても，最終的な均衡点は点Eになる．しかし，排出権の初期配分が極端に低く設定された国は，排出権をもっぱら購入する側に立ってしまう．逆に，排出権の初期配分が高い国は，労せずに多額の利益を得ることになる．これは，深刻な利害対立を生み，排出権取引そのものの実施を困難にするだろう．この問題を回避するために，現時点における実際の排出量の実績に応じる形で排出権を無償で分配するグランドファザリング（grand fathering）という方式がある．

なお，排出権取引は，ボーモル＝オーツ税の抱える本質的な問題点を解決するものではない．排出権取引は，ボーモル＝オーツ税が抱えていた，頻繁な税率変更を必要とするという問題点を，市場メカニズムの導入によって解決するというメリットがある．しかし，ボーモル＝オーツ税は，外部性を含めたうえでの社会的厚生を最大にするという目的の追求をはじめから断念している．排出権取引の下で設定される排出量総額の目標値は，排出量をできるだけ削減しようという現実的な目的で設定されたものである．

外部性の市場化

排出権取引という発想には，いろいろな問題があるものの，外部効果を取引する市場を作成し，外部性の問題を市場メカニズムで解決させるという，重要

な意義がある．この外部効果の市場化は，政府が社会的限界費用を正確に把握していれば，ピグー税と実質的に同じ効果をもたらす．この点を確認しておこう．

ここで，ピグー税を説明した前出の図4-4を改めて見てみよう．外部不経済も考慮に入れた最適な生産量は OH' で示される．政府がこの値を明確に把握していると想定し，その量だけの生産許可証を販売したとする．排出権取引の説明の中で登場した排出権は財の生産に伴う，温室効果ガスなど外部不経済を生み出す権利であったが，ここではその代わりに財を生産する権利を付与する許可証の取引を考えるわけである．財の生産と外部不経済が連動するのであれば，両者の権利を区別する意味はあまりない．

この生産許可証の市場はどのように形成されるだろうか．生産者にとっては，生産を1単位増やすと価格分の収入を得るが，その一方で限界費用を負担する．その差が，限界利潤である．価格は需要曲線 DD で，限界費用は私的限界費用曲線 SS で示されるので，その垂直距離が限界利潤を示す．この限界利潤は，図からも明らかなように，生産量が増えるほど小さくなる．生産者は，この限界利潤が生産許可証の価格（生産量1単位当たり）を上回る限り生産を増やし，逆であれば生産を減らすはずである．

そこで，図4-7に示したように，生産量を横軸にしてこの限界利潤曲線を描くと，その曲線は生産許可証の需要曲線として解釈することができる．生産量が与えられたとき，生産量を1単位増やしても利潤を非負にする生産許可証の上限価格が，この曲線で示されているからである．ところが，その生産許可証の供給は政府によって OH' で固定されている．したがって，生産許可証の需給は OH' という水準で均衡し，生産許可証の均衡価格は1単位当たり $E'H'$ で与えられることになる．この値は，図4-4を見ればわかるように，ピグー税の値 t に一致する．そして，それは生産が社会的に最適な水準にある場合の，生産量1単位当たりで見た外部不経済の大きさでもある．

以上の結果は，政府が私的限界費用を知らなくても，生産許可証を発行し，それを市場で自由に取引させることにより，ピグー税を課すことと実質的に同じ効果を得られることを意味する．ピグー税はそもそも，外部効果に価格をつける（外部不経済にはプラス，外部経済にはマイナス）ことを意味するもので

図4-7 生産許可証の需給均衡

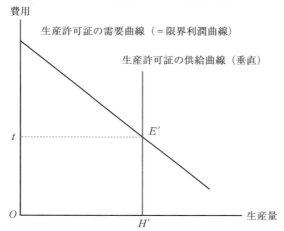

(注) 生産許可証の供給曲線は，図4-4の需要曲線と私的限界費用曲線の垂直距離を示したもの．また，点 E' と点 H' は，図4-4の点 E' と点 H' にそれぞれ対応している．

ある．しかし，政府が適正な価格をつけることは困難である．そこで，政府が外部効果を取引する市場を設定し，そこでその価格を決めてもらうという発想が生まれてくる．そして，その外部効果が外部不経済である場合，その市場で決定される価格こそが，その外部効果を発生している企業に負担させるべき税の最適な値になる．

このように，外部性が発生したとしても，ピグー税を課すという形でただちに政府が市場に直接介入するのではなく，外部効果を取引する市場を創設すれば，効率的な資源配分が実現される．これが，外部性の市場化である．もっとも，そこで創設された外部効果の市場が完全競争でなければ，外部性の市場化に多くを期待することはできない．

4.5 コースの定理

当事者間における外部性の処理

　第3節と第4節で説明した外部性の処理は，政府による市場への介入，あるいは外部効果を取引する市場の創設という方法によるものだった．しかし，外部効果を受けるものと発生させている者という当事者の交渉によって，外部性が生み出す問題を処理することができないだろうか．

　当事者間における外部性の処理の方法として，まず考えられるのは，当事者間における外部性の内部化である．たとえば，養蜂家と果物農家は互いに外部経済を受け合っているが，両者が合併して単一の会社をつくることを考える．このとき，養蜂家と果物農家は外部性を考慮に入れたうえで，蜂蜜と果物から得られる利潤最大化を目指すことになる．そこでは，外部効果は存在しなくなり，私的限界費用と社会的限界費用は一致するので，蜂蜜と果物の生産は全体として最も効率的な形で行われることになる．

　しかし，このような外部性の内部化に問題がないわけではない．第1に，企業による合併は，企業の市場における独占力を高めるので，それが最適な資源配分を阻害する可能性がある（この点については，第3章で議論したところである）．第2に，外部性の内部化は企業間では可能であるが，企業と消費者の間，あるいは消費者どうしの間では考えにくい．第3に，外部不経済が発生している当事者間での内部化は，成立に至るまでにかなりの難航が予想される．むしろ，当事者間の交渉が外部性の問題をどこまで解決できるかを考えるほうが現実的だろう．

コースの定理

　コースの定理（Coase theorem）は，当事者間の交渉によって外部性の問題が解決できることを示したものである．以下では，その考え方を紹介しておこう．ここでは，工場を操業している企業と，その近くに住んでいる住民との関係を考える．住民は，工場からの排気ガスによって健康面で被害をこうむって

4.5 コースの定理

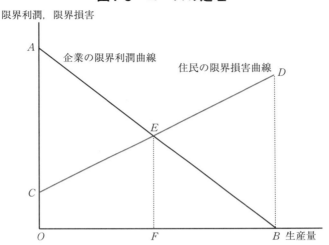

図4-8 コースの定理

いる. 企業と住民との交渉によって, この外部不経済の問題は処理できるのだろうか.

図4-8では, 企業の限界利潤曲線 AB と住民の限界損害曲線 CD を描いている. 企業の限界利潤曲線は, 企業が生産を1単位増やすときの利潤の増加分を示しており, 右下がりの曲線となっている. 限界利潤がゼロになる点 B で, この企業の利潤は最大になっており, そのときの企業の利潤は ABO の面積で示される. 一方, 住民の限界損害曲線は, 企業が生産量を1単位増やしたときの損害の増加分を示したものであり, 右上がりの曲線となっている. 当然ながら, 企業の生産がゼロのときが, 損害はゼロとなるので, 住民にとって最も望ましい.

企業の利潤は限界利潤曲線の下の面積, 住民の損失は限界損害曲線の下の面積で示されるから, 前者から後者を差し引いた社会的厚生は, この2つの曲線が交わる点 E で最大になり, その値は AEC の面積に等しくなる. そこでは, 限界利潤と限界損害は完全に一致していることにも注意しておこう. 企業が点 E に対応する生産量 OF 以上に, この財を生産して利潤を増やそうとしても, ちょうどその分だけ損害が発生する. 逆に, 生産を減らそうとすると, 損失の

減少以上に利潤が減少する．したがって，OF が社会的に最適な生産量であることが確認できる．

問題は，こうした社会的に最適な生産量が，企業と住民との交渉で実現されるかである．ここで，2つのケースを想定してこの問題を考える．第1は，企業が排気ガスを出す権利を有している場合である．第2は，住民がきれいな空気を吸って生活する権利を有している場合である．この2つのケースの違いは，外部性をコントロールする権利が，外部性を発する側（企業）にあるか（ケース1），それとも，その影響を受ける側（住民）にあるか（ケース2）である．

交渉による外部性の処理

まず，ケース1，つまり，企業が排気ガスを出す権利を有している場合を考えよう．交渉が始まる前の時点では，企業は利潤が最大になるところまで生産を行っている．このとき，企業の利潤は ABO，住民の損害は $OCDB$ の面積にそれぞれ等しくなっている．社会的厚生の大きさは両者を差し引きした分，すなわち，AEC の面積から EDB の面積を差し引いたものに等しい．

ここで，住民が企業に対して，1単位の生産削減を企業に要請したとしよう．住民はそのために補償金を支払うが，その要請によってメリットが発生するためには，補償金の額は1単位の生産削減によって減少する損害を下回っていなければならない．一方，企業は，1単位の生産削減のために必要なコストがゼロなので，補償金が得られればその要請に応じるだろう．

その後，住民はさらに1単位の生産削減を企業に要請すべきかどうかを考える．損害の限界的な減少が補償金を上回れば，住民はそれを要請する．企業も，補償金が限界利潤を上回れば，その要請に応じるはずである．

このようにして，企業の限界利潤が住民の限界損害を上回る限り，住民がその間の水準の補償金を提示することによって，生産の削減が進む．最終的には，生産は限界利潤曲線と限界損害曲線との交点 E に対応する OF に決定される．この水準が社会的に最適な生産に対応していることは，すでに説明した通りである．

次に，ケース2，つまり，住民がきれいな空気を吸って生活する権利を有している場合を考えよう．このとき，いままで生産をまったく行っていなかった

企業が，住民に対して1単位生産をしたいと要請したと想定する．企業は，そのために補償金を住民に支払う用意があるが，その額は1単位の生産で得られる限界利潤を下回っているはずである．一方，住民は，1単位の生産による限界損害を上回る補償金が得られれば，その要請に応じるだろう．

その後，企業はさらに1単位の生産の増加を住民に要請すべきかどうかを考える．限界利潤が補償金を上回れば，企業はそれを要請する．住民も，補償金が限界損害を上回れば，その要請に応じる．このようにして，住民の限界損害が企業の限界利潤を上回る限り，企業がその間の水準の補償金を提示することによって，生産の増加が進む．生産量は，最終的には限界利潤曲線と限界損害曲線との交点 E に対応する OF に決定される．この結果は，企業が排気ガスを出す権利を有しているケース1とまったく同じである．

コースの定理の意義と問題点

このように，交渉前において，外部性に関する権利が当事者間でどのような形になっていたとしても，当事者間の交渉によってパレート効率的な資源が達成される，というのがコースの定理の意味するところである．前節で紹介した排出権取引も，このコースの定理の応用例と言える．外部性は，交渉による取引の中に内部化されている．

ただし，このコースの定理が成立するためには，いくつかの前提が必要である．第1に，当事者間で情報が完全に共有されていなければならない．当事者が補償金の水準を正確に評価するためには，限界利潤や限界損害に関する情報を完全に知っている必要がある．しかし，当事者は自分たちの限界利潤や限界損害に関する情報を正確に開示するインセンティブを持っていない．第2に，交渉に必要な取引コストがゼロでなければならない．取引コストがゼロでなければ，当事者間の交渉の結果はパレート効率的な資源配分から乖離する．

さらに，コースの定理が完全に成立し，当事者間でパレート効率的な資源配分が実現したとしても，それで問題がすべて解決するわけではない．上で説明した，企業が排気ガスを出す権利を有している場合について言うと，交渉の結果，企業は $OAEF$ の面積の利潤を得ているほか，EBF の面積を下回らない補償金を住民から得ている．つまり，住民との交渉前に得ていた利潤 OAB を

下回らない便益を得ている．これに対して住民は，$OCEF$ の面積に等しい損害を受けているだけでなく，EBF の面積を下回らない補償金を支払っている．

一方，住民がきれいな空気を吸って生活する権利を有している場合は，住民は $OCEF$ の面積に等しい損害を受けているものの，それを下回らない補助金を得ているので，ネットで見るとプラスの便益を受けている．これに対して，企業は $OAEF$ の面積の利潤を得ているが，$OCEF$ の面積を下回らない補助金を支払っている．この結果は，企業が排気ガスを出す権利を有している場合における交渉の結果に比べると，住民に有利，企業に不利な形になっている．

資源配分の効率性だけが問題であれば，当事者間の交渉によってパレート効率性が実現されるというコースの定理はきわめて魅力的である．政府の関与も，交渉に入る前の権利関係を明確にすることに限定される．しかし，その権利関係の違いによって所得分配に大きな違いが出てくるという点は，公平性の観点からはけっして看過できないところである．

4.6 まとめ

本章では，経済主体がほかの経済主体と市場メカニズムを介さないで結びついているという，外部性が存在する場合に，政府がどのように介入すべきかという問題を扱ってきた．パレート効率的な資源配分が実現されるためには，各財の間の限界代替率が消費者間で同じになり，しかもそれが限界変形率に等しくなっていなければならない．その条件は，市場が完全競争状態にある場合は満たされるが，外部性が発生している場合は満たされない．その際，市場メカニズムの修正が困難な場合は，課税などによって外部効果を相殺する次善の政策が講じられることになる．

外部性は，その財の消費に関して私的な便益と社会的な便益が乖離している場合，あるいはその財の生産に関して私的な費用と社会的な費用が乖離している場合に発生する．経済主体は私的な便益や私的な費用にのみ注目して最適に行動するので，その結果が社会的に最適なものから乖離してしまう．公害など外部不経済を与える財の生産は社会的に最適な水準を上回るだろうし，教育など他人に外部経済を与える財の消費は過小になる傾向がある．

ただし，経済主体が互いに外部効果を及ぼし合うケースも多い．自由なアクセスが可能な資源の利用に際して，各自が自分の利益だけを追求して行動すると，社会全体にとって最適な状況が達成できない，共有地の悲劇という問題が生じる．そのサービスを利用することによる便益が，どれだけ多くの人がそれを利用しているかに依存するという，ネットワーク外部性と呼ばれる外部性が発生することもある．さらに，公共財についても，複数の経済主体が同時に消費するという非競合性という性格を持っているために外部性が常に発生する．

こうした外部性の問題を処理する方法としては，課税によって外部効果を内生化するピグー税が代表的である．税（補助金）によって，私的便益と社会的便益，あるいは私的費用と社会的費用を一致させることが，ピグー税の目的である．しかし，ピグー税は，本来であれば経済主体ごとに異なる形で適用すべきであるが，それが不可能であるため，効率的な資源配分を完全に実現するわけではない．

最適な資源配分を目指すのではなく，外部不経済の水準を引き下げる現実的な方法として，ボーモル＝オーツ税がある．これは，温室効果ガスの場合について言えば，排出量に対する従量税を各企業に共通して課し，排出量を削減するインセンティブを与えることによって，排出量が目標を達するまで税負担を調整していく方法である．

この考え方をさらに進め，温室効果ガスを排出する権利を排出権として設定し，その排出権を市場で取引させることで，排出量の目標達成を企業の利潤最大化と両立させる仕組みとして排出権取引がある．排出権取引は，外部効果を取引する市場を作成し，外部性の問題を市場メカニズムで解決させる方法であり，ピグー税と実質的に同じ効果をもたらす．

さらに，コースの定理は，外部性が生み出す問題を当事者間の交渉によって解決できることを示した．外部不経済を発生している企業とその影響を受けている住民との間で交渉することにより，政府が関与しなくても，効率的な資源配分が実現される．ただし，交渉前において，外部性をめぐる権利関係によって所得分配面で大きな違いが生まれる点には注意が必要である．

コラム 4　被害者による加害者への補償

　コースの定理は，所有権がどのようになっていても外部性の問題を市場メカニズムによって解決できることを示した点で，きわめて意義深い定理である．この定理を打ち立てた業績も高く評価され，R・コースは1991年にノーベル経済学賞を受賞した．

　確かに，加害者が被害者に補償する形で外部性の問題を解決できる，ということまでは常識的にも理解できる．しかし，被害者による加害者への補償でも同じ結果が得られるというのはどうも納得できない，と感じるのが普通の受け止め方であろう．ピグー補助金や排出権取引にも，まったく同じような側面がある．

　コースの定理のような考え方が出てくるのは，資源配分における効率性の追求と，所得分配における公平性の追求を区別して考えるというアプローチを経済学がとるからである．つまり，資源配分の効率性をとことん追求し，そこで得られる成果を当事者間で公平に分配すればよいではないか，という発想である．

　しかし，効率性と公平性はそのように完全に分離できるものだろうか．第1章でも触れたように，この問題は補償原理に対する評価をめぐっても顔を出す．効率性を正面から扱うのは経済学ぐらいなので，効率性だけを取り出した議論をしてみることには大きな学問的意義がある．しかし，そこで得られる，普通の人々を驚かすような理論的帰結だけを取り上げてもあまり意味はない．

　本章では，外部性を市場メカニズムでどこまで解決できるかという問題を取り上げたが，そこでは，効率性の話が先行し，公平性の話が後回しになりがちなことに注意されたい．

練習問題

問題 1
第1節のモデルで，消費者1が消費者2による財 X の消費からプラスの外部効果を受けているとき，財 X の価格を市場の均衡価格から引き上げるべきか，それとも引き下げるべきか説明しなさい．

問題 2
外部不経済を生じさせている企業に対して，ピグー税を適用した場合とピグー補助金を適用した場合で，結果にどのような共通点と相違点が生まれてくるか説明しなさい．

問題 3
排出権取引など，外部性を市場で取引させる取り組みによって，ピグー税と実質的に同じ効果が得られることを説明しなさい．

問題 4
川上にある企業が操業しており，川下にその排水による損害を受けている住民がいる．この企業の生産量が x のとき，企業の限界利潤は $2-x$，住民の限界損失は x で与えられる．企業と住民が生産量について交渉するとき，均衡生産量，企業の利潤や住民の損失，両者を合わせた社会的厚生，補償金を計算し，結果を議論しなさい．ただし，初期時点における権利関係の想定の影響も考慮しなさい．

第5章

消費課税

この章で学ぶこと

*消費課税の負担は誰が最終的に負担するのか,また,その負担の大きさは何によって左右されるかを考える.

*厚生損失をできるだけ小さくして必要な税収を得るためには,消費税の税率をどのように設定すればよいかを考える.

*さらに,公平性の観点を加味すると,その結果がどのように変化するかを検討する.

*最適な税制を目指すことが難しい場合,よりよい税制に向けて改革するにはどうすればよいかを考える.

本章と次章では，税をめぐる問題を取り上げる．税は人々の厚生を高めるために政府が行う公的サービスの財源を調達する手段であるが，市場メカニズムに歪みをもたらす．そのため，できるだけその歪みを小さくするように税の仕組みを工夫する必要がある．これが，効率性の観点からの考え方である．一方，人々に税負担を求めるとしても，所得の高い人ほどたくさん負担してもらい，所得の低い人の負担はできるだけ軽くするという，公平性の観点も重要である．最適な税の仕組みを考える場合は，この効率性と公平性のバランスをとる必要がある．

本章では，この税のうち，人々の消費に課税する消費課税の経済学的な特徴とその望ましい姿を考える．日本の消費課税としては，消費税がある．消費税は消費者が支払うが，その負担は本当に消費者だけに求められるのだろうか．また，消費税は低所得層ほど負担が相対的に高まるという点で，逆進的な税だとしばしば批判される．そうだとすれば，税の仕組みを低所得層に不利に働かないようにする必要はないのだろうか．実際，日本の消費税に相当するヨーロッパ諸国の付加価値税（VAT：value added tax）の例を見ると，食料品など生活必需品は税率が低めに設定されていることも少なくない．

一般的に，税は相対価格に歪みを与えるものだから，人々は財に対する需要の調整を余儀なくされ，効用にも影響が及ぶだろう．政府が得られた税収を人々に還付したとしても，社会全体の厚生が低下する可能性が出てくる．その厚生の低下分を課税による厚生損失というが，その厚生損失をできるだけ小さくして必要な税収を獲得するにはどうすればよいだろうか．また，社会を構成する人々の所得水準が異なる場合に，公平性の観点を考慮すると，最適な税の仕組みはどのように変化するだろうか．

本章では，消費課税をめぐるこうした問題点をいくつか取り上げてみる．高齢化の進展で社会保障給付が大幅に増加することが見込まれており，その財源調達のために消費税の税率が今後引き上げ続けられる可能性が高い．消費課税の問題は，日本の税制においてもその重要性をますます高めていくはずである．

5.1 消費課税と厚生損失（1）：部分均衡モデル

個別消費税の負担

最初に，特定の財を取り出して，その財に対する需給均衡を分析する部分均衡分析の枠組みの中で，特定の財にかける消費税，すなわち個別消費税の負担がどのように配分されるかという問題を考えよう．消費税には，2つのタイプがある．1つは財1単位当たり何円という形で課税する従量税，もう1つは財の販売価格に何％上乗せするという形で課税する従価税である．以下ではまず，従量税を想定して話を進める．

いま，ある財の需要曲線 DD と供給曲線 SS が図5-1のように描かれているとしよう．この財の課税前における均衡は，需要曲線と供給曲線が交わる点 E で示されており，価格は p，数量は q となっている．ここで，政府がこの財に対して1単位当たり t 円の消費税を課したとしよう．小売業者はこれまでと同じ価格でこの財を販売しても t の税を納める必要があるので，供給曲線が t だけ上方にシフトする（需要曲線はシフトしないことに注意）．

この課税の結果，市場均衡は点 E' にシフトし，価格は p' に上昇し，数量は q' に減少する．消費者が直面する価格の上昇分は $p'-p$ である．ただし，ここで注意すべきなのは，価格が課税分の t だけ上昇していないことである．これは，課税による価格の上昇で需要が減少したためである．このとき，小売業者はこの財を1単位販売しても，手元に残るのは p ではなく，$p'-t$ となっている．しかも，図より $p'-t<p$ であるのは明らかであり，小売業者は課税によって損失を受けている．このように，1単位当たり t という税負担のうち，家計は $p'-p$ だけを負担し，小売業者は残りの $t-p'+p$ を負担することになる．

この結果は，税負担の転嫁と帰着という言葉を用いて次のように解釈できる．消費税の課税によって，小売業者は1単位当たり t の税を政府に納めなければならない．しかし，そのすべてを自分が負担するわけではなく，家計に $p'-p$ 分を転嫁している．つまり，t という税負担のうち家計に $p'-p$ 分が帰着し，残りの $t-p'+p$ は小売業者に帰着する．

図5-1 個別消費税の負担

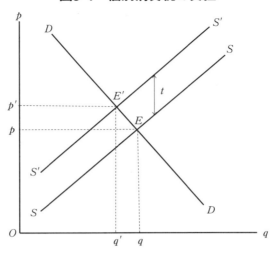

需要・供給の価格弾力性と税の帰着

このように,消費税の負担は,家計と小売業者に分かれる形で帰着することになるが,税負担の割合はどのように決定されるだろうか.図5-1から推察すると,税負担は,需要曲線が水平に近くなるほど小売業者に帰着し,逆に供給曲線が水平に近くなるほど家計に帰着しそうである.

この問題は,需要と供給の価格弾力性という概念を用いて次のように考えることができる.ただし,需要の価格弾力性とは,価格が1%上昇したときに需要が何%減少するかという概念であり,ここではそれを ε_D と表記しておく.一方,供給の価格弾力性とは,価格が1%上昇したときに供給が何%増加するかを示すものであり,ε_S と表記しておこう.

図5-1では,消費税の課税によって,家計が直面する価格は p から p' に上昇しているから,課税前の均衡からの需要の減少率は,需要の価格弾力性を用いて,$\varepsilon_D(p'-p)/p$ で与えられる.一方,小売業者にとっての価格は p から $p'-t$ に低下するから,課税前の均衡からの供給の減少率は,供給の価格弾力性を用いて,$\varepsilon_S(t-p'+p)/p$ で与えられる.需要の減少率と供給の減少率は一致しているから,

$$\varepsilon_D \frac{p'-p}{p} = \varepsilon_S \frac{t-p'+p}{p} \qquad (5-1)$$

という関係式が得られる．この式より，

　　税負担の家計への帰着$(p'-p)$：税負担の小売業者への帰着$(t-p'+p)$
　　　　＝供給の価格弾力性(ε_S)：需要の価格弾力性(ε_D)

という関係が得られる．つまり，供給の価格弾力性に比べて需要の価格弾力性が高いほど，税負担は小売業者に帰着する．たとえば，1円でも値上げしようとすれば，家計が別の小売店で買い物をしてしまうような（需要の価格弾力性が大きい）状況の下では，小売業者は消費税分を販売価格に上乗せすることが難しく，自分で消費税を負担するしかない．一方，家計が価格に敏感でない（需要の価格弾力性が小さい）場合は，小売業者は消費税分を販売価格に容易に上乗せすることができる．

したがって，税負担のうち家計と小売業者に帰着する負担の比率はそれぞれ，

$$\text{家計}: \frac{\varepsilon_S}{\varepsilon_D + \varepsilon_S} ; \quad \text{小売業者}: \frac{\varepsilon_D}{\varepsilon_D + \varepsilon_S}$$

と表現することができる．極端なケースとして，需要の価格弾力性がプラス無限大であれば，税負担はすべて小売業者に帰着し，需要の価格弾力性がゼロであれば，税負担はすべて家計に帰着する．同様に，供給の価格弾力性がプラス無限大であれば，税負担はすべて家計に帰着し，供給の価格弾力性がゼロであれば，税負担はすべて小売業者に帰着する．

消費者余剰と厚生損失

個別消費税は相対価格を変化させるので，人々の行動に歪みを及ぼすはずである．ここでは，前章まで何度か登場した消費者余剰という概念を用いて，この問題を考えてみることにしよう．ただし，これまでと同様，特定の財だけに注目した部分均衡分析の枠組みの下で考える．さらに，話を簡単にするために，供給の価格弾力性はプラス無限大であるとする．この場合，供給曲線は水平になり，税負担はすべて家計に帰着することになる（このとき，生産者余剰を考える必要はない）．

課税前の均衡は図5-2の点Eで示され，その時の価格と需要量がそれぞれ

p と q で与えられているとしよう．このとき，消費者余剰は pDE の面積で表現することができる．家計がこの財をゼロから少しずつ q まで購入しようとするとき，最大で台形 $ODEq$ の面積だけ支払っても構わないと考えている．しかし，実際には，この財を q だけ購入するためには長方形 $OpEq$ の面積に等しい金額を支払うだけで十分だから，pDE の面積だけ"得"をしたことになる．

ここで，政府はこの財に対して，$t \times 100\%$ だけの従価税タイプの消費税を課したとする．このとき，価格は $(1+t)p$ に上昇し，需要量は q' に減少したとする．そして，消費者余剰は，pDE の面積から ADE' の面積に変化する．しかし，$pAE'B$ の面積に相当する税収が発生し，政府がその分を家計に一括して還付すると想定すると，課税後の消費者余剰は $pDE'B$ の面積になる．しかし，課税前に比べると，消費者余剰は $BE'E$ の面積だけ小さくなっている．つまり，課税によって社会的厚生がその分だけ失われたことになる．この分を，課税による厚生損失，あるいは死荷重または超過負担と呼ぶ．

この厚生損失の大きさは，図5-2では，$BE'E$ という直角三角形の面積で示されるので，その値が具体的に計算できる（といっても，需要曲線は直線ではないので，近似計算であることに注意されたい）．線分 $E'B$ はこの財1単位にかかる消費税 tp に対応し，線分 BE は課税による需要の減少分に対応する．価格が p から $(1+t)p$ に上昇したので，需要の価格弾力性を ε とすると，線分 $E'B$ の長さは，εtq で与えられる．したがって，直角三角形 $BE'E$ の面積で示される厚生損失の大きさは，

$$\text{厚生損失} = \frac{1}{2}E'B \times BE = \frac{1}{2}tp \times \varepsilon tq = \frac{\varepsilon pqt^2}{2} \tag{5-2}$$

として与えられる．この式から明らかなように，消費税を導入することによって発生する厚生損失は，需要の価格弾力性に比例し，税率の2乗に比例する．

一方，消費税による税収はどうなっているだろうか．税収は長方形 $pAE'B$ の面積に対応するので，

$$\text{税収} = Ap \times pB = tp \times (q - \varepsilon tq) = (1-\varepsilon t)tpq \tag{5-3}$$

として与えられる（ただし，$\varepsilon t < 1$ と仮定する）．ここから，次の2点が確認できる．第1に，税収は需要の価格弾力性が高いほど小さくなる．課税による

図5-2 個別消費税による厚生損失

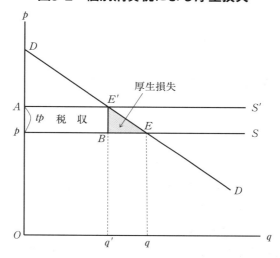

価格の上昇に対して家計が需要を控えるほど，税収は得にくくなる．第2に，税率をあまりに高くすると税収がかえって減少することもわかる．(5-3)式はたまたま税率の2次関数となっており，税率を $1/(2\varepsilon)$ に等しくしたときに税収は最大になる．

補償需要に注目

以上の議論においては，財の価格が変化したときに生じる，所得効果を通じた家計の行動変化を無視している．ミクロ経済学で学ぶように，価格の変化が需要に及ぼす影響は，（効用水準を維持し，必要であれば所得を補償する場合に発生する）代替効果と，（価格変化による所得の実質的な変化を通じた）所得効果に二分される．前者の代替効果だけを考慮した場合の需要を補償需要という．

課税が経済厚生に及ぼす影響を議論する場合，厳密には，財に対する需要としては補償需要に注目する必要がある．したがって，図5-2に現れる需要曲線は，本来は補償需要関数であり，需要の価格弾力性も厳密には補償需要の価格弾力性でなければならない．その財の支出が家計の支出全体に占める比率が大きくなければ，所得効果の存在は無視しても大きな問題ではなく，したがって，

通常の需要と補償需要を区別する必要はあまりない．しかし，理論的にはこの区別は重要である．次節ではその点を念頭において，消費課税によって発生する厚生損失の問題を，グラフを用いてもう少し詳しく見ておこう．

5.2 消費課税と厚生損失（2）：2財モデル

2財モデル

前節では，部分均衡モデルの枠組みの下で，特定の財に消費税を課した場合の経済的な特徴を検討した．本節では，2財モデルを想定して，消費税のもたらす厚生損失の問題を考えてみよう．

家計は，第1財，第2財という2つの財をそれぞれ q_1, q_2 だけ購入して，効用の最大化を図るとしよう．ここで注意すべきなのは，労働供給を固定し，したがって所得を所与としたうえで，家計の効用がこの2財の購入を調整することによってのみ決定されると想定している点である．この前提の重要性は後で議論する．

さて，政府はこの2つの財のうち第1財だけに $t \times 100\%$ の消費税をかけると考えてみる．このとき，第2財の価格を1に規準化し，第1財の価格を p，家計の所得を y とすれば，課税前後における家計の予算制約式は，

$$課税前：pq_1 + q_2 = y \tag{5-4}$$
$$課税前：(1+t)pq_1 + q_2 = y \tag{5-5}$$

で表される．

図5-3は，横軸を第1財の購入量 q_1，縦軸を第2財の購入量を q_2 とする座標において，この課税の効果を描写している．まず，課税前においては，家計は，課税前の予算制約線（傾きは p）と無差別曲線が接する点 E で各財の消費を行っていたとする．このとき，政府が第2財に課税すると，予算制約線の傾きが $(1+t)p$ と急になる．そのため，新たな均衡点は点 E' に移行する．この均衡点の移行は，2つの部分に分けられる．1つ目は，点 E から点 F への移行である．これは，無差別曲線上の移動であり，代替効果に対応する．代替効果とは，課税によって相対価格が変化したとき，課税前の効用を維持するた

図5-3　個別消費税導入の効果

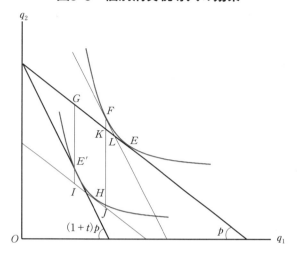

めに所得を補償したうえで，各財の需要がどのように変化するかを見たものである．このように無差別曲線上の点で示される需要が，すでに説明した補償需要である．

2つ目の移行は，点 F から点 E' への移行である．点 F では，課税前の無差別曲線と，傾きが $(1+t)p$ の予算制約線が接している．ここでは，課税された第1財の補償需要は減少し，相対価格が低下した第2財の補償需要は増加している．しかし，点 F は，課税後の予算制約線の右上に位置しており，実現不可能な概念上の点に過ぎない．この点は，課税前の効用を維持するために，消費者に所得を補償してようやく達成されている．そこで，効用維持のために補償した所得を取り除くと，均衡点は点 F から点 E' にシフトする．この点 E' では，課税後に成り立つ新たな予算制約線と無差別曲線が接している．この点 F から点 E' への移動が，所得効果を示している．第1財に対する課税による実質的な所得減少の効果を，相対価格の変化による影響と切り離して示したのが，この所得効果である．

厚生損失の図解

課税によって均衡点が点 E から点 E' に移動したことに伴って，政府が得る

税収は線分 GE' の長さで示される．この点は，次のようにして確かめられる．すなわち，家計の所得を y とすると，課税後における財1の購入量を q_1' としたとき，点 G 及び点 E' の高さはそれぞれ $y-pq_1'$，$y-(1+t)pq_1'$ と表現できるので，その差をとれば tpq_1' となり，税収に対応することがわかる．

しかし，これだけの税収が発生するほかに，厚生損失が同時に発生していることが問題となる．この厚生損失の大きさは，この図を用いて2つの方法で説明することができる．

1つの方法は，このような消費税を課すのではなく，元の価格体系の下で所得や消費とは無関係に徴収する税，すなわち，一括税（lump-sum tax）を課して，消費税を導入した際の効用を実現することを考えてみることである．これは，課税をすれば家計の効用が低下するのは仕方ないが，どうせ効用が低下するのなら，税収を多く得られるほうが望ましいという発想に基づいて行うものである．

このような一括税の実施は，元の予算制約線を下方に平行移動させることを意味する．そして，そのように平行移動させた予算制約線が，消費税を課した場合の無差別曲線に接する点を点 H とする．この点では，消費税を実施した場合の効用が実現されている．このとき，政府が得る税収は，この点 H と元の予算制約線との垂直距離で示されるが，その値は図5-3では線分 GI で表すこともできる．ところが，この線分 GI の長さは，消費税を導入した場合の税収を示す線分 GE' の長さを線分 $E'I$ の長さだけ上回っている．

この線分 $E'I$ の長さが，消費税の課税によって発生した厚生損失を示している．一括税ではなく消費税を導入することにより，政府は得られたはずの線分 $E'I$ だけの税収をみすみす手放してしまった．その税収が得られていれば，消費者の効用を高められていたはずなのに，それができなかったわけだから，その税収分は消費税による厚生損失だと言える．このように厚生損失が発生したのは，課税によって家計の消費行動に歪みが発生したからである．その歪みは，点 E から点 F への移動に対応する代替効果が大きいほど——第1財に対する補償需要の価格弾力性が大きいほど——大きくなる．

厚生損失の大きさは，次のように説明することもできる．消費税の課税によって均衡点が点 E から点 E' に移動するが，この点 E' に対応する効用は，線

分 GI の長さの一括税を課すことでも得られるということは，すでに説明した通りである．そして，その一括税を課したときの新しい均衡点は，点 H で示されていた．

そこで，一括税で得られた税収——その額は線分 GI あるいは線分 KJ の長さで示される——を政府が家計に還付したと想定してみよう．消費税の課税前であれば，この還付によって，予算制約線は元に戻るので，家計の均衡点は点 E に戻り，家計は元の効用を回復できそうである．しかし，消費税の課税後は価格体系が変化している．家計が課税前の効用を再現するためには，新たな価格に対応した傾きを持つ予算制約線と元の無差別曲線が接する点 F に移動していなければならない．ところが，一括税を還付することによっても，点 F は実現できない．なぜなら，線分 FK の長さに相当する税収が不足しているからである．

したがって，この線分 FK の長さを，消費税による厚生損失と解釈することができる．消費税が導入された場合，元の効用を維持するためには所得の補償が必要になるが，そのためには，線分 FK の長さに等しい所得が不足する．この不足分が，消費税が市場メカニズムを歪めたことで発生している厚生損失である．ここでも，その厚生損失につながる行動の歪みは，点 E から点 F への移動に対応する代替効果が大きいほど——第 1 財に対する補償需要の価格弾力性が大きいほど——大きくなる．

さらに，この図からもわかるように，線分 FK と線分 $E'I$ は作図上，ほぼ同じ長さになる．つまり，消費税による厚生損失は，上の 2 つのどちらの説明でも近似的に同じ大きさとなる．以下では，後者の説明をベースにして話を進めよう．というのも，後者の説明の方が課税前の均衡点との比較が容易になり，厚生損失の大きさを導出しやすいからである．

厚生損失の大きさ

それでは，厚生損失を示す線分 FK の長さは，どのようにすれば計算できるのだろうか．そのためには，点 F と点 K のそれぞれの q_2 座標がわかればよい．計算が少々面倒だが，それらは次のような方法で求めることができる．

まず，点 K の q_2 座標は次のようにして得られる．課税前の均衡点 E の座標

は，$(q, y-pq)$ として示される．ここで，第1財の価格が個別消費税によって $t \times 100\%$ 上昇するので，この財に対する補償需要の価格弾力性を ε とすれば，第1財の需要は $\varepsilon t \times 100\%$ 減少する．そのため，点 K の座標は $((1-\varepsilon t)q, y-(1-\varepsilon t)pq)$ で与えられるので，

$$\text{点 } K \text{ の } q_2 \text{ 座標} = y - (1-\varepsilon t)pq \tag{5-6}$$

となる．

それでは，点 F の q_2 座標についてはどうか．課税前の予算制約線（傾きはマイナス p）と，点 F で無差別曲線と接する予算制約線（傾きはマイナス $(1+t)p$）の交点を点 L としよう．この点 L が，近似的に点 K と点 E の中点にあるとすると，この点 L の座標は $(q-\varepsilon tq/2, y-pq+\varepsilon tpq/2)$ で与えられる．点 F は，この点 L を通り，傾きがマイナス $(1+t)p$ の直線上にあって，しかも，q_1 座標が点 K のそれと同じ $(1-\varepsilon t)q$ である点である．したがって，

$$\text{点 } F \text{ の } q_2 \text{ 座標} = -(1+t)p\left[(1-\varepsilon t)q - \left(q - \frac{\varepsilon tq}{2}\right)\right] + y - pq + \frac{\varepsilon tpq}{2} \tag{5-7}$$

と計算することができる．したがって，点 F と点 K のそれぞれの q_2 座標の差で示される厚生損失は，(5-7) 式の右辺から (5-6) 式の右辺を差し引くことにより，途中の計算を省略して，

$$\text{厚生損失} = \frac{\varepsilon pqt^2}{2} \tag{5-8}$$

となることが確認できる．これは，前節において，消費者余剰の概念に基づいて求めた，(5-2) 式で与えられる厚生損失の値とまったく同じである．ただし，ここで登場する需要の価格弾力性 ε は，補償需要の価格弾力性であることに改めて注意しておこう．

一般消費税の意義と限界

これまでは，特定の財に課税する個別消費税について議論してきたが，2財に同じ税率を課す場合はどうなるだろうか．このように，各財に均一の税率を課す消費税を一般消費税という．

これまでと同様，労働供給を所与とし，所得を固定させたうえで，2財に共通の消費税——税率を t^* とする——を課したとしよう．このとき，家計の予

算制約式は,

$$(1+t^*)p_1q_1+(1+t^*)p_2q_2=y \tag{5-9}$$

となるが, この式は,

$$p_1q_1+p_2q_2=y-\frac{t^*y}{1+t^*} \tag{5-9}'$$

と変形できるので, 2つの財の相対価格は課税前から変化せず, したがって, 両者の間で代替効果は発生しないことがわかる. 前出の図5-3を用いて説明すると, 予算制約線は, 垂直距離で $t^*y/(1+t^*)$ だけ下方に平行移動し, 均衡点は点 E から点 H に移動する. しかし, 政府が得られた税収を家計に還付すると家計の予算制約線は課税前のそれに一致し, 家計は課税前の効用を維持することができる. つまり, この場合, 厚生損失はまったく発生しない. これは, 第2財で測って $t^*y/(1+t^*)$ だけの一括税を課した場合と同じ結果であり, 2財に同じ税率で課す消費税は一括税と同値であることが確認できる.

しかし, この結果は, 一般消費税が最も効率的な課税の仕方であるということを意味しない. それは, 次のようにして確認できる. 確かに, 労働以外の財に均一の税率で課税したとき, 労働以外の財の間では相対価格は変化しない. しかし, 労働に対する各財の相対価格は変化する. すなわち, 課税後において, 労働に対する相対価格はどの財でも課税前に比べて $(1+t^*)$ 倍になっている. ところが, 労働との代替・補完関係は財によって異なるので, 労働に対する相対価格が同じ比率で上昇したとしても, 各財に対する需要は課税によって歪みを受けているはずである.

したがって, 労働以外の税に一律の税率で消費税を課しても厚生損失は発生するのである. 労働以外の財に均一の税率で課税したときに厚生損失が発生しないという結果が得られるのは, それらの財に対する需要がいずれも労働需要とまったく無関係だと想定されている場合に限定される.

一般消費税は実現できない

このように説明してくると, 読者は,「それでは, 労働にも均一の税率を課したらよいではないか」と思うかもしれない. 確かに, その場合はすべての財の間で相対価格が課税前と同じになり, 経済に歪みは生じない. ところが, そ

のように労働も課税対象に含めた一般消費税は成立しないのである．これは，次のように説明できる．

　いま，政府が労働も含めたすべての財に対して均一の税率で消費税を課したとしよう．このとき，課税後の賃金は課税前に比べて低下するのではなく，（1＋税率）倍に高まる．なぜなら，政府はこのとき，労働によって得られた所得に課税しているのではなく，あくまでも労働というサービスに対して，（賃金という労働の価格に上乗せする形で）課税しているからである．ここでは，労働というサービスに対する課税（消費課税）と労働所得に対する課税（所得課税）とを区別していることに注意されたい．このとき，家計は税を上乗せされた賃金を政府から受け取り，それを財源にして，課税されている2財を購入する．ここでは，労働に課せられた消費税は家計が政府から支給される補助金になっている．

　ここで注目すべきなのは，このとき政府の税収がゼロになっていることである．その理由は，次の通りである．いま，労働供給量を l，時間当たり賃金を w とすると，政府が第1財と第2財，そして労働に均一の税率 t で消費税を課したとき，家計の予算制約式は，

$$(1+t)p_1q_1+(1+t)p_2q_2=(1+t)wl \tag{5-10}$$

として表すことができる．ここで，この（5-10）式の両辺を $1+t$ で除して整理すると，

$$p_1q_1+p_2q_2=wl \tag{5-10'}$$

と書き直すことができる．

　このとき，政府の税収 R はどうなっているだろうか．政府は家計による2財の消費に基づいてそれぞれ tp_1q_1，tp_2q_2 だけの税を受け取るが，家計は l だけ働いたので twl だけの補助金を家計に支払わなければならない．そのため，政府の税収は，1家計当たりで見ると，

$$R=t(p_1q_1+p_2q_2-wl) \tag{5-11}$$

として与えられる．ところが，家計の予算制約より（5-10）′式が成り立っているので，$R=0$ となり，政府は税収を得ることができない．

　このように，政府が労働を含めたすべての財に均一の税率で消費税を課すと，税収がゼロになってしまう．このために，すべての財を対象にした一般消費税

は実施できないのである．政府が税収を得るためには，少なくとも1つの財に対する課税のあり方を，ほかの財の場合とは別にしなければならない．次節では，労働を消費課税の対象から外すという前提を置いたうえで，労働以外の財に対してどのように課税すればよいかを検討する．

5.3 最適な消費課税（1）：1人ケース

税収と厚生損失の関係

前節では，特定の財を対象とした特定消費税の課税が厚生損失を生むことを確認した．本節では，財の数を2つ以上にして，それぞれの財にかける消費税率をどのように設定すれば望ましいかという問題を考えることにしよう．このように，最適な税率の体系の検討は最適課税論の重要なテーマになっている．

ただし，ここでは，話を簡単にするために以下の5つの前提を置く．第1に，それぞれの財の支出が支出全体に占める比重が低く，所得効果が無視できると想定する．これは，通常の需要と補償需要との間に大きな差がないことを意味する．第2に，それぞれの財に対する需要は互いに独立しており，どの財に対する需要も，他方の財の価格の変化の影響を受けないと想定する．第3に，それぞれの財の供給の価格弾力性はプラス無限大であると想定する．このとき，いずれの財についても供給曲線は水平になり，税の負担はすべて家計に帰着する．第4に，労働には課税しない．

そして，これが最も重要な仮定だが，第5に，社会が1人の個人，あるいはまったく同質の個人によって構成されていると仮定する．このとき，この個人の効用が社会の厚生に完全に一致するので，消費税のあり方を議論する場合も，効率性だけの観点だけを考慮すればよい．公平性の観点も踏まえた複数人ケースの議論は，次節で行うことにする．

以上の想定の下で，政府が第i財に対して$t_i \times 100\%$の消費税をかけたとしよう．このとき，厚生損失L_iと税収T_iは，前節の結果を用いて，

$$L_i = \frac{\varepsilon_i p_i q_i t_i^2}{2} \tag{5-12}$$

$$T_i = (1 - \varepsilon_i t_i) t_i p_i q_i \tag{5-13}$$

として表すことができる.ただし,p_i,q_i,ε_iはそれぞれ,課税前における第i財の価格,需要,そして補償需要の価格弾力性(絶対値表示)である.

ここで,この財に対する消費税の税率を引き上げて税収を1円高めたときに,厚生損失がどれだけ発生するかを考えてみよう.上の(5-12)式,(5-13)式を税率t_iでそれぞれ微分すると,

$$\frac{dL_i}{dt_i} = \varepsilon_i t_i p_i q_i \tag{5-14}$$

$$\frac{dT_i}{dt_i} = (1 - 2\varepsilon_i t_i) p_i q_i \tag{5-15}$$

となるから,この(5-14)式,(5-15)式の比をとることにより,

$$\frac{dL_i}{dT_i} = \frac{dL_i/dt_i}{dT/dt_i} = \frac{\varepsilon_i t_i}{1 - 2\varepsilon_i t_i} \tag{5-16}$$

という関係式が得られる.税収を増やそうと思えば,厚生損失が高まることはこの式からも明らかであろう(ただし,$\varepsilon_i t_i < 1/2$と仮定する).

ラムゼーのルール(1):逆弾力性の命題

さて,2つ以上の財が存在するとき,それぞれの財に対する消費税率はどのようなルールに基づいて設定すべきだろうか.そのルールを一般的にラムゼーのルール(Ramsey rule)という.そのポイントは,どの財で税収を限界的に高めようとしても厚生損失の増加分が等しくなるように税率を設定すべきだ,ということである.

この点は,直感的には次のように説明できる.いま,政府がリンゴに対する税率を高め,たとえば,10億円の増税を目指した場合,厚生損失が1億円増加するとする.これに対して,ミカンに対する税率を高め,同じく10億円の増税を目指すと,厚生損失が3億円増加すると仮定しよう.その場合,リンゴに対する税率を引き上げ,その一方でミカンに対する税率を引き下げることによって,厚生損失を現時点よりも減らすことができる.こうした調整の余地が残されている限り,消費税率の体系は最適とは言えない.

それでは,任意の2つの財——第i財,第j財とする($i \neq j$)——の間で,税

収の限界的な増加が同じだけの厚生損失の増加を生み出すのはどのような状況かを考えてみよう．その状況は，(5-16) 式より，任意の $i, j\ (i \neq j)$ について，

$$\frac{\varepsilon_i t_i}{1-2\varepsilon_i t_i} = \frac{\varepsilon_j t_j}{1-2\varepsilon_j t_j} \tag{5-17}$$

として表現される．この式の値を K という定数で表すと，各財の税率について，

$$t_i = \frac{K}{(1+2K)\varepsilon_i} \tag{5-18}$$

という関係式が得られる．つまり，消費税率の体系を最適なものにするためには，各財の税率が，それぞれの財に対する補償需要の限界代替率の逆数に比例していなければならない．すなわち，

$$t_i : t_j = \frac{1}{\varepsilon_i} : \frac{1}{\varepsilon_j} \tag{5-19}$$

という関係が成り立っている必要がある．これを，消費税に関するラムゼーの逆弾力性の命題という．

需要の価格弾力性が低い（高い）財ほど高い（低い）税率を設定すべきだという，この逆弾力性の命題は，直感的に理解しやすい面と逆に理解しにくい面がある．確かに，需要の価格弾力性が低い財ほど，その財に課税しても家計の需要は大きく落ち込まないから，税収は手っ取り早く確保できる．その意味では，この命題は正しいことを言っている．しかし，需要の価格弾力性が低い財の代表的な例として考えられるのは，食料品などの生活必需品である．逆に，需要の価格弾力性が高い財というのは，価格が高ければ購入を控えても大きな問題のない贅沢品であろう．したがって，逆弾力性の命題は，生活必需品に高い税率を，贅沢品に低い税率をかけるべきだということを主張していることになる．これは，常識に反する主張のように思えてくる．実際，ヨーロッパ諸国では，日本の消費税に相当する付加価値税が導入されているが，食料品には低い税率がかけられている．

逆弾力性の命題が導かれるのは，社会を構成する個人が1人（同質）であると想定し，効率性の観点からの議論に終始しているからである．実際には，社会は異質な個人で構成され，所得の低い個人ほど生活必需品に対する支出のウ

ェイトが高くなっている．そうした人に対する負担をできるだけ軽減し，所得の高い人ほど多くの負担を求めるという，公平性の観点を考慮すると，結果はかなり異なってくる．この点は重要なので，第4節で改めて議論することにしよう．

なお，逆弾力性の命題は本節の冒頭に書いたような，いくつかの想定の下で導出されたものであることに留意されたい．中でも，それぞれの財に対する需要が独立しており，ある財の価格の変化がほかの財に対する需要に影響しないという想定は重要である．このように想定しないと，逆弾力性の命題は厳密な形では成立しなくなる．

ラムゼーのルール（2）：均一税率の命題

ラムゼーの逆弾力性の命題が正しいとすると，それぞれの財に対する消費税率は，その財に対する補償需要の価格弾力性に応じて複数設定することが望ましいことになる．ところが，これまでの議論では各財と労働（余暇）との関係を無視してきた．それを考慮に入れると，ラムゼーの逆弾力性を別の角度から解釈することができる．それを，以下で説明しよう．

まず，各財に対する補償需要が賃金の変化にどのように反応するかという点に注目してみる．ただし，労働はこれまでと同様，消費税の課税対象外とするとともに，話を簡単にするために，各財に対する補償需要はこれまでと同様，ほかの財の価格（賃金を除く）の変化の影響を受けないと想定する．

いま，ある財の補償需要が，賃金の上昇によって大きく増加する，つまり，その財に対する補償需要の賃金弾力性が高いと想定する．賃金は余暇の価格だから，この想定は，その財が余暇と代替関係にあることを意味する．さらに，余暇は利用可能な時間から労働時間を差し引いたものだから，この財は労働と補完関係にあるとも言える．ところが，賃金が上昇するということは，この財の価格が賃金に対して低下することを意味する．したがって，この財に対する補償需要の賃金弾力性が大きいということは，その財に対する補償需要の価格弾力性が大きいことを意味する．ところが，前項で説明したように，ラムゼーの逆弾力性の命題により，そうした財に対する税率は低く設定する必要がある．

したがって，労働に対して補完的な財（余暇に対して代替的な財）ほど，低

い税率をかけるべきだ，ということになる．逆に，労働に対して代替的な財（余暇に対して補完的な財）ほど，高い税率をかけることが望ましい．これを，コーレット＝ヘイグの定理（Corlett-Hague theorem）という．

さらに，コーレット＝ヘイグの定理が想定する特殊なケースとして，労働に対する代替・補完関係がすべての財において同じである状態を考えよう．この状態は，補償需要の賃金弾力性がすべての財において同じであると表現することができる．このとき，コーレット＝ヘイグの定理が正しいとすれば，労働以外のすべての財に対する税率は均一にすることが望ましいということになる．これをラムゼーの均一税率の命題という．

しかし，補償需要の賃金弾力性がすべての財において等しいというのは，かなり特殊なケースだと言わざるを得ない．逆に言えば，労働以外のすべての財に均一の税率をかける一般消費税が，税率を財ごとに変える個別消費税より望ましいという状況は現実的ではないのである．

ただし，ここでやや専門的な説明を加えると，第1に，コーレット＝ヘイグの定理や均一税率の命題は，各財に対する需要がほかの財の価格変化の影響を受ける場合でも，賃金とそれ以外の2財で構成される3財ケースであれば成立することがわかっている（4財以上になると成立しない）．第2に，コーレット＝ヘイグの定理や均一税率の命題を導出する際には，その3財のうち労働を非課税としていたが，非課税対象とするのは労働以外の税でも構わない．第3に，問題とする財の組み合わせに労働を含めず，その財のうち任意の1つを非課税としても，労働をその非課税の財と読み換えることにより，コーレット＝ヘイグの定理や均一税率の命題は同様に成立する．

5.4 最適な消費課税（2）：複数人ケース

公平性の観点

前節では，社会が1人で構成される場合を想定し，効率性の観点のみから消費税の望ましい姿を検討した．社会が異質な個人で構成されると想定すると，前節の議論はどのように修正されるだろうか．ここでは，社会が H（$\geqq 2$）

人で構成される場合において，最適な消費税の仕組みを考えることにしよう（ただし，本節の説明は，数学的にやや込み入っている．そうした議論を避けたい読者は，本節の最後のパラグラフのみを読むだけでよい）．

いま，個人 $h(h=1,\ldots,H)$ の所得が1円増加した場合，社会的厚生が $\beta^h(>0)$ 円だけ高まると考えよう．効率性の観点だけしか念頭になければ，この β^h はすべての個人において同じである．しかし，たとえば，所得が個人1より低い個人2の効用の改善を，個人1のそれより重視するという公平性の観点を加味すれば，$\beta^1<\beta^2$ という大小関係を想定することになる．

いま，課税前の価格が p_i，個人 h による需要が q_i^h である財 i に対して，政府が税率 $t_i\times 100\%$ の消費税をかけるとしよう．ただし，話を簡単にするために，この財に対する需要の価格弾力性は，個人の間ですべて同じ値をとり，ε_i であると仮定しよう．このとき，社会全体の厚生損失 L_i は，

$$L_i=\sum_{h=1}^{H}\beta^h\left(\frac{\varepsilon_i p_i q_i^h t_i^2}{2}\right)=\frac{\varepsilon_i p_i t_i^2}{2}\sum_{h=1}^{H}\beta^h q_i^h \tag{5-20}$$

となる．この式の左辺にある（ ）の中の値は，個人 h にとっての厚生損失を示したものであり，それに β^h を乗じて社会の構成員で合計したものを社会全体における厚生損失としている．

一方，税収 T_i は，

$$T_i=\sum_{h=1}^{H}(1-\varepsilon_i t_i)t_i p_i q_i^h=(1-\varepsilon_i t_i)t_i p_i q_i \tag{5-21}$$

として与えられる（$q_i=\sum_{h=1}^{H}q_i^h$ であることに注意されたい）．

このように，財 i に対する税率を t_i と設定したとき，社会全体における厚生損失と税収は，それぞれ（5-20）式，（5-21）式で与えられる．読者は，この2本の式を1人ケースの（5-12）式，（5-13）式の場合と見比べていただきたい．税収を示す（5-21）式は（5-13）式とまったく同じだが，社会全体の厚生損失を示す（5-20）式は，各個人によるこの財の消費を，個人間で異なるウェイトで評価していることを意味する（(5-20) 式において β^h がすべての h において1に等しいとすれば，この式は（5-12）式と同じになる）．

さて，第 i 財に対する課税によって税収を1円引き上げたときに厚生損失がどこまで増加するかを計算してみる．（5-16）式と同じように計算して，

$$\frac{dL_i}{dT_i} = \frac{dL_i/dt_i}{dT_i/dt_i} = \frac{\varepsilon_i p_i t_i \sum_{h=1}^{H} \beta^h q_i^h}{(1-2\varepsilon_i t_i) p_i q_i} = \frac{\varepsilon_i t_i}{1-2\varepsilon_i t_i} \frac{\sum_{h=1}^{H} \beta^h q_i^h}{q_i} \quad (5-22)$$

という関係式を得る.

分配特性

1人ケースと同様, 複数人ケースにおいても, 税収を1円引き上げたときの厚生損失がすべての財において等しくなっていることが, 消費税率の体系が最適になっていることの必要条件となる. しかし, 1人ケースの (5-16) 式と比較すると, (5-22) 式の右辺には, $\sum_{h=1}^{H} \beta^h q_i^h / q_i$ という項が乗じられていることがわかる. 実は, この項こそが, 公平性の観点から見た各財の特性を示している. 以下では, その点を説明してみよう.

いま, β^h と q_i^h をそれぞれ変数 β, q_i がとり得る値とみなして, その平均をそれぞれ $\bar{\beta}$, $\bar{q_i}$ と表現し, $\beta/\bar{\beta}$ と $q_i/\bar{q_i}$ の共分散を考えてみよう. 共分散の定義より,

$$\mathrm{cov}\left(\frac{\beta}{\bar{\beta}}, \frac{q_i}{\bar{q_i}}\right) = \frac{1}{H}\sum_{h=1}^{H}\left(\frac{\beta^h}{\bar{\beta}} \frac{q_i^h}{\bar{q_i}}\right) - 1 \quad (5-23)$$

となるから, ここで, 新たな変数 φ_i を

$$\varphi_i \equiv \mathrm{cov}\left(\frac{\beta}{\bar{\beta}}, \frac{q_i}{\bar{q_i}}\right) + 1 \quad (5-24)$$

と定義してみよう.

この φ_i を財 i の分配特性 (distributional characteristic) という. 社会的に見て重視される個人ほど相対的に多く購入している財であるほど, $\beta/\bar{\beta}$ と $q_i/\bar{q_i}$ はプラスの相関を持ちやすいので, 両者の共分散はプラスになり, したがって, 分配特性は1を上回る. 生活必需品は, そうした財の代表的な例である. 一方, 社会的に見て重視される個人ほど相対的に少なく購入している財であれば, この分配特性は1を下回ることになる.

ここで, (5-23) 式に改めて目を向けてみよう. この式に登場する $\sum_{h=1}^{H} \beta_h q_i^h / q_i$ という項の値を計算すると, (5-23) 式, (5-24) 式も考慮して,

$$\frac{\sum_{h=1}^{H}\beta^{h}q_{i}^{h}}{q_{i}} = \frac{\bar{\beta}}{H}\sum_{h=1}^{H}\left(\frac{\beta^{h}}{\bar{\beta}}\frac{q_{i}^{h}}{\bar{q}_{i}}\right) = \frac{1}{H}\sum_{h=1}^{H}\left(\frac{\beta^{h}}{\bar{\beta}}\frac{q_{i}^{h}}{\bar{q}_{i}}\right) = \varphi_{i} \tag{5-25}$$

となる.ただし,ここでは $\bar{\beta}=1$ と規準化している.したがって,(5-22) 式は,

$$\frac{dL_i}{dT_i} = \frac{\varepsilon_i t_i \varphi_i}{1 - 2\varepsilon_i t_i} \tag{5-26}$$

と書き直すことができる.1人ケースと同様に,この式の値がすべての財において等しくなることが,消費税率が最適であることの必要条件である.つまり,任意の $i,\ j\ (i \neq j)$ について,

$$\frac{\varepsilon_i t_i \varphi_i}{1 - 2\varepsilon_i t_i} = \frac{\varepsilon_j t_j \varphi_j}{1 - 2\varepsilon_j t_j} \tag{5-27}$$

という等式が成り立っていなければならない.この等式の値を K^* という定数で表すと,第 i 財に対する税率は,

$$t_i = \frac{K^*}{(\varphi_i + 2K^*)\varepsilon_i} \tag{5-28}$$

として各財の最適な税率が設定される.

効率性と公平性のバランス

このように,複数人ケースにおける最適な消費税率は (5-28) 式で示されるが,これを1人ケースの (5-18) 式と比較してみよう.第1に,いずれの式においても,最適な税率は,補償需要の価格弾力性の逆数に比例することがわかる.ところが,第2に,複数人ケースの場合は,分配特性が大きいほど税率を低めに設定すべきであることもわかる.これは,1人ケースの (5-18) 式には見られない特徴である.このように,複数ケースにおいても,ラムゼーの逆弾力性の命題は成立しており,効率性の観点は反映されている.しかし,社会の中で配慮すべき人ほど購入する財ほど税率を低めにすべきだという,公平性の観点が同時に反映されている.

以上の結果をより詳細に見てみると,第1に,分配特性を定義した式 (5-24) 式からも明らかなように,すべての個人の効用を同等に扱う場合——つま

り，すべての個人において β^h が同じ場合——には，分配特性はすべての財において1となってしまい，ラムゼーの逆弾力性の命題だけで税率の最適な体系が決まることがわかる．これは，公平性の観点がいっさい反映されていないからである．実際，(5-28) 式において，各財の分配特性をすべて1に等しくすると，(5-18) 式に帰してしまう（このとき，$K^*=K$ も成り立っている）．

第2に，すべての個人において，その財に対する購入比率が同じであった場合——つまり，すべての個人において q_i^h が同じ値をとる場合——も，税率はラムゼーの逆弾力性の命題だけで決まる．これは，所得階層が違っても同じような比率で購入される財であれば，その財を通じて公平性を追求しようとしても効果的でないことを意味する（コラム5参照）．

本節の議論は，次のようにまとめられる．すなわち，複数人ケースにおける最適な消費税率は，1人ケースで導出された，ラムゼーの逆弾力性の命題の考え方から乖離することになる．より具体的に言うと，社会的に見て重視すべき個人ほど相対的に多く購入している財——本節では，そうした財ほど「分配特性が高い」財であると表現した——であるほど，その財にかける税率は，逆弾力性の命題から導出される税率に比べて低くしたほうがよい．

一般的に，望ましい消費税率の体系は効率性と公平性のバランスをどうとるかによって異なってくる．たとえば，効率性の観点から見れば，生活必需品には高い税率をかけるべきである．生活必需品は補償需要の価格弾力性が低く，逆弾力性の命題によれば税率を低く設定しなければならないからである．しかし，公平性の観点から見ると，生活必需品にかける税率は，低所得層の効用を社会的に重視するほど低くすべきである．生活必需品は低所得層ほど支出に占めるウェイトが高く，低所得層の効用を社会的に重視するほど，社会的に重視すべき財になるからである．

5.5 税制改革の理論

最適課税論の問題点

前節まで説明してきた最適課税論は，個人の効用最大化を想定したうえで最

適な税の体系を考えるという点で理論的に精緻なものに出来上がっている．しかし，最大の問題は，それをそのまま現実の世界に適用できないことである．最適な税体系を設計するうえで必要な情報を政府がすべて知っているわけではなく，また，現実の税制は複雑な政治的利害関係を反映しがちである．そのため，最適課税論が描くものとは程遠い税の仕組みが現実として存在しており，あたかも白地に新しい家を建てるかのようなイメージで税の仕組みを描いてもあまり意味がない．

さらに，最適な税の仕組みを描くことそのものより，税制変更が社会的厚生に及ぼす影響を議論するほうが現実的である．実際の政策対応を考える場合も，実際に存在する税の仕組みを少しでも良くするにはどうすればよいかを検討したほうが有益である．このように，最適課税論の考え方を批判し，税制改革のあり方を議論するアプローチを税制改革の理論という．

税制改革の理論

いま，すでに何らかの税率の体系が社会に存在しているとする．政府は，税収を変えないまま，税率の体系を修正し，社会的厚生を引き上げることを考えていると想定しよう．こうした税制改革が是認されるための条件は，どのようなものになるだろうか．社会が1人の消費者で構成され（したがって，公平性の観点は無視する），2つの財（財1及び財2）しか存在しない場合を想定して，この問題を考えてみる．

各財の需要量（供給量）を q_i，消費者価格を P_i，生産者価格を p_i，1個当たりの税を t_i と表記しよう（$i=1, 2$）．このうち，生産者価格は政府にとって調整できないとする．さらに，消費者の所得は税制改革の影響を受けず，一定であるとしよう．そして，税制改革の前後を，上添え字 B（before），A（after）をつけることで区別する．

まず，消費者価格，生産者価格，税の間には，税制改革の前後で

$$\text{改革前}: P_i^B = p_i^B + t_i^B \tag{5-29-1}$$

$$\text{改革後}: P_i^A = p_i^A + t_i^A \tag{5-29-2}$$

という関係がある．そして，消費者及び政府の予算制約は，

$$\text{家計}: P_1^B q_1^B + P_2^B q_2^B = P_1^A q_1^A + P_2^A q_2^A \tag{5-30-1}$$

図5-4 税制改革

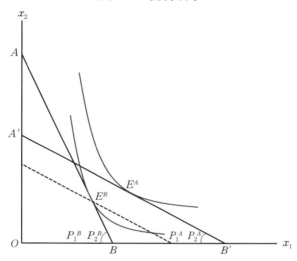

政府：$t_1^B q_1^B + t_2^B q_2^B = t_1^A q_1^A + t_2^A q_2^A$ \hfill (5-30-2)

によって表現される．税制改革の前後で，消費者の所得，政府の税収が変化していないことに注意されたい．

以上の4本の式より，生産者価格について，

$$p_1^B q_1^B + p_2^B q_2^B = p_1^A q_1^A + p_2^A q_2^A \tag{5-31}$$

という関係式が得られる．

ここで，政府が税制改革を行ったとき，消費者の効用が高まるための十分条件（必要条件ではない）は，

$$P_1^A q_1^B + P_2^A q_2^B \leqq P_1^A q_1^A + P_2^A q_2^A \tag{5-32}$$

として与えられる．この不等式は，改革後の消費者価格で評価した改革前の支出額（左辺）が，改革後に行った実際の支出額（右辺）を上回らないという条件を示している．改革後に実際に購入した財の組み合わせは，改革前のそれに比べて割高になるにも拘わらず，消費者がそれを購入したわけだから，効用は改革後に必ず高まっているはずである（このように，消費者の行動によって事後的に明らかになる選好を顕示選好という）．

図5-4は，この条件を示したものである．線分ABは税制改革前における

消費者の予算制約を示したものであり，傾きは P_1^B/P_2^B で表される．そして，この予算制約線上にある点 E^B が改革前の均衡点を表している．これに対して，線分 $A'B'$ は税制改革後における消費者の予算制約を示したものであり，傾きは P_1^A/P_2^A で表される．そして，この予算制約線上にある点 E^A が改革後の均衡点を表している．(5-32) 式は，改革前の均衡点 E^B が，改革後の予算制約線 $A'B'$ の内側に位置していることを意味する．

このような税制改革は，政府の税収に対してどのような意味をもっているだろうか．税制改革が家計の効用を高める十分条件を示した (5-32) 式に，(5-31) 式を代入して整理すると，

$$t_1^A q_1^B + t_2^A q_2^B \leq t_1^A q_1^A + t_2^A q_2^A \tag{5-33}$$

という不等式が得られる．この式は，税制改革前の税収を改革後の税率で評価した額（左辺）が，改革後の税収（右辺）を上回らないことを意味している．

5.6 まとめ

本章では，消費税の経済的な特徴を議論してきた．個別消費税は相対価格に歪みを与えるので，人々の消費行動に影響を及ぼして厚生損失を生む．その厚生損失は，その財に対する補償需要の価格弾力性が大きく，代替効果が大きいほど大きくなる．さらに，厚生損失は税率の2乗に比例するので，税率の引き上げには慎重でなければならない．

すべての財に一律の税率を課した一般消費税は，一括税と実質的に同じであり，厚生損失を生まない．しかし，余暇に課税することが難しいため，実際には，各財の特性を反映して税率を調整し，一定の税収を得るために，厚生損失をできるだけ小さくする工夫が必要である．

こうした最適課税論の立場に立ったとき，公平性の観点を考慮に入れなければ，一定の条件の下では，補償需要の価格弾力性の逆数に比例する形で各財の税率を設定することが望ましいという，ラムゼーの逆弾力性の命題が導かれる．需要の価格弾力性が低い財ほど，課税しても需要が減少しにくく，効率的に税収を獲得することができる．

しかし，この逆弾力性の命題は，たとえば生活必需品に高い税率を要請する

ことになり，公平性の観点から是認できない面がある．そこで，その財が公平性の観点から見てどこまで重要かを示す分配特性を考慮すると，たとえば生活必需品に対する税率引き下げを要請する力が働き，最適な消費税率の体系は逆弾力性の命題が描くものから次第に乖離していく．

その他，最適課税論からは，補償需要の賃金弾力性が等しい財の税率は均一にすべきだという均一税率の命題や，余暇に対して補完的（労働に対して代替的）な性格を強く持つ財ほど，税率は高めにすべきだというコーレット＝ヘイグの定理も導かれる．

しかし，こうした最適課税論は理想的な税の体系を追求するものであり，現実的ではないという批判をしばしば受ける．そのため，最適な税の仕組みを描くことよりも，税制変更が社会的厚生に及ぼす影響を議論する，税制改革の理論も存在する．

コラム 5　食料品の消費税率

　消費税については，その逆進性が批判されることが多い．とくに，日常生活に深くかかわる食料品に対する課税は政治的にも微妙な問題を含んでいる．その点について本章では，効率性の観点だけから考えれば，むしろ食料品のような生活必需品には，高い税率をかけるべきであるというラムゼーの逆弾力性の命題を紹介した．しかし，公平性の観点を考慮すると，やはり生活必需品に対する税率は低めにしたほうがよい，という議論もあわせて説明した．

　ところが，生活必需品に対する消費税率については，そのほかにも注意すべき点が少なくない．まず，効率性の観点から見れば，食料品には高い税率をかけるべきだという議論は正しいのだが，食料品が生活費に占める比率はけっして低くない．低所得層の場合はとくにそうだろう．その場合，食料品に高い税率をかけると，所得が実質的に大きく低下し，所得効果が発生する．効率性の観点からは代替効果だけが重要なのであって，所得効果の分は所得再分配で処理しようと割り切られている．しかし，消費者にとってはこの所得効果の大きさは無視できない．逆弾力性の命題は，この所得効果の話は無視されているので注意が必要である．

　公平性の観点からも，別の問題を指摘できる．つまり，低所得層の支援策としては，食料品の税率引き下げは効果的でない．というのは，食料品の税率を引き下げると，低所得層だけでなく，高所得層もその恩恵を受けるからだ．低所得層を支援しようと思っているのに，高所得層も支援するというのは，政策的に無駄なことをしている．分配特性のところで少し触れたが，支出パターンが所得階層間で大きく違わない場合，消費税の税率を少しくらいいじっても低所得の支援にはつながらない．食料品の税率を引き下げるより，低所得層に限定した直接的な所得支援策を講じたほうが効果的である．

練習問題

問題 1

ある財の補償需要を q，価格を p としたとき，補償需要関数が $q = 1 - bp$ で与えられている $(b > 0)$ と想定しよう．この財の限界生産費用は c で固定されている．政府がこの財に対して，1 単位当たり t の従量税を課したとき，発生する厚生損失の大きさを求めなさい．

問題 2

2 財モデルを想定して，個別消費税と一般消費税を厚生損失の観点から比較しなさい．

問題 3

「消費税は逆進的だから，食料品など生活必需品に対する税率はほかの財より低めに設定すべきだ」という主張について論じなさい．

問題 4

総務省統計局『家計調査』の所得階級別消費支出を使って，主要な支出品目の分配特性を実際に計算してみなさい．その場合，各所得階級の社会的な重要性をどのように設定するかは自分で検討しなさい．

第6章

所得課税

この章で学ぶこと

*所得課税を課した場合に,どのような形で厚生損失が発生するかを考える.

*最適な所得課税が満たすべき特徴として,どのようなものがあるかを考える.

*公平性の観点も考慮した場合,望ましい所得課税がどのような形になるかを検討する.

*生活保護や負の所得税,利子所得税など所得課税に関連する仕組みを理解する.

前章では消費課税を取り上げたが，本章では税のうちもう一つの重要なカテゴリーである所得課税を取り上げる．労働所得税が所得課税の代表的な例であるが，その経済学的な特徴はかなりの程度，消費課税の場合と同じようなアプローチで説明することができる．

消費課税の場合，課税によって財の間の相対価格に歪みが生じ，代替効果を通じて人々の消費行動を変化させるために厚生損失が発生する．労働所得税についても，同様のことが言える．というのは，賃金は余暇の価格とみなすことができるので，労働所得税は消費財に対する余暇の相対価格を低めることを意味するからである．労働所得税を課すと，代替効果によって余暇に対する需要が増加し，その裏側で労働供給が減少する．こうした人々の行動の歪みが，厚生損失につながる．本章ではまず，所得課税がもたらす厚生損失について，消費課税の厚生損失をめぐる検討と対照的な形で説明していく．

次に，効率性の観点から見て最適な所得課税の仕組みを議論する．その場合，所得課税について特定の仕組みを想定せず，かなり一般的な形で所得課税をとらえる．そして，効率性の観点から見て，所得課税が最適になるためには，どのような条件を満たす必要があるかを考える．そこでは，所得が最も高い者に対する限界税率をゼロにすべきであるという，興味深い議論を紹介する．

最後に，効率性だけでなく公平性の観点も踏まえた望ましい所得課税のあり方を議論する．具体的には，労働所得に対して比例的に課税し，それで得られた税収をもとに定額の補助金を家計に還付する所得再分配の仕組みを考える．その場合，公平性をどこまで追求するかで，望ましい所得課税の姿が変わってくることが重要なポイントとなる．そのほか，所得課税に関連するテーマとして，負の所得税と利子課税をとり上げる．

6.1 労働所得税と厚生損失

労働供給と厚生損失

前章で紹介したように，個別消費税の厚生損失は消費者余剰の概念を用いて説明することができた．個別消費税を課せばそれによって税収が得られるもの

の，それ以上に消費者余剰が減少し，厚生損失が発生する．そして，その厚生損失の大きさは，その財に対する補償需要の価格弾力性に比例し，税率の2乗に比例する．同様の議論が，労働所得税についてもできないだろうか．

いま，家計の効用 u が消費 c と余暇 L によって決定されるとしよう．つまり，家計の効用関数は，

$$u = u(c, L) \tag{6-1}$$

で与えられると仮定する．この効用関数は，消費 c と余暇 L の増加関数である．さらに時間当たりの賃金を w とすると，家計の予算制約は，利用可能な総時間を1と基準化すれば，

$$c = w(1-L) \tag{6-2}$$

と表現できる．この式を変形すると，

$$\frac{1}{w}c + L = 1 \tag{6-3}$$

となる．したがって，家計による消費と余暇の選択は，1だけの所得があるとき，価格が $1/w$ の消費財と価格が1の余暇のそれぞれの購入量を，効用を最大化するように選択する問題と解釈することができる（予算制約式は，(6-3)式ではなく，$c + wL = w$ と表現することもできるが，このとき，賃金の上昇は所得の上昇も意味するので，解釈が難しくなる）．

ここで，賃金が上昇するということは，(6-3)式から明らかなように，消費財の価格が低下することと考えてもよいし，余暇の価格が上昇することと考えてもよい．したがって，賃金が上昇すると代替効果が発生し，消費財に対する需要が増加し，余暇に対する需要が減少することになる．ところが，労働供給（時間）は，家計にとって利用可能な時間のうち余暇に回す時間の残りだから，賃金が上昇すると労働供給は増加することになる．したがって，労働供給 l を横軸に，賃金 w を縦軸にとると，労働供給曲線は右上がりの曲線で示すことができる．

ここで，この労働供給曲線上では，効用は一定であるとしよう．本来であれば，賃金が上昇すれば，(6-3)式からも明らかなように，消費財の価格が低下することになるので，所得が実質的に増加して余暇に対する需要が増加し，労働供給が減少するという所得効果が発生する．しかし，この労働供給曲線で

図6-1 労働所得税による厚生損失

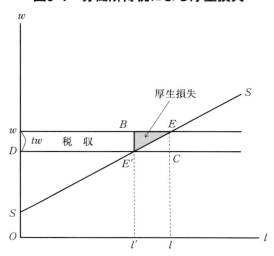

示される労働供給は，そうした所得効果を相殺するように所得が自動的に補償され，効用が一定に保たれると想定したうえでの労働供給であると考える．こうした労働供給を，以下では補償労働供給と呼ぶことにする．

この補償労働供給に関しても，財に対する補償需要と同じように，余剰という概念を考えることができる．いま，図6-1のように補償労働供給曲線が曲線 SS で示されるとしよう．賃金が単位当たり w であったとき，家計は労働供給を l だけ行うとする．ところが，この消費者が労働供給を，まったく労働を供給していないところから1単位だけ増やそうとすると，線分 OS の長さだけの賃金を得れば当初の効用を維持することができる．そして，労働供給をさらに1単位増やそうとすると，線分 OS の長さより少し多い賃金を得れば，家計は効用を維持できる．このように，家計が労働供給曲線 SS に沿って少しずつ労働供給を増やしていき，l まで引き上げていったとき，この家計は $OSEl$ の面積に相当するだけの賃金所得を得れば満足できたはずである．

ところが，実際には，家計は，l だけの労働供給を行ったときに単位当たり w だけの賃金を得られるので，長方形 $OwEl$ だけの賃金所得を手にすることができる．したがって，この長方形の面積から $OSEl$ の面積を差し引いた，

SwE の面積に相当する余剰が発生することになる.

ここで,政府が労働所得に対して $t \times 100\%$ の所得税を課したとしよう.このとき,均衡点は点 E から点 E' にシフトし,労働供給は l から l' に減少する.その結果,余剰は SwE の面積から SDE' の面積に減少することになる.しかし,この課税によって政府は長方形 $wBE'D$ の面積に等しい税収を得ることができる.政府が,この税収をすべて家計に還付すると考えれば,結局,家計の余剰は課税前に比べて直角三角形 BEE' の面積だけ減少することになる.この三角形の面積が,労働所得税を課すことによって発生する厚生損失である.

それでは,この厚生損失の値はどのように計算できるであろうか.直角三角形 BEE' において,線分 BE' の長さは労働1単位当たりの税額 tw に等しい.一方,補償労働供給の減少分である線分 BE は,補償労働供給の賃金弾力性を ε とすれば,$\varepsilon t l$ で与えられる.したがって,

$$\text{厚生損失} = \frac{1}{2} BE' \times BE = \frac{1}{2} tw \times \varepsilon t l = \frac{\varepsilon t^2 wl}{2} \tag{6-4}$$

として計算される.

このように,労働所得税によって発生する厚生損失は,補償労働供給の賃金弾力性に比例し,税率の2乗に比例することになる.前章で説明したように,個別消費税の厚生損失の大きさは,その財に対する補償需要の価格弾力性に比例し,税率の2乗に比例することになる.それとまったく同じような結果が,労働所得税の厚生損失についても言えるわけである.

労働供給と消費

個別消費税の場合は,2財モデルを想定して厚生損失が発生する様子をグラフで説明することができた.それと対応させる形で,ここでは,労働供給と消費という2つの財をグラフに登場させて,労働所得税を課すことによってどのように厚生損失が発生するかを説明する.

家計の効用は,これまでと同様,消費と余暇によって決定されると想定するが,以下では,余暇ではなく,家計にとって利用可能な時間から余暇を除いた時間に相当する労働供給に注目する.効用は,労働供給の減少関数となる.そこで,労働供給 l を横軸,消費 c を縦軸とした座標において,家計の無差別曲

図6-2 労働所得税導入の効果

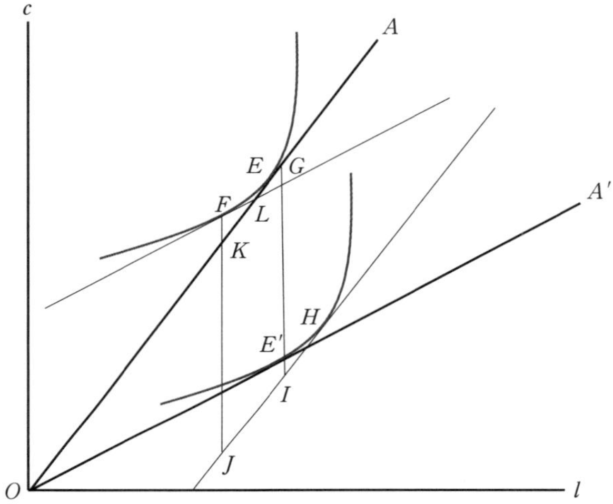

線を描くと，図6-2に示したように，右上がりで右下に凸の曲線になる．労働供給がすでに高い水準にあるとき，さらに労働を増やそうとすると，効用を維持するためには，それまでより多く消費を増やす必要があるので，無差別曲線の傾きは右に行くほど大きくなっている．さらに，無差別曲線は，左上に位置するほど効用水準が高くなる．一方，予算制約線は原点を通る直線 OA で示される．この直線の傾きは，賃金に等しい．家計は，この予算制約線と無差別曲線が接する点 E で労働供給と消費水準を決定する．

いま，税率 t の労働所得税を課したとしよう．このとき，予算制約線は傾きが小さくなって直線 OA' となるが，それに応じて均衡点は点 E から点 E' に移動する．この均衡点の移動は，2つの部分に分かれる．すなわち，第1は，点 E を通る無差別曲線上を動き，新しい予算制約線と同じ傾きを持つ直線と接する点 F への移動である．この移動は，代替効果を意味する．

ところが，この代替効果は，効用を元の水準から変化しないように所得を補償した結果，発生するものである．実際には，そうした所得の補償はなく，課税による所得の減少の効果をグラフに反映させなければならない．その効果が所得効果であるが，それは，点 F から点 E' への移動によって示される．これ

が，均衡点の移動の第2の部分である．以上の結果，無差別曲線は右下にシフトし，効用水準が低下していることがわかる．このとき，政府が得られた税収は，点 E' を通る垂直な直線と元の予算制約線の交点を G としたとき，線分 GE' の長さで示されることになる．

　問題は，このような労働所得税を課すことによって，どの程度の厚生損失が発生したかである．いま，労働所得税はなく一括税を課すことによって，労働所得税を課したときと同じ効用を実現させてみよう．そのためには，元の均衡点である点 E を出発点として，元の予算制約線と同じ傾きの直線を下方に平行移動させ，労働所得税を課した後の均衡点 E' を通過する無差別曲線に接する点を探せばよい．図では，その点が点 H で示されている．

　この一括税で得られた税収は，元の予算制約線と，それと同じ傾きで新たな無差別曲線に接している直線との垂直距離で示される．この2本の直線は平行なので，垂直距離をどこで測っても構わない．したがって，線分 GI の長さでそれを示すことができる．この線分 GI と，労働所得税を課して得られる税収を示す線分 GE' を比較すると，後者のほうが線分 $E'I$ だけ短くなっている．このように，家計の効用を同じだけ引き下げるのに，労働所得税は一括税に比べて税収が線分 $E'I$ の長さだけ少なくなっている．これが，労働所得税による厚生損失である．

　労働所得税によって発生する厚生損失は，次のように説明することもできる．労働所得税の課税によって均衡点が点 E から点 E' に移動するが，この点 E' に対応する効用は，線分 GI の長さの一括税を課すことでも得られるということは，すでに説明した通りである．その一括税を課したときの新しい均衡点は，点 H で示されていた．

　そこで，この一括税で得られた税収——その額は線分 GI あるいは線分 KJ の長さで示される——を政府が家計に還付したと想定してみよう．労働所得税の課税前であれば，この還付によって，予算制約線は元に戻るので，家計の均衡点は点 E に戻り，家計は元の効用を回復することができる．しかし，労働所得税の課税後は消費財の価格が賃金と比べて割高になっている．家計が課税前の効用を再現するためには，その変化を反映した新しい予算制約線と元の無差別曲線が接する点 F に移動していなければならない．ところが，一括税

を還付しても，点Fは実現できない．なぜなら，線分FKの長さに相当する税収が不足しているからである．

そこで，この線分FKの長さを，労働所得税導入による厚生損失と解釈することができる．労働所得税が導入された場合，元の効用を維持するためには所得の補償が必要になるが，そのためには，線分FKの長さに等しい所得が不足する．この不足分を，労働所得税が市場メカニズムを歪めたことで発生している厚生損失と考えるわけである．線分FKと線分$E'I$の長さは，近似的に同じである．さらに，その値は，個別消費税の議論（139～140ページ）と同様に，$\varepsilon t^2 wl/2$として近似的に得られる．しかも，その大きさは，前項で求めたものとまったく同じであることも改めて指摘しておこう．

最後に，労働所得税が厚生損失を生み出すのは，あくまでも代替効果を通じたものであることを確認しておく．すでに示したように，労働所得税を課すと，代替効果によって労働供給は必ず減少する．しかし，労働所得税は，余暇の価格を高めるので，所得効果は余暇に対する需要を減少させる，つまり，労働供給を増加させる効果を持っている．そのため，効用関数の形状によっては，労働所得税を課しても，代替効果と所得効果がかなり相殺して，労働供給があまり変化しない，あるいはまったく変化しない場合がある．とくに，効用関数が消費と余暇によるコブ＝ダグラス型の場合，労働供給は課税によってまったく変化しない．しかし，その場合でも，代替効果は労働供給を減少させる方向に働き，すでに説明したような理由によって厚生損失が発生する．労働所得税がもたらす厚生損失を議論する場合に問題となるのは，あくまでも代替効果による補償労働供給の減少であることに注意しなければならない．

6.2 最適所得税

一般的な所得税の設定

前節では，労働所得に比例的にかかる所得税をとり上げてきた．本節では，より一般的な形で望ましい所得税のあり方を議論してみよう．これは，最適所得税という，財政学における重要なテーマである．

いま，家計の効用 u が，消費すなわち消費 c と，労働供給 l によって決定され，

$$u = u(c, l) \tag{6-5}$$

であるとする．ただし，効用は消費の増加関数であり，労働供給の減少関数である．また，このモデルでは貯蓄を捨象しているので，消費を課税後所得と解釈してもよい．さらに，その消費と課税前所得の関係は定義的に

$$c = y - T(y) \tag{6-6}$$

として表現される．ただし，y は課税前所得であり，$T(y)$ は労働所得税が課税前所得によって決定されていることを示す関数である．労働所得税を課税前所得で微分した値，すなわち $T'(y)$ を限界税率という．限界税率とは，課税前所得が1円増加したときに，納める税金がいくら増えるかという概念である．

ここで，課税前所得と消費の関係を考えることにしよう．労働供給 l の代わりに，課税前所得 y を用いて効用関数を書き直すと，

$$u = u\left(c, \frac{y}{w}\right) \tag{6-7}$$

と表現することができる．ここで，w は賃金を示している．各家計は，予算制約式 (6-6) の下で，(6-7) 式で示される効用の最大化を図ることになる．ここでは，課税前所得が増えるほど効用が低下することに注意しておこう．これは，直感的には理解しにくいところだが，課税前所得が増加するということは，労働供給の増加を意味し，その労働供給の増加が効用を引き下げることを反映している．この効用関数では，所得の増加そのものが効用を高めるのではなく，消費の増加を経由して効用が高まる形になっている．

そこで，課税前所得 y を横軸に，消費 c を縦軸にとった座標で，家計の無差別曲線を描くと，図6-3のようになる．無差別曲線が右上がりになるのは，課税前所得の増加が労働供給の増加を意味するので，効用を維持するためには，消費が増えていなければならないからである．さらに，課税前所得と消費の組み合わせが同じであれば，賃金が高い者ほど，無差別曲線の傾きは緩やかになっている．なぜなら，同じだけ課税前所得を高めようとしても，賃金の高い者はそうでない者より労働供給を増やす必要がないので，効用水準を維持するためには，消費水準を高める必要がその分低くなるからである．その結果，両者

図6-3 一般所得税

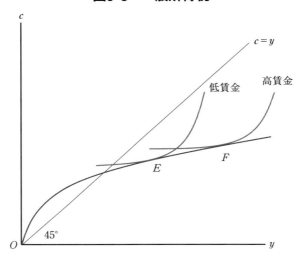

の無差別曲線が交差するところを見ても，低賃金の者の無差別曲線は高賃金の者のそれを下から横切っている．

図6-3には，(6-6) 式を示す予算制約線も併せて示している．(6-6) 式を y で微分すると $1-T'(y)$ となるので，限界税率が1を下回っていれば，この曲線は右上がりになる．そして，45度線とこの曲線の垂直距離が税収 $T(y)$ になる．両者が交わる点より左側では，この税収がマイナスになる．つまり，所得の低い層は補助金を受け取ることになる．ただし，この予算制約線の傾きがどのようになるかは重要なところであり，後ほど改めて議論するが，ここでは右上がりであるととりあえず想定している．

家計は，この予算制約線の下で効用が最も高くなるところを探すが，それは予算制約線と無差別曲線との接点で示される．図では，賃金の高い者，低い者にとって最適な点をそれぞれ点 F，点 E としているが，上述のように無差別曲線の傾きが異なると，賃金の高い者ほど高い課税前所得，そして高い消費を選択することが確認できる．そして，賃金の高い者ほど多くの所得税を納めることになる．

最適所得税の必要条件

ここで，最適な所得税が満たすべき必要条件を考えることにしよう．まず，第1の必要条件は，限界税率の上限が1であるということである．この点は，簡単に確認できる．家計の無差別曲線は右上がりなので，予算制約線がマイナスの傾きを持っているところで，予算制約線と接することはあり得ない．したがって，予算制約線の傾きはプラスでなければならない．ところが，予算制約線の傾きは，(6-6) 式を y で微分したものだから，この条件は，$1-T'(y)$ $\geqq 0$，すなわち，$T'(y) \leqq 1$ であることを意味する．したがって，限界税率の上限は1でなければならない．

第2の必要条件は，限界税率の下限がゼロであるということである．これは，傾きが $1-T'(y)$ で示される予算制約線と接する家計の無差別曲線の傾きが45度を超えない，ということを意味する．それは，次のように考えれば確認できる．いま，労働供給を増やして課税前所得が1万円増えたとしよう．しかし，そのために労働時間を増やして疲れた分を考慮すると，その1万円を消費に回した場合に得られる効用は，(労働時間を増やさずに) 他人からたまたまもらった1万円を消費に回して得られる効用を上回ることはない．したがって，課税前所得が1万円増えたときに，効用を元の水準にとどめるために必要な消費の減少分は1万円以下となる．したがって，無差別曲線の傾きが45度を超えることはないことがわかる．

以上より，所得税の限界税率はゼロと1の間に収まっている必要がある．そして，最適所得税が満たすべき第3の必要条件は，社会の中で所得が最も高い者の限界税率がゼロであるという，常識的には受け入れにくいものである．これは，図6-4を用いて次のように説明できる．いま，所得が最も高い者の課税前所得が y_m であるとし，点 G で効用を最大にしているとしよう．このとき，彼が支払う税額は線分 HG の長さで表すことができる．

ここで，政府は，この税収を維持したまま，所得税の体系を修正し，所得が y_m を超えれば，限界税率をゼロにしたとする．このとき，所得が最も高い者の予算制約線は，点 G より右は傾き45度の直線となる．したがって，所得が最も高い者の均衡点は，支払う税額をそのままにして，点 G から点 G' に移動

図6-4　最高所得者への課税

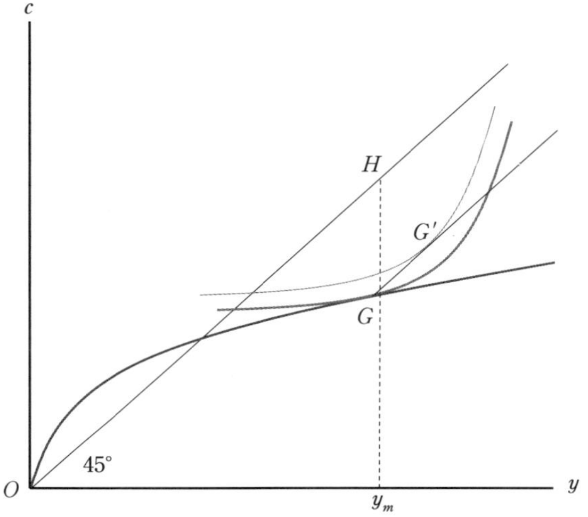

させることができる．

　この新しい均衡点 G' においては，所得が最も高い者は点 G より高い効用を得ることができる．しかし，政府の税収は変化しておらず，ほかの者の効用もまったく変化していない．これは，パレート改善的な状況を意味する．したがって，所得が最も高い者の限界税率はゼロにすべきなのである．

最適所得税の解釈

　以上の議論は，所得税のかけ方に制約をまったくかけず，一般的な形で所得税のあり方を考えたものである．そのうち，限界税率がゼロと1の間に入っていなければならないという点は常識に沿ったものと言えるが，所得が最も高い者に対する限界税率をゼロにすべきだという議論は直感的に理解しにくい．実際の所得税制の仕組みを見ても，所得の増加に応じて限界税率は高く設定されている．

　ここで紹介してきた最適所得税の考え方によれば，所得の増加に応じて限界税率を引き上げていく仕組みは是認できない．その理由は，次のように説明できる．所得が最も高い人の限界税率をゼロにしたうえで，限界税率を引き上げ

ていくためには，所得が最も高い人以外の限界税率はマイナスでなければならない．ところが，限界税率の下限はゼロでなければならないから，そうした税制は明らかに最適ではないということになる．

ここで，最適所得税の必要条件，とりわけ所得が最も高い者に対する限界税率をゼロにすべきだという条件について2つの注意点を指摘しておこう．第1に注意すべきなのは，所得が最も高い者の限界税率をゼロにすべきだという議論は，所得が最も高い者だけに当てはまる話であって，それ以外の者の限界税率については何も言っていない，という点である．とくに，この議論は，所得が高まるにつれて限界税率を引き下げていくべきだ，ということを意味していない点には注意が必要である．

第2に，所得が最も高い者を特定化することも実際には難しいだろうし，その人の限界税率をわざわざゼロにしても，社会全体にとっていったい何のメリットがあるのかという反論があり得る．所得が最も高い者の税率をゼロにすることは，それ以外の者の効用を一定にしたままで，所得が最も高い者の効用を高めるという点で，パレート改善的であることは否定できない．しかし，そのような最適所得税の仕組みに移行しようと思っても，せっかく探し出せた，所得が最も高い者という1人を除くと，何のメリットも発生しないわけだから，この議論は実際の制度運営に重要な示唆を与えるものではない．

消費課税との組み合わせ

以上の議論は，労働所得に対する課税をどのようにすべきかという議論であったが，前章で扱った消費課税との関係をどう考えるかという問題がある．消費課税と労働所得税をうまく組み合わせることによって，社会的厚生を高めることはできるだろうか．

労働所得税は余暇（労働供給）と消費の選択に歪みをかけてしまうので，厚生損失をどうしても生んでしまう．つまり，労働所得税は余暇のその他の消費税に対する相対価格を引き下げるので，余暇に対する需要を引き上げ（したがって，労働に対する需要を引き下げ），その他の財に対する需要を引き下げるという代替効果を生じさせ，厚生損失につながる．

この厚生損失をできるだけ小さくするためには，（労働所得税の課税によっ

て需要が減少する）余暇に対して補完的な財の需要を弱め，代替的な財の需要を強める必要がある．したがって，余暇に対する補完財の税率を高くし，代替財の税率を低くすべきだ，というのが前章で紹介したコーレット＝ヘイグの定理であった．この定理からも示唆されるように，消費税の体系は，余暇（または労働）と各消費財に対する需要がどのような関係にあるかに依存する．

極端なケースとして，家計の効用関数において各消費財の購入と余暇とが完全に分離していればどうなるか．このとき，各消費財に対する需要は，労働から得た所得の変化に同じ比率で変化するので，消費税率は均一に設定すればよい．これが，ラムゼーの均一税率の命題であった．この命題が成り立つ世界では，消費税は均一税率による労働所得税と実質的に同じになるので，所得税が課されているのであれば，消費税を追加的に課すことは不要になってしまう．

もちろん，こうした議論は，あくまでも効率性の観点からのものであり，公平性の観点からは是認できない面がある．たとえば，均一の消費税率が効率性の点から是認できたとしても，消費課税によって逆進性の問題が発生する．この問題の解決は所得税の仕組みによって行うしかない．ただし，本節で紹介した最適所得税の議論は公平性の観点を踏まえていないので，次節ではそれを考慮に入れた所得課税のあり方を考えてみることにしよう．

6.3 公平性の観点を踏まえた所得課税

モデルの設定

前節までは，効率性の観点から見た所得税の望ましい姿が中心的なテーマとなっていた．そこでは，所得課税が労働供給と消費に歪みをもたらし，それが厚生損失を引き下げる点が問題になっていた．本節では，そうした効率性の観点だけでなく，公平性の観点を加えて所得課税の望ましい姿を考えてみる．

ただし，議論を簡単にするために，所得課税については，労働所得に比例的に課せられ，それによって得られた税収を家計に均等に分配するという仕組みを想定する．したがって，限界税率は一定であり，平均税率は低所得者ではマイナス，高所得者ではプラスになっている．効率性の観点から言えば限界税率

をできるだけ低く抑えるべきだが，公平性の観点からは再分配の規模をできるだけ大きくすることが望ましい．この両者のバランスをどのようにとるかが，所得課税のあり方を考えるポイントとなる．

いま，家計の課税前所得が y であるとする．家計が直面する所得税 $T(y)$ は，

$$T(y) = ty - A \tag{6-8}$$

という形をとる．ここで，t は所得税率，A は政府が家計に給付する定額の補助金である．限界税率は t で一定，平均税率は $t - A/y$ であり，所得水準の上昇にともなって上昇する．所得が A/t を下回る家計は税率がマイナスになっている，つまり，政府からネット・ベースでお金を受け取っていることになる．所得税を (6-8) 式のように設定すると，(6-6) 式で示される家計の消費 c は，

$$c = y - T(y) = (1-t)y + A \tag{6-9}$$

として具体的に与えられる．

家計の効用関数は，(6-5) 式で表したように，消費 c と労働供給 l によって決定されると想定し，具体的に，

$$u = u(c, l) = c - \frac{l^2}{2} \tag{6-10}$$

という形をとるとしよう．さらに，課税前所得 y が労働供給 l と賃金 w の積で決定されることを考えると，(6-10) 式は，

$$u = u\left(c, \frac{y}{w}\right) = c - \frac{1}{2}\left(\frac{y}{w}\right)^2 \tag{6-11}$$

と表現できる．

所得税率と補助金の組み合わせ

家計は，政府が設定した税率 t と補助金 A を所与として効用最大化を行う．(6-11) 式に (6-9) 式を代入すると，

$$u = u\left(c, \frac{y}{w}\right) = (1-t)y + A - \frac{1}{2}\left(\frac{y}{w}\right)^2 \tag{6-12}$$

となる．ここから，効用最大化のための1階の条件を求めると，

$$y = (1-t)w^2 \tag{6-13}$$

となる．この式を (6-12) 式に代入して整理すると，

$$u = \frac{(1-t)^2 w^2}{2} + A \tag{6-14}$$

と表すことができる．これが，税率 t と補助金 A を所与とした場合の賃金が w の家計にとっての間接効用関数である．

ここで，賃金（能力）が w である者にとって，効用を一定とする税率 t と補助金 A の組み合わせを図に描くとどのようになるだろうか．(6-14) 式の両辺を t と A によって全微分して整理すると，

$$\frac{dA}{dt} = (1-t)w^2 \tag{6-15}$$

という関係が得られる．つまり，税率 t を横軸に，補助金 A を縦軸にとった座標では，この曲線は右上がりで，しかも，税率が高いほど傾きが緩やかになる放物線（$t=1$ で頂点，上に凸）となる．

この曲線を，効用を一定とする税率と補助金の組み合わせを示した無差別曲線と呼んでおこう．この曲線が右上がりになるのは，税率が高いほど消費が減少するので，効用を維持するためには補助金の額を引き上げる必要があるからである．しかし，税率が高くなるほど労働供給が減少するので，労働による不効用が減少し，税率上昇による効用の低下がその分弱まり，効用を維持するために必要な補助金の引き上げ分が少なくて済む．そのため，この無差別曲線は右上がりだが頭打ちの曲線となる．

さらに，(6-15) 式から明らかなように，同じ税率の下では，賃金が高い者ほど傾きが急になる．これは，賃金が高いほど，税率が上昇することによる消費の落ち込みが大きく，その効果を打ち消すために，より多くの補助金が必要になるからである．

ラッファー・カーブ

次に，政府の予算制約を考えてみよう．政府は，比例所得税で得られた税収を家計に定額補助金という形で還付するので，その予算制約は，1家計当たりの定額補助金 A の額に注目して，

$$A = tE(y) = t(1-t)E(w^2) \tag{6-16}$$

図6-5 所得水準によって異なる最適な税率と補助金の組み合わせ

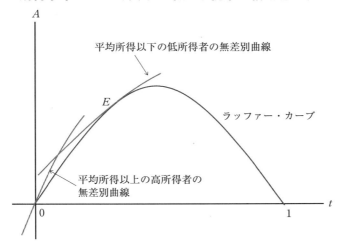

で与えられる．ただし，$E(y)$ は，社会全体の課税前所得の平均値であり，政府はその値を知っているとしよう．また，この式における2番目の変形は（6－13）式を利用している．この（6－16）式で示される政府の予算制約式を，横軸を税率，縦軸を補助金とした座標で描くと，図6－5のような放物線になる．この曲線の傾きは，

$$\frac{dA}{dt} = (1-2t)E(w^2) \tag{6-17}$$

として与えられる．

この図からも明らかなように，政府が所得税率をゼロから徐々に引き上げていくと補助金は増加していく．これは，税率を引き上げていくので，税収が増えていくからである．ところが，税率が一定の水準（このモデルでは50％）を上回ると，補助金はむしろ減少していく．税率を引き上げると人々の労働意欲が弱まり，（6－8）式からも明らかなように，課税前所得が減少する．税率をあまりに引き上げてしまうと，この課税前所得の減少による税収引き下げ効果が，税率引き上げによる税収引き上げ効果を上回り，税収がかえって減少してしまうわけである．

このように，所得税率を引き上げることにより，税収（このモデルの場合は

税収によって賄われる補助金）が，最初は増加するが，最終的には減少に転じる様子を描いた曲線を，ラッファー・カーブ（Laffer curve）と呼ぶ．このラッファー・カーブは，所得税が労働意欲を後退させる効果を持つことを視覚的に理解するために有益である．

なお，効用を一定とする，税率と補助金の組み合わせを示した無差別曲線は右上がりなので，ラッファー・カーブの傾きがマイナスの場合に，ラッファー・カーブと接することはあり得ない点にも注意しておこう．これは，あまりに高い税率は社会的に是認されないことを意味する．ラッファー・カーブが図6-5のように描かれる場合であれば，税率が50％を上回ることはあり得ない．

所得水準によって異なる最適な所得税率

各家計が最も望ましいと考える，所得税率と補助金の組み合わせは，各家計の効用水準に対応する無差別曲線と，政府の予算制約を示したラッファー・カーブが接するところで決定される．各家計にとっては，同じ税率であれば高い補助金を得たほうが効用が高まるので，無差別曲線をできるだけ左上のほうに持っていきたい．ところが，税率と補助金の関係は，ラッファー・カーブによる制約を受けている．したがって，無差別曲線とラッファー・カーブが接するところが，税率と補助金の最適な組み合わせを示すことになる．

ただし，厳密に言えば，以上のことを言うためには，同じ税率の下で，ラッファー・カーブが無差別曲線に比べて，右上方向への出っ張り方が強めになっていることを確認しておく必要がある．そこで，無差別曲線とラッファー・カーブの傾きをそれぞれ示す (6-15) 式，(6-17) 式をそれぞれ t で微分することにより，$w^2 < 2E(w^2)$ という関係——この関係は，(6-13) 式を考慮すれば $y < 2E(y)$ という関係を意味する——が成り立つ限り，ラッファー・カーブが無差別曲線より右上方向への出っ張り方が強くなることがわかる．以下では，この条件が満たされているとして話を進めることにしよう．つまり，課税前所得がその平均の2倍以下にとどまる世帯についてのみ考える．

すでに説明したように，同じ税率の下では，所得の高い者のほうが無差別曲線の傾きは急になる．したがって，賃金の高い者のほうが，効用が最大になる均衡点は左下に位置することになる．その点を考えると，賃金の低い者ほど，

高い税率を望ましいと考えると推察できる.

この点を,もう少し詳しく見ておこう.家計の効用を示した (6-14) 式に,補助金の値を定める (6-16) 式を代入すると,

$$u = \frac{(1-t)^2 w^2}{2} + t(1-t)E(w^2) \tag{6-18}$$

となるので,この式の値が最大になる税率 t^* を求めると, (6-14) 式も考慮して,

$$t^* = \frac{E(w^2) - w^2}{2E(w^2) - w^2} = \frac{E(y) - y}{2E(y) - y} \tag{6-19}$$

となる.前述のように, $w^2 < 2E(w^2)$, あるいは,同じことだが, $y < 2E(y)$ を想定すると,この式の右辺の分母はプラスになるから,所得が平均所得を下回る家計にとっては,最適な税率はプラスになる (ただし,50%を上回ることはない).一方,所得が平均所得を上回る家計にとっては,マイナスの税率が最適になるが,マイナスの税率を設定することが不可能であれば,最適な税率はゼロとなる.以上の状況は,図6-5において,所得が平均所得を上回る家計の無差別曲線が原点を通っていること,そして,そうでない低所得の世帯の無差別曲線が,点 E でラッファー・カーブと接していることで描写されている.

なお,以上の説明では, $w^2 \geq 2E(w^2)$, つまり, $y \geq 2E(y)$, 言い換えれば,平均所得の2倍以上の所得を得ている高所得の世帯のことは除外してきた.しかし,こうした世帯にとっては,政府から受け取る補助金よりも,補助金を除いた課税後所得のほうがはるかに重要になるので,最適な所得税率がゼロとなることを示すことができる.以上より,プラスの所得税率を設定して再分配を行うという仕組みは,所得がある程度低い世帯によってしか支持されないことが確認される.

社会的に最適な所得税率

それでは,それぞれの世帯にとってではなく,社会全体にとって望ましい仕組みがどのようなものかを考えてみよう.まず,公平性の観点をまったく考慮に入れず,社会を構成するすべての世帯の効用の合計がそのまま社会的厚生に等しくなるという,ベンサム型の社会的厚生関数を想定した場合はどうか. (6

-14) 式をすべての世帯について合計し，1世帯当たりの値に直したものを社会的厚生 W_B と表記すると，

$$W_B = \frac{(1-t)^2 E(w^2)}{2} + A \qquad (6-20)$$

となる．この社会的厚生を一定にする税率と補助金の関係を示した無差別曲線——それを，ここでは社会的無差別曲線と呼んでおこう——の傾きは，

$$\frac{dA}{dt} = (1-t)E(w^2) \qquad (6-21)$$

となる．

　図6-6は，この社会的無差別曲線とラッファー・カーブを描いたものである．税率がプラスである限り，(6-21) 式で示される，ベンサム型の社会的厚生関数に対応する社会的無差別曲線の傾きは，(6-17) 式で示されるラッファー・カーブの傾きよりも必ず急になる．したがって，社会的厚生が最大になるのは，この無差別曲線が原点でラッファー・カーブとクロスする場合であることがわかる．これは，最適な所得税率がゼロであることを意味する．このように，社会的厚生関数がベンサム型である場合，所得税率はゼロにしなければならない．

　一方，社会的厚生関数が，効用が最も低い者の効用で決定されるロールズ型の場合はどうであろうか．このとき，ロールズ型の社会的無差別曲線は，最も低所得の者の無差別曲線と一致し，それがラッファー・カーブと接する点 E_R において，社会的に最適な税率が決定される．ここでは，図からも明らかなように，プラスの税率が望ましいことになる．このように，社会的厚生関数がロールズ型である場合，所得税率はプラスにしなければならない．

　もちろん，ここで説明した2つの社会的厚生関数は極端な場合であり，実際には，社会的厚生を最大にする税率はゼロを上回り，そして，ロールズ型の社会的厚生関数に対応する税率を下回るものになると考えてよいだろう．

中位投票者定理と所得税率

　実際の所得税率は，社会的厚生を最大にする値に設定されているわけではなく，民主主義的な多数決によって決定される．その場合，社会的に選択されるのは，社会において中位的な選好を持つ者，すなわち，中位投票者の選好であ

図6-6　社会的に最適な税率と補助金の組み合わせ

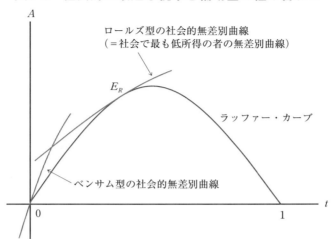

るというのが中位投票者定理の帰結である．本節で紹介しているモデルでは，賃金の高い者ほど無差別曲線の傾きが急になり，その無差別曲線とラッファー・カーブが接する点で決定される，最適な税率も低くなっている．そして，税率がその最適な税率を離れるほど効用が低下することも明らかなので（単峰型の選好），中位投票者定理を適用することができる．

ところが，この社会における中位所得を y_m とすると，その中位所得を得ている家計が選択する最適な税率 t_m^* は，(6-19) 式の導出と同様にして，

$$t_m^* = \frac{E(y) - y_m}{2E(y) - y_m} \tag{6-22}$$

として与えられる．現実の所得分布を見ると，平均所得が中位所得を上回ることが一般的なので，(6-22) 式の値はプラスとなる．つまり，中位投票者定理が成立する状況の下では，所得税率をプラスにして，所得再分配を行うことが社会的に選択されることになる．

6.4 所得課税に関するトピックス

生活保護

　所得税が人々による労働供給と消費の選択に歪みを与え，厚生損失を生み出すことは，所得税やそれに関連する制度の設計・運営においてきわめて重要なポイントとなっている．その代表的な例として，生活保護とそれに代替する仕組みとして，負の所得税（negative income tax）というアイデアが古くから提唱されてきた．

　生活保護とは，政府が保障すべき最低保障所得を設定し，家計が実際に得た所得がその水準を下回った場合に，不足分を政府が支給するという制度である．いま，最低保障所得が y_0，課税最低限が y_m，所得税率が t という値で与えられているとしよう（ただし，$y_0 < y_m$ とする）．このとき，家計の予算制約は，

$$
\begin{aligned}
&c = y_0 \quad \text{if} \quad wl \leqq y_0 \\
&c = wl \quad \text{if} \quad y_0 < wl \leqq y_m \\
&c = (1-t)wl + ty_0 \quad \text{if} \quad y_m < wl
\end{aligned}
\tag{6-23}
$$

として表現される．

　労働供給を横軸に，消費を縦軸にとった座標で，この予算制約をグラフに描くと，図6-7のように折れ線 $ABCD$ で表現される．課税前所得が最低保障所得 y_0 を下回っても，不足する分は政府によって補塡されるので，それより左では予算制約線は水平となる．一方，家計の効用を示す無差別曲線は，右下方向に凸となっている，右上がりの曲線で表される．

　この制度の下で，課税前所得が最低保障所得を下回っていると，限界税率はちょうど100％となる．労働供給を増やし，課税前所得を高めても，追加的に得られた所得分だけ生活保護給付を削減されるからである．これは，生活保護が労働意欲を減退させ，厚生損失を発生させることを示唆するものである．

　生活保護は本来，困窮に陥った人たちが再び自立することを支援する仕組みであるが，限界税率が100％なので，人々は働く意欲を失って生活保護を受け続けようとするかもしれない．図6-7は，まさしくその状況を示している．こ

図6-7 生活保護と負の所得税

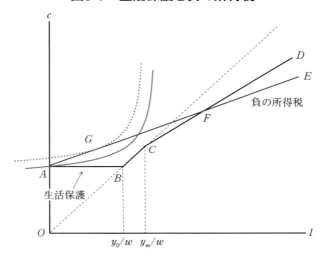

こでは，この家計の無差別曲線が点 A を通っている．つまり，この家計は労働供給を一切行わず，最低限度の所得を生活保護で受けることを選択している．こうした状況は生活保護の目的に反するものだが，人々の就業意欲に及ぼす影響を無視した制度設定の問題を示唆している．

このような生活保護の仕組みに対して，負の所得税は，最低限度の所得を保障すると同時に，低所得層にも所得税を支払わせる仕組みである．このとき，家計の予算制約線は直線 AE で表される．この税の仕組みが負の所得税と呼ばれるのは，課税前所得が点 F に対応する水準を下回っていると，補助金のほうが税を上回り，ネット・ベースで見ると税がマイナスになるからである．負の所得税と課したときの予算制約線 AE の傾きが，元の予算制約線 $ABCD$ の直線 CD より緩やかになっているのは，すべての家計に最低限度の所得を供給する財源を調達するため，所得税率を引き上げる必要があるからである．

生活保護を負の所得税に置き換えることによって，労働課税の限界税率は100%を下回り，元の予算制約線のうち水平だった部分も右上がりの直線になる．そのため，均衡点が点 A から点 G にシフトし，労働供給がプラスになるとともに，効用水準が高まる家計が出てくる．これ自体は，望ましいことと言えよう．

負の所得税に対する評価

このような負の所得税については，次の3点に注意しておこう．

第1に，生活保護から負の所得税に移行しても，労働供給を変化させない家計も十分考えられる．無差別曲線の傾きがかなり急であれば，予算制約線が変化しても，点 A にとどまって労働供給を行わない家計もあり得る．こうした家計に対しては，負の所得税の課税は何の効果ももたらさない．こうした家計の行動を変化させ，効用を高めるためには，政府が保障する最低限度の所得をむしろ引き下げ（点 A を下方シフトさせる），その代わりに限界税率を低く設定して（直線 AE の傾きを高める）という措置のほうが効果的であろう．

第2に，家計が労働供給を減少させる可能性もある．家計が，元の予算制約線の線分 BC や線分 CD 上の点で労働供給を行っていたと想定してみよう．この家計は，もともと生活保護を受けていなかったが，負の所得税の課税によって予算制約線が左上にシフトするので，労働供給が減少する可能性も十分にある．しかし，その場合，この家計の無差別曲線は左上の方向にシフトしているはずであり，効用が上昇している点には注意が必要である．そうした変化を見せる家計としては，ワーキング・プアと呼ばれる層を想定してよいかもしれない．低賃金・長時間労働で苦しむ低所得層にとっては，限界税率を引き上げる代わりに補助金を受け取り，労働供給の削減と消費（課税後所得）との増加を可能にしたほうが効用の上昇につながることになる．

第3に，より重要な点だが，この負の所得税が社会全体の効率性を高める保証はないという点である．確かに，負の所得税の課税によって，生活保護を受給していた家計が労働供給を増やしたり，あるいは低所得層の効用が高まったりするメリットは存在する．しかし，負の所得税を導入するためには，追加的な税収が必要であり，ここでは所得税の限界税率を引き上げてそれに対応している．そして，限界税率の引き上げは厚生損失を生むから，ネットで見ると，負の所得税の課税によって社会全体の厚生損失がむしろ高まる可能性もある．

利子課税

第2のトピックは，利子所得に課せられる利子課税である．この利子課税の

経済効果を議論するためには，家計による異時点間の効用最大化を念頭に置いたライフサイクル・モデルの枠組みを用いる（次章でも，以下の説明と同じような形で，家計による異時点間の効用最大化を念頭に置いて公債のあり方を考える）．以下では，人生が現在と将来という2期間で構成される，最も単純なライフサイクル・モデルを用いて，利子所得がもたらす厚生損失を検討する．

まず，利子課税がない状態から話を始めよう．家計は，現在においてのみ賃金所得を得て，そのうちいくらかを消費に回し，残った分を貯蓄する．将来においては，その貯蓄の元利を取り崩し，すべて消費に回す（遺産は存在しない）．そして，家計は現在と将来の消費を調整することによって，生涯にわたる効用最大化を図る．

いま，現在における所得を y，貯蓄を s，利子率を r，そして現在と将来における消費をそれぞれ c_1, c_2 とすると，現在及び将来における予算制約はそれぞれ，

$$\text{現在}: s = y - c_1 \tag{6-24-1}$$
$$\text{将来}: c_2 = (1+r)s \tag{6-24-2}$$

として与えられる．この2本の予算制約式は，

$$c_1 + \frac{1}{1+r} c_2 = y \tag{6-25}$$

としてまとめられる．ここで，c_2 につく係数 $1/(1+r)$ は，現在購入する財の価格を1としたときの，将来に購入する財の価格と解釈することができる．家計は，この予算制約式（6-25）の下で，生涯にわたる効用

$$u = u(c_1, c_2) \tag{6-26}$$

の最大化を目指す．

このような異時点間の効用最大化問題は，価格がそれぞれ1円，$1/(1+r)$ 円の現在消費，将来消費という2種類の財を所得 y の下で購入して効用最大化を目指す問題と解釈することができる．図6-8では，現在及び将来の消費をそれぞれ横軸，縦軸とした座標で，（6-25）式で示された生涯にわたる予算制約線 AB と，（6-26）式に示された生涯にわたる効用に対応する無差別曲線を描いている．予算制約線の傾きは $1+r$ であり，45度より急である．家計は，予算制約線と無差別曲線が接する点 E で，生涯にわたる効用を最大にしてい

図6-8 利子所得税導入の効果

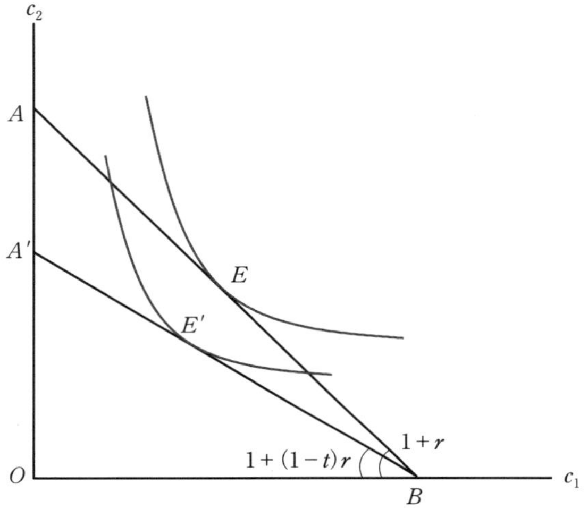

貯蓄の利子弾力性

ここで，利子所得に対する$t \times 100\%$の利子課税を導入したと想定しよう．このとき，現在においてsだけの貯蓄をしたとき，将来，貯蓄を取り崩して得られる所得は$[1+(1-t)r]s$となる．したがって，生涯にわたる予算制約式は課税前の（6-25）式から，

$$c_1 + \frac{1}{1+(1-t)r} c_2 = y \tag{6-27}$$

に修正される．

（6-27）式は，利子課税によって将来消費の相対価格が上昇したことを示している．図6-8では，利子課税によって，予算制約線ABが$A'B$へと，点Bを中心として下方シフトした様子を示している．このとき，家計の均衡点は点Eから点E'にシフトし，それに応じて生涯にわたる効用も低下したことがわかる．

これは，将来消費に個別消費税を課すことによって将来消費の価格が上昇し，

人々の消費行動が歪んで効用水準が低下したと解釈しても構わない．そして，消費課税の場合と同じように，利子課税に際しても代替効果と所得効果が発生している．すなわち，代替効果は，将来消費の価格上昇を受けて，将来消費に対する需要が減少し，現在消費に対する需要が増加するという効果を意味する．一方，所得効果は，将来消費の価格上昇によって生涯にわたって受け取る所得が実質的に減少し，現在消費と将来消費の需要がともに減少するという効果である．

このうち，厚生損失にとって重要なのは，利子所得税を課することによって，代替効果を通じて現在及び将来の消費計画がどこまで歪むかである．これは，貯蓄の利子弾力性に左右される．2財ケースにおける消費課税の場合とまったく同じような議論がここでも展開できるので，詳細な分析は読者に委ねることにしよう．

6.5 まとめ

本章では，所得課税，とりわけ労働所得税の経済学的な特徴や望ましい姿を議論してきた．所得課税も消費課税と同様，人々の行動に歪みを与えるので，どうしても厚生損失が発生する．その大きさは，補償労働需要の賃金弾力性に比例し，税率の2乗に比例する．これは個別消費税がもたらす厚生損失とよく似た結果である．

本章では，次に，効率性の観点から見て最適な所得課税のあり方を議論した．最適な所得課税は，限界税率がゼロと1の間に収まるほか，所得が最も高い者の限界税率がゼロになるという特徴を持っている．所得が最も高い者の限界税率をゼロにすべきなのは，そうすることによって，税収を変えないまま，所得が最も高い者の効用が高まり，パレート改善的な結果が得られるからである．しかし，この最適所得税の議論は，所得が最も高い者以外の限界税率については，その範囲がゼロと1の間に収まる必要があるというほかは何も議論していない．

次に，限界税率を一定としたうえで，税収を均等に再分配する仕組みを想定し，その望ましい姿を検討した．このような仕組みは，所得が高い層には支持

されないが，所得が低い層には支持される．そして，この仕組みは，公平性の観点を反映しないベンサム型の社会的厚生関数を想定すると是認されないが，公平性の観点を反映させると是認される．また，いわゆる中位投票者定理に基づくと，最適な所得税率は，社会全体における中位所得者の選好で決定されることになるが，通常は平均所得が中位所得を上回ることを考慮すると，プラスの所得税率を是認できることが示される．

　最後に，所得課税に関するテーマとして，負の所得税と利子課税を取り上げた．生活保護は限界税率がきわめて高いので，低所得層の就業意欲を抑制するという問題を持っている．負の所得税は，最低限度の所得を保障する代わりに低所得層にも税を課す仕組みであり，そうした問題を軽減できる．しかし，限界税率の引き上げが必要になり，社会全体にとって効率的な税かどうか不透明なところがある．

　利子課税は利子所得にかかる税であるが，現在消費に対して将来消費を割高にし，人々の生涯にわたる消費選択に歪みをかける．したがって，消費課税とまったく同様に，厚生損失を生むことになる．

コラム 6　所得控除と税額控除

　個人所得税の税負担を軽減する基本的な方法として，所得控除と税額控除という2つの方法がある．このうち，所得控除とは，所得税の課税対象となる課税所得を計算する際に，元の所得から控除する分である．たとえば，サラリーマンの場合であれば，基礎控除や配偶者控除，扶養控除などが課税所得から控除される．一方，税額控除とは，計算された課税額からその一部を差し引く仕組みであり，日本では住宅ローン控除などがある．

　どちらも，税率が一律であれば実質的に同じことになるが，高所得層ほど税率が高くなっている場合は，所得控除は高所得層ほど有利に働くことになる．したがって，公平性の観点からは所得控除から税額控除に移行することが望ましい．

　さらに，最近では給付付き税額控除という仕組みも注目されるようになっている．これは，控除額が課税額を上回った場合に，その分を納税者に給付する仕組みである．所得控除で低所得者の納税額をゼロにすること以上に，低所得層を支援することができない．給付付き税額控除はそれを可能にするものであり，結果的に，負の所得税的な側面を持つ．諸外国では勤労支援や子育て支援という政策目的と組み合わせて実施しているところも少なくない．

練習問題

問題 1
労働所得税を課したとき，税率の2乗に比例し，労働供給の賃金弾力性に比例する厚生損失が発生すると言われる．その理由を説明しなさい．

問題 2
「所得が最も高い者の限界税率はゼロにすべきである」という主張の理論的な根拠と問題点を指摘しなさい．

問題 3
中位投票者定理が成り立つとき，比例的な労働所得税と補助金による所得再分配が是認される理由を説明しなさい．

問題 4
生活保護を負の所得税に置き換えた場合，生活保護を受給していた家計の効用は高まるか．また，それ以外の家計はどうか．それぞれについて議論しなさい．

第7章

公債

この章で学ぶこと

＊公債の経済学的な特徴を，家計による異時点間の効用最大化モデルの枠組みの下で考える．

＊一定の財源を公債発行と税のどちらで調達しても人々の行動には中立的であるという，公債の中立性の考え方を理解する．

＊公債の中立性が成り立つ場合，財政政策をめぐってどのような状況が生まれるかを考える．

＊公債の中立性が成り立たないのはどのような場合かを検討する．

日本の公債残高の GDP 比は，先進国の中で最も高くなっている．政府が財政赤字を穴埋めするために市場からお金を借り，そこで発行される借用証書が公債であり，国の発行する国債，地方自治体が発行する地方債などの種類がある．この公債は，政府の債務を意味するから，政府はいずれ償還する必要があるが，その償還のためには国民に税を課さなければならない．その場合，課税されるのは，国民といっても自分たちの世代ではなく，子供や孫といった将来世代になる場合も多い．そのため，公債の発行は次の世代に対する負担の先送りだとしばしば批判される．

しかし，家計が公債を保有している場合，それは一定の期日が来ると利回りとともに現金化することができるので，公債は資産である．公債は政府にとっては負債だが，家計にとっては資産だということになると，国全体で見れば両者が相殺される．そう考えると，公債発行を将来世代への負担の先送りと考えるのは間違っているようにも思えてくる．

とくに本章で取り上げるのは，公債の中立性というトピックである．一定の財政支出を賄うためには，税でも公債発行でもまったく違いはない，というのがこの公債の中立性の意味するところである．実際には，公債の中立性が厳密に成立する状況は考えにくいが，公債の中立性にはきわめて重要な政策的含意があるし，それが成立しない理由を考えることも重要である．本章では，公債の中立性を理解するため，家計による異時点間の，あるいは世代をまたがる効用最大化を想定して議論を進めることにする．

7.1 公債の中立性（1）：異時点間の効用最大化

家計による異時点間の効用最大化

政府が公債を発行するというのは，政府が現在必要な資金を税金で調達するのではなく，借金で調達し，その分を将来償還することを意味する．したがって，公債の経済学的な意味を考えるためには，人々の時点をまたがった行動を分析する枠組みが必要となる．そこで，まず，家計が異時点間においてどのように効用を最大化するかを考えてみよう．

いま、家計が第1期と第2期という2つの期間を生き、その2期間を通じて効用を最大化するという、2期間モデルを考えてみる。そこでは、家計の生涯を通じた効用は、第1期と第2期における消費の水準によってのみ決定される。

最初に、この2期間モデルにおいて、公債が発行される前の状況を考えてみよう。家計は、第1期に y_1 だけの所得を得て、そこから税 t_1 を支払い、残るお金から c_1 だけの消費をして、残りの s を貯蓄に回すとする。このとき、第1期における予算制約は、

$$s = y_1 - c_1 - t_1 \tag{7-1}$$

で与えられる。

一方、第2期においては、家計は所得 y_2 を得るとともに、利子のついた貯蓄を取り崩し、t_2 だけの税を支払った後、残りのお金をすべて消費に回すとする。このとき、利子率を r とすると、第2期における消費 c_2 は、

$$c_2 = y_2 + (1+r)s - t_2 \tag{7-2}$$

として表現される。

このモデルでは、第1期を若年期（現役期）、第2期を高齢期（引退期）と見なすこともできる。このような形で人々の行動を説明するモデルを、とくにライフサイクル・モデルという。最も単純なライフサイクル・モデルでは、勤労所得は若年期にのみ得られ、高齢期には若年期に行った貯蓄を取り崩すことになる。なお、政府は家計から得た税収を財源にして何らかの財政支出を行い、家計はそのメリットを受けているはずだが、ここでは話を簡単にするためにそれは省略する。

さて、第1期、第2期の予算制約式である（7-1）式と（7-2）式を、貯蓄 s を媒介にして1本の式にまとめると、

$$c_1 + \frac{c_2}{1+r} = y_1 + \frac{y_2}{1+r} - t_1 - \frac{t_2}{1+r} \tag{7-3}$$

という生涯にわたる予算制約式が得られる。両辺はそれぞれ、生涯にわたる消費と所得の割引現在価値を示している。左辺第2項は第2期における消費の割引現在価値を示しているが、第1期に消費する消費財の価格が1円、第2期に消費する消費財の価格が $1/(1+r)$ 円になっていると解釈してよい。

生涯にわたる家計の効用 u は、第1期及び第2期の消費、すなわち、c_1 及

び c_2 で決定され，

$$u = u(c_1, c_2) \tag{7-4}$$

と表現される．家計は，この生涯にわたる予算制約を示す (7-3) 式の下で，この効用 u が最大になるように，第1期及び第2期の消費計画を第1期で決定すると想定する．

さて，このような2期間モデルを想定した場合，生涯にわたる効用最大化のための1階の条件は，第1期の消費に対する第2期の消費の限界代替率が両者の相対価格である $1+r$ に等しくなることである．すなわち，効用が最大化していれば，第1期に消費を1円増やそうとすると，効用水準を維持するために第2期の消費を $1+r$ 円減らす必要があるという関係が成り立っている．

以上の状況を図示したものが，第1期，第2期の消費をそれぞれ横軸，縦軸にとった図7-1である．予算制約式 (7-3) は，傾きが $1+r$ の右下がりの予算制約線で示される．この予算制約線に (7-4) 式に対応する無差別曲線が接する点 E に対応するように，第1期，第2期の消費を設定すると，生涯にわたる効用が最大化する．図では，そのようにして得られた第1期，第2期の消費をそれぞれ c_1^*，c_2^* と表記している．

なお，第1期の消費 c_1^* が第1期の可処分所得 $y_1 - t_1$ を上回るとき，家計はお金を借り入れ，第2期にそれを返済する必要がある．図7-1では予算制約線が直線になっているが，これはこうした借入が何の問題もなく行われることを意味する．しかし，実際には借入がまったくできない，あるいは制限される場合もあり得る．この点については，第4節で改めて議論する．

リカードの等価定理

このように，家計による異時点間の効用最大化を想定した2期間モデルの枠組みに，公債を登場させてみよう．政府は，第1期において，一定の政府支出に必要な財源の一部 b を税から公債に切り替えたとする．あるいは，b だけの減税をするために，その財源を公債発行で賄ったと考えてもよい．

このとき，家計が第1期に負担する税は b だけ減少する．第1期における家計の可処分所得もその分だけ増加することになるので，家計が消費を増やしてもおかしくないように思える．ところが，政府は新たに発行された公債を償

図7-1　2期間モデル

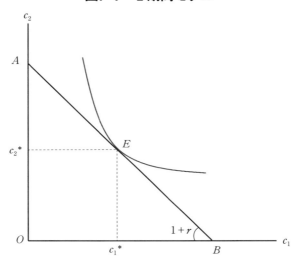

還する必要がある．そのためには，家計に増税しなければならない．公債の償還は，家計が第2期を迎えた時点に行われるとしよう．このとき，政府は家計に対して，公債の発行額に利子をつけた $(1+r)b$ だけの増税をすることになる．

したがって，第1期，第2期における予算制約の状況は，公債発行前の（7-1）式及び（7-2）式からそれぞれ，

$$s = y_1 - c_1 - t_1 + b, \tag{7-5}$$
$$c_2 = y_2 + (1+r)s - t_2 - (1+r)b \tag{7-6}$$

と修正されることになる．

ところが，この2式は，貯蓄 s と公債発行額 b を消去することにより，公債発行前における生涯にわたる予算制約式（7-3）とまったく同じ式にまとめることができる．第1期の減税分と第2期の増税分の割引現在価値が等しくなり，相殺されるからである．

つまり，政府は公債発行によって減税を行っても，家計の生涯にわたる予算制約は変化しない．したがって，家計は消費計画を修正せず，生涯にわたる効用にも影響が生じない．この結果は，政府が公債発行を減らしてその分だけ増税したり，あるいは，財源調達における税と公債発行のウェイトを変更したり

しても，同じであることは容易に理解できるだろう．

このように，政府が一定の支出の財源を公債で調達しようが，税で調達しようが，人々の行動にはまったく影響が出てこない．これをリカードの等価定理という．ただし，厳密に言えば，家計の所得や利子率も変化しないのかという点についてもチェックしておく必要がある．以下では，その点を考えてみよう．

貯蓄への影響

リカードの等価定理が成立しているとき，家計や社会全体の貯蓄にはどのような変化が起こっているだろうか．

まず，家計貯蓄について考えよう．政府が公債を b だけ発行し，その分の減税を行ったとき，上の説明が正しいとすると，家計は第1期の消費を変化させない．したがって，b だけの減税分はそのまま貯蓄に回されているはずである．その貯蓄の増加分が，家計による公債の購入に対応する．つまり，政府が公債を b だけ発行しようとしても，それは家計によってただちに購入されるわけである．

次に，家計貯蓄と政府貯蓄を合わせた経済全体の貯蓄への影響はどうか．家計貯蓄が公債発行分だけ増加することはすでに述べた．政府貯蓄は，公債発行分だけ減少する．したがって，経済全体で見れば貯蓄はまったく変化しないことになる．しかも，経済全体の貯蓄が変化しなければ，ほかの条件が等しい限り，利子率も変化しないので，企業による設備投資も変化しない．家計消費も設備投資も変化しないので，国内総生産も変化せず，経済全体に何の影響も出てこない．等価定理の説明の際，家計の所得や利子率については，暗黙のうちに不変だと想定して議論を進めたが，その想定は正しかったのである．

なお，この等価定理は，財政支出の増加が経済に及ぼす影響については何も言っていない．とくに，財政支出の増加が無効だと言っているわけではけっしてないので，注意が必要である．等価定理は，あくまでも一定の財政支出の財源を，税で賄っても公債で賄っても同じであるということを述べているに過ぎない．

7.2 公債の中立性（2）：世代をまたがるモデル

世代をまたがるモデル

公債発行が人々の行動に中立的であることを説明した，リカードの等価定理については，公債の償還及びその財源調達のための増税が，公債発行に直面した世代が生存している間に行われると想定している点が問題となる．公債の償還や増税が，自分がいなくなる将来に行われるのであれば，それを心配する必要がない．したがって，公債発行によって減税が行われれば，家計は消費を増やすのではないかという指摘があり得る．

これに対して，バローの中立命題は，公債の償還や増税が世代をまたがって行われても，公債の中立性が成り立つことを示すものである．そこでは，個人は自分自身の消費だけでなく，自分の子供や孫など将来世代の消費も考慮に入れた効用を最大にすることを目指すものと想定されている．

前節では，2期間モデルを想定したが，ここでは，生涯が1期間だけで成り立っていると想定する．自分が生涯にわたって受け取る所得を y，行う消費を c，負担する税を t，前世代から譲り受けた資産を a_{-1}，次の世代に生前贈与や遺産として残す資産を a，世代をまたがってかかる利子率を r とすると，

$$a = (1+r)a_{-1} + y - t - c \tag{7-7}$$

となる．子供の世代を下添え字の $+1$，孫の世代を $+2$ という形で示せば，自分の世代から無限の将来世代に向けて，

$$\begin{aligned} c + \frac{c_{+1}}{1+r} &+ \frac{c_{+2}}{(1+r)^2} + \cdots \\ &= (1+r)a_{-1} + y + \frac{y_{+1}}{1+r} + \frac{y_{+2}}{(1+r)^2} \\ &\quad + \cdots - \left[t + \frac{t_{+1}}{1+r} + \frac{t_{+2}}{(1+r)^2} + \cdots \right] \end{aligned} \tag{7-8}$$

という予算制約式が成り立つ．現世代は，この予算制約式の下で，

$$u = u(c, c_{+1}, c_{+2}, \cdots) \tag{7-9}$$

と設定される効用を最大化するような消費水準 c を決定する．その消費水準

が決定されれば，(7-7) 式によって次世代に対する遺産の大きさも同時に決定されることになる．

バローの中立命題

各世代は，次世代以降の消費をも考慮した効用を示す (7-9) 式の値を最大にするように，自分の消費と次世代のための遺産の大きさを決定することになる．前節で説明したライフサイクル・モデルでは，人々は自分の効用しか考慮せず，次の世代への遺産は登場しない．これに対して，自分だけでなく自分の子孫のことも考えて行動するこうしたモデルを王朝（ダイナスティ）モデルという．

それでは，この王朝モデルを想定し，次世代以降の効用も考える人々にとって，公債発行が及ぼす影響について考えてみよう．いま，当該世代が生存している時点で，政府が一定の財政支出の財源調達を税から公債発行に移行し，公債を b だけ発行したとする．その世代にとっては可処分所得が b だけ増えるが，次世代以降は，その償還財源のために新たな税に直面する．次世代以降が負担することになる税額を $\Delta t_{+1}, \Delta t_{+2}, \ldots$ と表記すると，公債発行額はこれらの税の割引現在価値の合計に等しくなければならない．すなわち，

$$b = \frac{\Delta t_{+1}}{1+r} + \frac{\Delta t_{+2}}{(1+r)^2} + \cdots \tag{7-10}$$

となる．

このとき，当該世代及び次世代以降が直面する予算制約式の右辺は，公債発行額（減税額）だけ上乗せされる一方，次世代以降が新たに負担する税額が差し引かれるから，世代を通じた予算制約式 (7-8) は公債発行前からまったく変化しないことになる．したがって，当該世代は消費計画を変更しない．その際，公債発行で可能になった減税分は遺産にそのまま上乗せされ，次世代以降に受け渡される．このとき，次世代以降は公債の償還財源のための増税に直面するが，前の世代が上乗せした遺産の一部を取り崩すことで対応できるので，自分の消費を変更しない．したがって，どの世代も消費を変更しない．

このように，世代をまたがるモデルを想定しても，人々が将来世代の効用を念頭において利他的に行動しているのであれば，公債の中立性は成立すること

になる．なお，このように説明すると，公債の中立性の妥当性は，利他主義の度合いによって左右されるのではないかと思えてくる．つまり，将来世代のことを十分考えている家計であれば，公債発行によって減税を受けてもその分だけ財産を残すが，そうでない家計であれば遺産は減税分を下回る．したがって，公債の中立性は成立しないのではという疑問が出てきても不思議ではない．

後述するように，家計の消費が流動性制約の影響を受けている場合は別であるが，そうでない場合は，利他主義の度合いはバローの中立命題の妥当性に影響しない．この点は，公債とその償還が世代をまたがる予算制約式 (7-8) に影響を及ぼさない以上，その予算制約式の下で世代をまたがる効用 (7-9) 式を最大化する消費計画が変化しないことを考えれば理解できるであろう．すべての将来世代の効用が自分の効用に少しでも反映されていれば，バローの中立命題は基本的に成り立つ．

公債発行と賦課方式の公的年金

本節の最後に，公債の中立命題と関連するテーマとして，公債発行と公的年金を比較してみよう．ここでは，それぞれの時点で，現役期にある世代と引退期を迎えている世代という2世代が存在しているモデルを想定する．そして，各世代の人口が $n \times 100\%$ で増加していると想定する．また，各世代において賃金所得は同じであると仮定する．

いま，政府が，すでに引退期を迎えている世代に1人当たり m だけの所得を給付することを検討していると想定しよう．引退世代の人口規模が L であるとすると，給付を実現するために考えられる一つの方法は，Lm だけの公債を発行し，それ以降の世代にその公債の償還財源を税によって平等に負担してもらうことである．この公債は，現在の現役世代によって購入される．なぜなら，彼らは引退世代を私的に扶養する必要がその分だけ少なくなるからである．そして，彼らは，次世代以降の世代が増税に直面することに配慮し，購入した公債をすべて遺産として次の世代に残す．しかし，そのためには，自分に課せられた増税分は，自分の消費を切り詰めて負担するしかない．こうした行動は，現在の現役世代だけでなく，それ以降のすべての世代がとることになる．

そこで，各世代が負担する1人当たり税額を τ として，その値を計算して

みよう．τ の値は，人口増加率を考慮して，

$$Lm = (1+n)L\tau + \frac{(1+n)^2}{1+r}L\tau + \cdots \qquad (7-11)$$

という方程式を解くことによって得られる．

　この式の左辺は，現在の引退世代に対する給付額を示している．右辺は，無限の将来にわたって各世代が負担する税額の割引現在価値の総額を示している．右辺第1項は現在の現役世代の負担額，第2項は次の世代の負担額の割引現在価値……となっている．

　(7-10) 式の右辺は無限級数の和であるが，利子率が人口増加率を上回る限り ($r>n$)，その値を求めることができる．以下ではそのように想定しよう．これは，少子高齢化の進展を想定することに対応する．逆に，人口増加率が利子率を上回っていれば，公債の償還は無限の将来に先送りして構わないことになる．(その理由は，読者に考えていただきたい)

　そこで，$r>n$ と想定したうえで，(7-11) 式を τ について解くと，

$$\tau = \frac{r-n}{(1+r)(1+n)}m \qquad (7-12)$$

という関係が得られる．つまり，現在の現役世代以降の各世代は，(7-12) 式で与えられる1人当たり税額を負担することになる．

　これに対して，政府が公債を発行するのではなく，公的年金を新たに導入するという形で，現在の引退世代に給付を行う場合はどうか．つまり，現在の現役世代以降のすべての世代に，現在の引退世代と同じく1人当たり m だけの年金を給付する仕組みを導入する．その財源は，その時点における現役世代が拠出する保険料で賄う．こうしたタイプの公的年金の運営の仕方を賦課方式という．これに対して，各世代が現役時に拠出した保険料を政府が運用し，引退時にそれを取り崩して年金として給付する仕組みを積立方式というが，日本を含めほとんどの国の公的年金は賦課方式で運営されている．

　賦課方式の公的年金の下では，現在の現役世代は，現在の引退世代の年金を負担するために，1人当たり $m/(1+n)$ だけの保険料を支払うことになる．m を $1+n$ で除しているのは，人口規模が引退世代の $(1+n)$ 倍になっているからである．現在の現役世代は，高齢時には1人当たり m だけの年金を受け取

るが，その割引現在価値は $m/(1+r)$ となる．したがって，生涯を通して見ると，この世代は公的年金に加入することにより，

$$\frac{m}{1+n} - \frac{m}{1+r} = \frac{r-n}{(1+n)(1+r)}m \tag{7-13}$$

だけの純負担に直面することとなる．この値は，現在の現役世代だけでなく，その後のすべての世代にとって共通である．

ここで興味深いのは，(7-13) 式の値が (7-12) 式の値と一致することである．すなわち，政府が現在の引退世代にお金を新たに給付しようとする場合，その財源調達のために公債を発行しても，あるいは，賦課方式の公的年金を導入しても，生涯における純負担という観点から見ると，基本的に同じになる．

7.3 公債の中立性の政策的含意

政府支出の乗数効果

第1節，第2節で説明した公債の中立性は，財政政策のあり方について重要な含意を持っている．本節では，そのいくつかを紹介することにしよう．まず，公債の中立性が成り立つ世界では，マクロ経済学の教科書に出てくる，財政支出の乗数効果が発生しなくなることが次のように説明できる．

いま，政府が公共投資を10兆円増やし，その財源を公債発行で賄ったとする．家計は，その公債の償還のために将来増税が行われることを見越して，貯蓄を10兆円増やすことになる．その10兆円は，政府による公共事業で働いて新たに得た賃金である．したがって，公共投資の増額によって確かに10兆円だけ国内総生産は増加するものの，その増加分はすべて貯蓄に回り，消費には回らない．

公共投資の乗数効果は，公共事業で得た所得が消費に回るという波及効果を経由して初めて発生する．ところが，ここでは，その波及効果が発生しないわけだから，公共投資の乗数効果も発生しないことになる．つまり，公共投資の乗数は1となる．逆に言えば，公共投資の乗数が1を上回るという説明は，人々が将来における増税のことを考慮に入れずに行動することを想定している．実際，財政赤字の拡大に対して，民間の経済主体が将来の増税をどの程度予想

しているかは，財政政策に関する実証分析でしばしば取り上げられるテーマである．

公債は「将来世代への負担の先送り」か

次に，バローの中立命題が成立する場合，財政や社会保障など世代をまたがって影響する政策に対する評価も大きく異なってくる．とくに，公債が「将来世代への負担の先送り」であるという一般的な理解は正しくないことになる．確かに，公債発行は将来世代に対する増税を意味するので，その限りでは将来世代に負担は先送りされる．しかし，その先送りする負担にちょうど等しい部分が遺産に上乗せされるので，将来世代はそれを取り崩して増税分を政府に支払うことができ，消費に影響は出てこない．その意味では，公債発行は将来世代に負担を先送りしていない．

もちろん，財源調達の手段としては，税と公債との間には決定的に異なる点がある．税は得られた所得から直接支払われるが，公債は可処分所得から消費を除いた貯蓄から支払われる．しかし，直接・間接という違いがあっても，得られた所得から支払われるという点では，税と公債との間に何の違いもない．したがって，財政支出をできるだけ税収で賄い，財政収支の均衡化を目指す政策と，財政赤字の発生はあまり気にせず，公債発行で財政支出を賄う政策との間に大きな差はない．

ここで，経済全体において，所得のうち次の時点に受け継がれる所得への影響を考えてみよう．民間貯蓄と政府貯蓄を合わせた分を国民貯蓄として定義すると，民間貯蓄，政府貯蓄，国民貯蓄の間には，

　　民間貯蓄 ＝ 所得 － 税 － 民間消費

　　政府貯蓄 ＝ 税 － 政府消費

　　国民貯蓄 ＝ 民間貯蓄 ＋ 政府貯蓄 ＝ 所得 － （民間消費 ＋ 政府消費）

という関係が成り立つ．ただし，ここでは，公的年金など社会保障の現金給付や補助金は税から控除されている．また，政府消費は警察や司法など経常的な行政サービスに伴う経費であり，公共投資など投資的経費は含まない（家計消費に住宅投資が含まれないのと同様）．政府消費は，国民経済生産上は政府が消費したものとみなされるが，実質的には民間部門が消費している．そして，

税から政府消費を差し引いた政府貯蓄は，通常は赤字であり，その分がいわゆる赤字国債の発行に対応している（これに対して，建設国債は公共事業など投資的経費を調達するために発行された国債である．そのため，国債発行に見合うだけの資産が形成されると想定し，ここでの議論では登場させていない）．

この3本の関係式から示唆されるように，国民貯蓄，つまり，次の時点に受け継がれる所得は，当該時点において経済全体で得られた所得から，民間消費あるいは政府消費という形で消費された分の残りである．この部分は，税と公債発行をどのように組み合わせるかに関係なく決定される，というのが公債の中立性が示唆するところである．そして，この公債の中立性が成り立つとすれば，財政赤字が拡大し，公債残高が高まること自体は問題とは言えない．

しかし，国民貯蓄がマイナスになる，つまり，財政赤字が民間貯蓄によって十分に賄えず，それまでに積み上げてきた資産を取り崩すといった事態になれば，将来世代の経済的便益を損なってまで現在世代の経済的便益を追求してよいか，といった観点からの政策の見直しが必要になる．

公債の保有者と非保有者

公債を保有している人と保有していない人との間で，所得移転が起こるという見方がある．政府が公債を発行して減税を行うとき，公債の保有者と非保有者はいずれも減税を受け，そして，将来，公債の償還財源を得るための増税に直面する．ところが，公債保有者は将来，公債の償還を受けることになるので，公債の非保有者から保有者への所得移転が発生するように見える．

ところが，次のように考えると，この推察は正しくないことがわかる．いま，まったく同質の2つの家計で社会が構成されていたと仮定する．そして，政府が第1期に2兆円の減税を公債発行によって行い，第2期にその償還のために増税すると想定する．さらに，公債には民間証券と同じ利子率がつくと仮定しよう．

このとき，どちらの家計も，第1期には1兆円の減税を受け，第2期には割引現在価値で1兆円の増税を受ける．どちらの家計も，将来の増税に備えて1兆円の減税分をすべて貯蓄に回す．ここで，家計1は，将来の増税に備えるものの，公債は購入せず民間証券を1兆円購入すると想定する．一方，家計2は，

すでに保有している民間証券を1兆円売却し，減税分1兆円と合わせた2兆円を公債の購入にあてると考えてみる．ここで，民間証券は，家計1が1兆円購入し，家計2が1兆円売却しているから，需給は均衡することにも注意しておこう．公債も，政府が2兆円発行し，家計2が2兆円購入しているから，需給は均衡している．したがって，利子率に変化は生じない．

第2期になると，家計1は割引現在価値で1兆円の増税を受けるが，第1期に増やした民間証券を売却すれば，それに対応できる．一方，家計2も同額の増税に直面する．このとき，家計2は，公債の償還を受けて割引現在価値で2兆円の現金を手に入れることができ，増税分を差し引いても1兆円得をするように見える．ところが，家計2は，第1期に民間証券をすでに1兆円売却しているので，第2期にはその売却代金を得られない．家計2が得したように思った1兆円は，第1期に民間証券を売却せずに保有し，第2期に売却すれば得られたはずの1兆円であり，得にはなっていない．

結局，公債を保有している家計2は，保有していない家計1とまったく同じ状況に置かれることになる．確かに，公的な所得移転だけを取り出すと，公債の非保有者から保有者へというお金の流れは発生している．しかし，それを完全に相殺する形で，民間資金が公債の保有者から非保有者に移動している．家計1と2との間で，どちらかが有利になったり，不利になったりするということはない．

内国債と外国債

日本の国債は，その9割以上が国内居住者によって保有されている．したがって，国債残高が累積されていても，そのかなりの部分は日本人の資産とみなされるので，あまり気にする必要はないという意見がある．この意見は，逆に言えば，国債を海外の居住者向けに発行する外国債にすると，国内の居住者向けに発行する内国債の場合に比べて，日本はその償還財源の確保に悩まされるということを意味する．

こうした考え方は，直感的にも正しそうに見える．実際，日本の政府が外国債を発行して海外の居住者からお金を借りていれば，将来，その償還財源を国内の居住者に対する増税で賄うしかないが，国内の居住者は，その増税分を支

払う国債を保有していないので，消費を減らす，あるいは，貯蓄を減らしてさらに将来の消費を減らすしかない．つまり，外国債の発行は人々の行動を変化させている．

このように考えると，公債が国内で保有されていないと，公債の中立性は成立しないように思える．しかし，その推察は次のような理由で間違っている．いま，2期間モデルを想定し，世界が日本と米国という2国だけで構成されていると仮定する．そして，第1期において，日本政府が1兆円の減税を行うために，同額の外国債を発行したとしよう．また，利子率は，日米両国において，すべての金融資産について同じであると仮定する．

このとき，日本の居住者は，将来の1兆円の増税を予想して，減税分の1兆円を貯蓄に回そうとする．ところが，国内債は追加的に発行されていないので，日本の居住者は民間証券を購入するしかない．一方，米国の居住者が1兆円の外国債を日本政府から購入するためには，手持ちの民間証券を売却する必要がある．したがって，第1期においては，日本の居住者が米国の居住者から民間証券を購入することによって，公債市場や民間証券市場の均衡が維持される．このとき，日米両国において，消費に変化は起こっていない．

それでは，第2期にはどのようなことが起こっているだろうか．日本政府は割引現在価値で1兆円の外国債の償還を求められるが，その分は，日本の居住者に対する増税で賄われる．ところが，日本の居住者は，第1期に米国から1兆円の民間証券を新たに購入していたので，それを売却することで増税に対応できる．一方，米国の居住者は，日本政府から割引現在価値で1兆円の外国債の償還を受ける．彼らはそうして得たお金で，日本の居住者が売却する民間証券を購入することになる．したがって，第2期においても消費への影響は日米両国で発生しない．

このように，国債を内国債・外国債と区別しても，人々が合理的に行動する限り，公債の中立性という性格は維持されることになる．ただし，第1期においては，公的資金は米国から日本へ，民間資金は日本から米国に流れる一方，第2期においては，逆方向の資本移動が生じていることに注意されたい．さらに，こうした資本移動を通じて，日本の減税の財源は，国債が内国債・外国債のどちらで発行されるにせよ，結局のところ日本の居住者が負担している点も

注目される．

7.4 公債の中立性が成立しない場合

流動性制約

　第1節と第2節では，リカードの等価定理，バローの中立命題という形で公債の中立性を説明した．しかし，実際には公債の中立性は成立せず，公債発行が人々の行動に影響を及ぼすことが多い．また，公債の中立性が成立しない状況のほうが経済的に見て興味深い面もある．以下では，第1節で説明した2期間モデルを用いて，公債の中立性が成り立たない場合を考えてみる．

　その代表的なケースとしてしばしば取り上げられるのが，流動性制約が存在する場合である．たとえば，第1期において，家計が，所得水準が低いために，可処分所得をすべて消費に回していたとしよう．貯蓄はゼロである．できればもっと消費を増やしたいのだが，所得が足りない．銀行からお金を借りようとしても，所得が低いために断られるとする．こうした状況を，家計は流動性制約の下に置かれているという．

　家計がこの流動性制約に直面しているとき，政府が公債を発行して減税を行ったとしよう．このとき，公債の中立性が確保されるためには，この減税分はすべて貯蓄に回り，消費は変化しないことが必要になる．ところが，流動性制約のために所得が最適な水準を下回っていた家計は，減税のうち少なくとも一部を消費に回すであろう．そうすると，公債発行分に見合った貯蓄の引き上げができなくなり，家計は将来時点における公債償還のための増税に十分に備えることができなくなる．そのため，将来時点の消費を引き下げざるを得なくなる．この場合，公債の中立性は成立しない．

　こうした状況を，図7-2を用いて説明しておこう．この図では，第1期の消費 c_1 が $y_1 - t_1$ に等しいところで，家計の予算制約線が垂直となり，それを上回る消費は流動性制約によってできない，つまり，借入ができない状況を示している．このとき，効用は消費を $y_1 - t_1$ にした点 E で最大になっている．

　ここで，公債発行によって b だけの減税を行うと，予算制約線が AEC から

図7-2　流動性制約

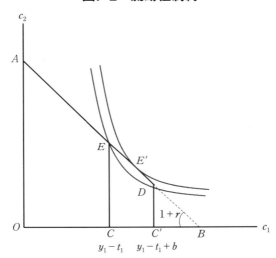

ADC'にシフトする．このとき，効用が最大になる点は，たとえば点E'にシフトする．このとき，図からも明らかなように，減税によって第1期の消費は増加し，第2期の消費は減少する．このとき，生涯にわたる無差別曲線が右上にシフトしていることからもわかるように，効用が高まることになる．

実際には，借入が完全に不可能になるのではなく，借入につく利子率が貸出につく利子率より高くなるという，緩やかな形の流動性制約のほうが一般的である．このとき，予算制約線は，現時点の消費が可処分所得に等しいところで垂直になるのではなく，左側より急な傾きを持つ直線となる．その場合でも，公債の中立性が成立しないという点では状況は変わらない．

近視眼的な行動

ところが，流動性制約の存在がただちに公債の中立性を成り立たなくするわけではない点には注意が必要である．前出の図7-2では，公債発行前における人々の行動が点Eで示されると想定していた．つまり，第1期においては，可処分所得をすべて消費に回すことで効用が最大になっていると考えていた．ところが，流動性制約がかかっていても，可処分所得を下回る水準で消費を設

定することによって効用が最大になることも十分に考えられる．

その一例として，借入ができない家計の無差別曲線が予算制約線と，線分 AE 上で接している場合を考えよう．このとき，公債発行によって減税が実施されても，その均衡点は移動せず，家計は消費を変化させない．したがって，公債の中立性が成り立つことになる．たとえば，期間1の可処分所得が100万円であり，それ以上の消費を行うことが不可能であっても，消費が80万円のときに効用が最大になっているとすれば，政府が減税を行ってもその減税分はそのまま貯蓄に回して公債を購入する．つまり，流動性制約の存在だけでは公債の中立性は崩れない．

このように考えると，公債の中立性が成立しないのは，家計に流動性制約がかかっており，しかも公債発行前の均衡点が図7-2の点 E のような状況になっている場合に限られることがわかる．この点 E では，無差別曲線の接線の傾きが，予算制約線の傾きを上回っていることに注意しよう．両者の関係がこのようになっていることが，流動性制約の下で公債の中立性が成立しないことの必要条件である．

この状況を，もう少し詳しく見てみよう．点 E では，下方に屈折するまでの予算制約線の傾きは（1+利子率）となっている．一方，無差別曲線の傾きは，第1期の消費に対する第2期の消費の限界代替率に等しい．後者の限界代替率は，第1期の消費を1円減らしたとき，生涯にわたる効用を維持するためには，第2期の消費をどれだけ増やす必要があるかを示したものである．このとき，第2期の消費の必要な上乗せ分を時間選好率という．つまり，時間選好率とは，将来消費することよりも，現在消費することを望む程度のことである．

したがって，流動性制約の下で公債の中立性が成り立たないための必要条件は，公債発行前の均衡点において，予算制約線の傾きである（1+利子率）を，無差別曲線の接線の傾きである（1+時間選好率）が上回っていること，つまり，

  時間選好率 > 利子率

という関係が成り立っていることであることがわかる．この不等式は，その家計が，社会で成立している利子率以上に，将来の消費から得られる効用を割り引いていることを意味する．こうした家計を，しばしば近視眼的な家計と表現

する．極端な場合としては，時間選好率が無限大となっており，無差別曲線が垂直になっている状況が考えられる．そこでは，人々が生涯にわたる消費計画を考えるとき，現在の消費しか念頭に置いていない．

人々の行動を歪める税

流動性制約がなく，人々が近視眼的に行動していない場合でも，公債の中立性が成立しないことがある．これまでの議論では，税について，資源配分に影響を及ぼさない一括税を暗黙のうちに想定していた．しかし，そうでない税を想定すれば結果はどうなるだろうか．

たとえば，2期間モデルにおいて，第1期に公債発行によって減税を行い，第2期に消費税によってその償還財源を賄うとしよう．このとき，第1期，第2期における予算制約式は，消費税率を $t_c \times 100\%$ とすれば，

$$s = y_1 - t_1 + b - c_1 \tag{7-14}$$
$$(1+t_c)c_2 = y_2 - t_2 + (1+r)s \tag{7-15}$$

として表現されるから，生涯にわたる予算制約式は，

$$c_1 + \frac{(1+t_c)c_2}{1+r} = y_1 + \frac{y_2}{1+r_1} - t_1 - \frac{t_2}{1+r} + b \tag{7-16}$$

となる．家計はこの予算制約式の下で（7-14）式で与えられる効用の最大化を目指す．このとき，図7-3に示したように，予算制約線 AB は右の水平方向に b だけシフトし，傾きも $1/(1+t_c)$ 倍だけ緩やかな，新たな予算制約線 CD に移行する．したがって，生涯にわたる効用を最大にする点も点 E から点 E' に移動する．

これは，公債発行によって人々の行動が変化することを意味する．したがって，公債の中立性はここでは成立しない．公債発行を受けた第2期の消費税率の引き上げは，第2期の消費財の相対価格を高める．その結果，代替効果を通じて第2期の消費は減少する可能性が高い．

なお，ここでは消費税による増税を例として取り上げたが，利子課税による財源調達は，将来時点における消費財の相対価格を引き上げる方向に働くので，価格効果という面から言えば，将来消費を減少させる方向で歪みが生じる．

図7-3 公債を消費税増税で償還する場合

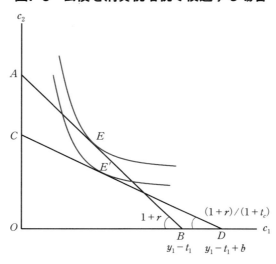

利他的な行動

　以上は，2期間モデルを想定した説明であったが，この説明は，世代をまたがるモデルにおいても基本的に当てはまる．ただし，後者の場合，近視眼的かどうかという議論は，将来世代のことを考慮するという利他的な思いがどこまであるかという議論に置き換えなければならない．流動性制約がないことが公債の中立性にとっての必要条件であることは，異なる世代を念頭に置いたモデルでも同じように説明できる．そして，流動性制約の下で公債が中立性を失うのは，家計が将来世代のことをあまり重視しない場合である．

　利他主義の度合いを測る特別な尺度は存在しないが，時間選好率と同じようなイメージでそれをとらえることができる．自分の消費を1円減らしたとき，世代を通じた効用を維持するためには，次世代の消費を何円増やしたらよいかを計算し，それを1円から差し引いたものが，利他主義の度合いと考えてよいだろう．その利他主義の度合いが利子率を上回っていれば，公債が発行された場合，家計は将来世代が負担する増税分だけを十分に遺産に上乗せしないまま，生涯を終えることになる．また，利他的な思いがまったく存在しない場合は，

家計は減税分をすべて消費に回し，公債償還の負担はすべて次世代以降に先送りされることになる．

不確実性

公債の中立性が成立するのは，たとえば，政府が現時点において公債を発行しても，将来時点においてその償還のために増税することを家計が正確に認識していることが条件となる．ところが，政府がそうした行動を将来とることが不確実であれば，家計の行動もそれを反映して消費を調整するので，公債の中立命題は必ずしも成立しない．さらに，自分が将来において生存するかどうか不確かな場合も，家計は，公債の発行額に完全に一致するような形で貯蓄を調整しないだろう．このように，将来に対する不確実性が存在する場合は，公債の中立性は成立しない．

7.5 まとめ

本章では，公債の経済学的な特徴について検討した．その中でとりわけ重要なのは，公債の中立性である．人々が合理的に行動していれば，一定の財政支出の財源を税で調達しても，公債発行で調達しても，違いはまったく生じない．人々が将来時点における債務償還のための増税を正確に予測して，貯蓄や遺産の大きさを調整するからである．

この公債の中立性が完全に成立する場合，政府支出の乗数効果は発生しないし，公債発行が将来世代に対する負担の先送りであるという説明も正しくなくなる．さらに，公債を保有している者と保有していない者との間で所得移転も発生しないし，内国債と外国債の違いもなくなってしまう．このように，公債の中立性は，財政政策のあり方にきわめて重要な示唆を与える．

しかし，公債の中立性が成立するためにはいくつかの重要な前提が必要である．たとえば，家計が流動性制約に直面し，しかも，時間選好率が利子率を上回るなど，近視眼的に行動していれば，公債の中立性は成立しない．税が人々の行動に歪みをかける形で徴収されたり，そもそもどのような形で公債を償還するのか不確実であったりしても，公債は中立的でなくなる．

コラム 7　非ケインズ効果

　通常のマクロ経済学の考え方では，不況期には，財政支出の拡大や減税によって国内総生産を押し上げることが必要である．積極的な財政政策が景気を押し上げる効果は，ケインズ効果と呼ばれる．この効果が発生する背景に，乗数効果が働いていることはマクロ経済学の教科書で説明されているところである．

　ところが，政府債務残高が累積するなど財政状況がきわめて悪化している状況では，むしろ大胆な財政引き締め策こそ景気を刺激する効果を生むという主張がある．この効果を非ケインズ効果という．日本と同じように政府債務残高が巨額に上っているイタリアの経済学者が，この非ケインズ効果の存在を主張している．

　本章で紹介した公債の中立性は，将来の公債償還のための増税に備えて人々が貯蓄するので，たとえば，公債発行による減税は効果がないと説明する．これに対して，非ケインズ効果は，公債発行が行き過ぎると，その償還のための増税により，人々の労働意欲の減退などが生じて，経済活動が落ち込むと考える．したがって，増税など財政引き締めのほうが景気にはむしろプラスになるという主張も出てくる．この非ケインズ効果については，デンマークやアイルランドで，1980年代以降に発生しているとする実証研究もある．

練習問題

問題 1
2期間モデルにおいて，第1期，第2期にそれぞれ6の所得を得る家計の生涯にわたる効用 u が，第1期，第2期の消費を c_1, c_2 としたとき，

$$u = c_1^2 c_2$$

で与えられているとする．さらに，利子率は0.5であるとする．

(a) 生涯にわたる効用を最大にする第1期，第2期の消費の水準をそれぞれ求めなさい．

(b) 第1期において借入が一切できないとき，生涯にわたる効用を最大にする第1期，第2期の消費の水準をそれぞれ求めなさい．また，この場合のこの家計の効用水準を計算し，(a)の場合と比較しなさい．

(c) 政府が，第1期に公債発行によって1だけの減税を行い，第2期にその償還のために増税を行うとする．(a)と(b)の場合において，人々の行動がどのように変化するかを比較しなさい．

問題 2
公債の中立性が成立するとき，政府支出の乗数効果が発生しなくなる理由を説明しなさい．

問題 3
「国民経済計算」を用いて，日本の民間貯蓄と政府貯蓄，そして両者を合わせた国民貯蓄がどのように変化しているかを調べ，コメントしなさい．

第8章

情報の非対称性

この章で学ぶこと

＊情報の非対称性がもたらす問題を，医療保険を例に挙げて議論する．

＊医療保険の存在理由を，リスク回避的な個人を想定して考える．

＊医療保険の供給は民間の保険会社に任せることはできず，強制加入の社会保険が必要になる理由を考える．

＊モラル・ハザードが発生する理由と，その発生を抑制する方法や，それを前提とした政策のあり方を考える．

第1章では，市場メカニズムがうまく機能しない，「市場の失敗」の一つとして，情報の不完全性を指摘した．市場メカニズムが機能するためには，そこで取引される財やサービスの中身や性格が正確に理解されていることが前提となる．ところが，その財やサービスが何なのかよくわかっていない場合，どれだけの価格が妥当なのか判断に苦しむ．このように，情報の不完全性という問題があると，市場メカニズムは効率的な資源配分を保証しなくなる．

本章ではこの情報の不完全性のうち，医療保険を例にとって情報の非対称性について考える．情報の非対称性とは，経済取引をする主体間で情報が偏在している状況をいう．医療保険は疾病リスクをカバーするための仕組みであるが，疾病リスクに関して情報の非対称性が存在すると，疾病リスクが高い人だけが保険に加入し，場合によっては保険が成立しなくなるという，逆選択の問題が発生する．これは，情報が非対称的であれば市場メカニズムがうまく機能しなくなることを意味する．医療保険が強制加入の社会保険として運営されているのは，この逆選択の問題への対応策と考えることができる．

しかし，社会保険として医療保険が運用されるとしても，それで問題が解決されるわけではない．保険に加入することによって人々の行動が変化するからである．病気になっても保険金が給付されるとすれば，健康に気をつける気持ちが弱まるかもしれない．また，不必要な医療サービスを受けようとする人々も出てくるだろう．このように，制度によって人々の行動が望ましくない方向に変化することをモラル・ハザードが生じていると表現する．このモラル・ハザードにどのように対応すべきかという問題も，本章で取り上げる重要なテーマである．

8.1 医療保険の役割

リスク回避的な個人

本章では医療保険を取り上げて，情報の非対称性によって市場メカニズムがうまく機能しなくなる状況を説明する．情報の非対称性の話に入る前に，医療保険の役割について考えよう．医療保険は疾病リスクをカバーする仕組みであ

り，民間の保険会社でも提供可能である．しかし，日本をはじめとして，医療保険の提供を民間の保険会社だけに任せず，強制加入の社会保険として供給している国は少なくない．医療保険の提供に政府が関与するのは，どのような理由によるのだろうか．

いま，リスク回避的（risk averse）な個人を想定し，彼の効用が所得水準にのみ依存しているとする．すなわち，彼の効用 u は，所得水準を y として，

$$u = u(y), \quad u'(y) > 0, \quad u''(y) < 0 \tag{8-1}$$

として与えられる．リスク回避的な個人とは，確率 $p(0<p<1)$ で y_1，確率 $1-p$ で y_2 という所得を得るという状況よりも，確実に $py_1+(1-p)y_2$ だけの所得を手に入れるほうを常に選好するタイプの個人を意味する．つまり，リスク回避的な個人の場合，

$$pu(y_1) + (1-p)u(y_2) < u[py_1 + (1-p)y_2] \tag{8-2}$$

が任意の p について成り立つ．

効用関数が (8-1) 式で示される条件を満たすとき，この不等式が成り立つことは，図8-1からも明らかであろう．所得が y_1，y_2 である場合の効用は，それぞれ線分 AB，CD の長さで示されるが，そのとき，(8-2) 式の左辺と右辺の値はそれぞれ，線分 GF，EF の長さで示される．

さらに，上の不等式に基づいて，

$$pu(y_1) + (1-p)u(y_2) = u[py_1 + (1-p)y_2 - \pi] \tag{8-3}$$

という等式が成り立つとき，π のことをリスク・プレミアムと呼ぶ．個人は，所得の変動リスクが取り除かれるのなら，π だけの所得を犠牲にしても構わないと考えていると想定するわけである．リスク回避の度合いが大きいほど，このリスク・プレミアムの値は大きくなる．このリスク・プレミアムの大きさは，図8-1では，点 G を通る水平の線と効用曲線との交点を点 H としたとき，線分 HG の長さで示される．

医療保険

それでは，リスク回避的な個人を想定したうえで，医療保険が成立する条件を考えてみよう．個人の当初の所得を y とし，疾病リスク（病気になる確率）を p，病気にかかったときに必要となる医療費を m とする．また，その個人

図8-1 リスク回避と期待効用

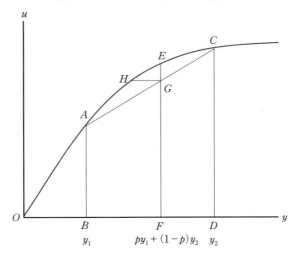

が医療保険に加入した場合には，x だけの保険料を支払い，病気になったとき b だけの保険給付を受けると想定する．

このとき，病気にならなかったとき，病気になったときの所得をそれぞれ y_h, y_s とすると，

$$y_h = y - x \tag{8-4-1}$$
$$y_s = y - x - m + b \tag{8-4-2}$$

と表現することができる．

さらに，この医療保険が民間の保険会社によって提供されていると考えよう．医療保険市場が完全競争市場であるとすれば，利潤がプラスである限り市場への新規参入が進み，保険会社は市場で保険料の引き下げを求められる．そのため，保険料は最終的に保険給付の期待値に一致する．すなわち，保険会社の期待利潤はゼロになる．したがって，

$$x = pb \tag{8-5}$$

という等式が成り立つ．この等式が成り立つ状況を，保険数理的に公正（actuarially fair）であるという．保険会社はリスク回避的でなく，収支が平均的に均衡していれば問題ないと考えると想定しよう．このとき，保険会社はリスク中立的であるという．

保険給付と保険料の関係が保険数理的に見て公正であるとき，(8-4-1)式，(8-4-2)式は，(8-5)式を用いて，

$$y_h = y - pb \tag{8-6-1}$$
$$y_s = y - m + (1-p)b \tag{8-6-2}$$

と変形することができる．この2式を1本の式にまとめると，

$$py_s + (1-p)y_h = y - pm \tag{8-7}$$

という関係式が得られる．この式は，病気にならなかったとき，病気になったときの所得が満たす予算制約式と考えてよい．

期待効用の最大化

個人は，この(8-7)式の制約の下で自分の期待効用 EU が最大化になるように，病気にならなかったとき，病気になったときの所得の組み合わせを調整する．つまり，そのような組み合わせを実現する保険給付 b を提供している保険会社を探すことになる．このとき，期待効用 EU は，(8-6-1)式，(8-6-2)式を考慮すると，

$$\begin{aligned}EU &= pu(y_s) + (1-p)u(y_h) \\ &= pu[y - m + (1-p)b] + (1-p)u(y - pb)\end{aligned} \tag{8-8}$$

と表現できる．この期待効用を最大にするために保険給付 b が満たすべき1階の条件を求めると，$dEU/db = 0$ より，

$$u'[y - m + (1-p)b] = u'(y - pb) \tag{8-9}$$

という条件が得られる．効用関数は，2回微分するとマイナスになると想定していたので，両辺にある $u'(\cdot)$ は1対1の関数になる．そのため，(8-9)式は，

$$b = m \tag{8-10}$$

という関係を意味する．つまり，個人が医療保険によって期待効用の最大化を目指すとき，医療費を完全にカバーする医療給付を求めることになる．このような保険を，とくに完全保険（full insurance）と呼ぶ．医療保険がこのように完全保険になっているとき，(8-6-1)式，(8-6-2)式から明らかなように，病気になってもならなくても手元に残る所得は $y - pm$ に等しくなる．このとき，個人は疾病による所得変動リスクから完全に解放されることになる．

念のため，医療給付が医療費を完全にカバーする医療保険に入った場合の期待効用EU_1と，医療保険に加入していない場合の期待効用EU_0を比較しておこう．個人がリスク回避である限り，

$$EU_1 = u(y-pm) > EU_0 = pu(y-m) + (1-p)u(y) \tag{8-11}$$

という大小関係が必ず成り立つ．つまり，医療保険は，リスク回避的な人々を疾病による所得変動リスクから解放し，期待効用を高める効果を発揮している．それが可能になるのは，平均的に見て収支が均衡すればよいと考える保険会社が，リスク回避的な個人のリスクを肩代わりできるからである．

医療保険市場が完全競争状態であれば，保険料と医療給付の関係は保険数理的に公正な形になる．このとき，保険会社は，期待利潤がマイナスにならないので医療保険を提供することができる．一方，個人は，保険料が保険数理的に公正な水準を少々上回っても，医療保険に加入することが望ましいと考える．保険料の設定に際して，保険数理的に公正な水準に上乗せできる上限の値が，医療に関するリスク・プレミアムである．人々がリスク回避的であるほど，このリスク・プレミアムは大きな値をとる．

グラフによる説明

以上の点を，図8-2を用いて説明しよう．病気にならなかったときの所得y_hを横軸に，病気になったときの所得y_sを縦軸にした座標において，両者が満たす関係式である (8-7) 式を描くと，傾き (絶対値) が$(1-p)/p$の直線となる．そして，(8-8) 式で表される期待効用 (病気にならなかったときとなったときの効用を加重平均した値) を一定とした無差別曲線を描くと，右下がりで原点に対して凸の曲線になる．無差別曲線が原点に対して凸となるのは，個人をリスク回避的と想定しているからである．

個人の期待効用が最大化するための必要条件は予算制約線と無差別曲線が接することである．図8-2では，両者の接点を点Eとしている．この点Eにおける無差別曲線の傾きは，(8-8) 式より，

$$\frac{dy_s}{dy_h} = -\frac{dEU/dy_h}{dEU/dy_s} = -\frac{(1-p)u'(y-pb)}{pu'[y-m+(1-p)b]} \tag{8-12}$$

となる．この値が，予算制約線の傾き$-(1-p)/p$に等しくなるので，(8-9)

図8-2　医療保険と期待効用

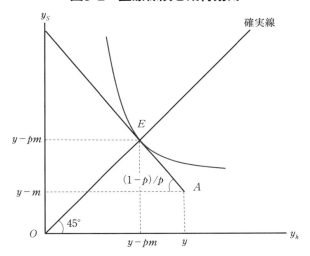

式と同じ式が得られ，そこから，(8-10) 式のように，$b=m$ という関係が得られる．さらにこのとき，$y_s=y_h$ という関係が成り立つので，点 E は原点を通る45度線上にある．この45度線は，個人が疾病による所得の変動リスクから解放され，どのような場合でも同じ所得が確実に得られるので，確実線（certainty line）と呼ばれる．

この図に関しては，次の3点にも注意しておこう．第1に，医療保険に加入していない状況は，図のどこに対応するだろうか．医療保険に加入していないと，$b=0$ となるので，y_h 座標が y，y_s 座標が $y-m$ である点 A がそれに当たる．この点 A は完全保険に対応する点 E を通る無差別曲線の左下にあるので，医療保険に加入しないより加入したほうが，期待効用が高くなることが確認できる．

第2に，予算制約線の上にある点のうち，点 E は完全保険に対応しているが，ほかの点はどうか．点 E の右下に位置する点は，傾き45度の確実線の右下に位置するので，y_h が y_s を上回っている．このとき，(8-6-1) 式と (8-6-2) 式を比べれば明らかなように，$b<m$ となっている．つまり，予算制約線上において，点 E の右下に位置する点では，医療給付が医療費のすべてをカバーしない部分保険（partial insurance）の状態になっている．

さらに，そうした点が点 E を通る無差別曲線の右下に位置していることからもわかるように，部分保険よりも完全保険のほうが人々にとって望ましい．なお，予算制約線上にあって，点 E より左上にある点は，医療給付が医療費を上回る形で支給される場合であり，実際には考えにくい．

第3に，予算制約線より右上ではどのようなことが起こっているだろうか．このときは，(8-7) 式より，$py_s + (1-p)y_h > y - pm$ という不等式が成り立っているはずである．この不等式に，(8-6-1) 式及び (8-6-2) 式を代入して整理すると，$x < pb$ という不等式が成立する．これは，保険料が保険数理的に公正な水準を下回っていることを意味する．このとき，保険会社は期待利潤がマイナスとなって採算が合わないはずである．つまり，この予算制約線より右上の世界では医療保険は成立できない．

8.2 情報の非対称性と医療保険

情報が対称的な場合の医療保険

前節では，まったく同質の個人によって社会が構成されていると想定した．しかし，実際には，疾病リスクは人によって異なってくる．そこで，人によって異なる疾病リスクを，当該個人だけでなく保険会社も知っているという意味で情報が対称的な場合と，当該個人は知っているが保険会社は判別できないという意味で情報が非対称的な場合において，医療保険がうまく機能するかどうかを考えることにしよう．ただし，以下では，疾病リスクは p_L，p_H という2種類の値をとるとする（$p_L < p_H$）．

最初に，疾病リスクに関する情報が完全に対称的である場合を考えよう．保険会社はどの個人がどれくらいの疾病リスクを持っているかを知っているので，高リスク用と低リスク用の医療保険を別々に売り出すことができる．ここでは，それぞれにおいて市場が完全競争状態にあり，保険数理的に公正な保険料が設定されているとするとしよう．

図8-3は，低リスクの個人と高リスクの個人のそれぞれについて，予算制約線と無差別曲線を描いたものである．このうち，予算制約線の傾きは

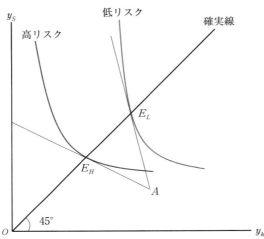

図8-3　分離均衡

$-(1-p_i)/p_i$ で示されるので $(i=L, H)$，低リスクの個人の予算制約線のほうが急になっている．各個人の期待効用は，それぞれの予算制約線が自らの無差別曲線に接するところで最大になる．このとき，前節の説明とまったく同じようにして，各個人は，保険給付が医療費を完全にカバーする完全保険の仕組みを選択する．そのとき，各個人において病気にならなかったときとなったときの所得は等しくなる．

したがって，図8-3の中で示したように，低リスクの個人は点 E_L において，高リスクの個人は点 E_H においてそれぞれ期待効用が最大となっている．しかも，それぞれの個人が別のタイプの個人にとっての均衡点を選択することはない．というのは，まず，低リスクの者にとっては，点 E_L から点 E_H に移ると明らかに期待効用が低下する．一方，高リスクの者にとっては，点 E_H から点 E_L に移ることで期待効用が高まるが，保険会社は期待利潤がマイナスになることを理由に高リスクの個人に保険を提供しないので，そうした移動は不可能である．

なお，(8-12) 式からも示唆されるように，病気になったとき，ならなかったときの所得の組み合わせが同じであれば，無差別曲線は，低リスクの個人ほど傾きが急になっていることにも注意しておこう．低リスクの個人にとって，

病気にならなかったときの所得が低下したとき，期待効用を維持するためには，病気になったときの所得が，高リスクの個人以上に高まっていなければならない．低リスクの個人にとっては，病気になる確率がそもそも低いからである．

このように，疾病リスクに関する情報が個人と保険会社の間で対称的である場合，保険市場では，疾病リスクに応じた保険が複数成立し，しかもそれによって各個人の効用が最大になっている．このように，個人の疾病リスクごとに異なる保険が存在するとき，その均衡を分離均衡（separating equilibrium）という．これに対して，異なる疾病リスクを持つ個人が同一の保険に加入する場合，その均衡をプーリング均衡（pooling equilibrium）という．

情報が非対称的な場合の医療保険

次に，疾病リスクに関する情報が個人に偏在し，保険会社が個人の疾病リスクを判別できないと想定してみよう．保険会社が各個人の疾病リスクを見極めることができない場合，医療保険は市場で成立するのだろうか．この問題を考えるとき，ロスチャイルド＝スティグリッツ（RS）均衡（Rothschild-Stiglitz equilibrium）という概念を導入すると議論しやすい．RS均衡とは，①すべての個人の期待効用が最大になっており，②それぞれの保険で保険会社の期待利潤が非負であり，そして，③ほかのどのような保険の仕組みを考えても非負の期待利潤を得ることができない，という3つの条件が満たされている均衡のことである．

まず，図8-3で示したように，低リスク及び高リスクの個人用にそれぞれ異なる完全保険を提供するという分離均衡は，疾病リスクの情報が非対称的である場合，RS均衡になることはできない．それは次のような理由による．まず，高リスクの個人にとっては，高リスクの個人用に提供されている，点E_Hに対応する医療保険に加入するよりも，低リスクの個人用に提供されている，点E_Lに対応する医療保険に（自分が高リスクであることを隠して）加入したほうが，期待効用が高まる．しかし，高リスクの個人が後者の保険に加入すると，保険会社は，想定より高リスクの個人を加入者として抱え，予想より多くの医療給付を支払うことになるので，期待利潤がマイナスになる．これは，RS均衡の2番目の条件が満たされないことを意味する．

このように，疾病リスクに関する情報の非対称性が存在すると，高リスクの個人が自分のリスクを隠して低リスクの個人用の保険に加入する．保険会社はこれに対応するために保険料を引き上げるが，そうするとさらに高リスクの個人しか保険に加入しなくなる．その結果，低リスクの個人は保険から排除される．こうした状況を，逆選択（adverse selection）という．

それでは，そのほかの選択肢として，どのような状況が考えられるだろうか．第1は，高リスク，低リスクの個人がともに加入するプーリング均衡が成立する状況である．第2は，図8-3に示したものとは違う形で分離均衡が成立する状況である．以下では，それぞれの可能性を検討してみよう．

プーリング均衡は成立するか

最初に，プーリング均衡，すなわち，高リスクと低リスクの個人がともに加入する保険が成立し，それがRS均衡になるかという問題を考える．プーリング均衡が成立するためには，両方のタイプの個人がすべて加入しても保険会社の期待利潤がマイナスにならないことが必要条件となる．そうした保険の保険料は，低リスク及び高リスクの個人の構成比によって両者のリスクを加重平均したものとなる．

このとき，図8-4に示したように，低リスク及び高リスクの個人に共通する予算制約線は，点Aを通り，両者の予算制約線の間に位置する直線ABで示される（低リスクの個人の比率が高いほど，この直線は，低リスクの個人の予算制約線に近くなる）．この新たな予算制約線上で，低リスク及び高リスクの個人がともに加入する，プーリング均衡の医療保険はあるのだろうか．

仮にそうした保険があるとすれば，それに対応する均衡点は新しい予算制約線上にあるはずである．図8-4では，それが点Zであると想定している．この点Zでは，低リスクの個人の無差別曲線は新しい予算制約線ABと接しているが，高リスクの個人の無差別曲線は予算制約線ABを下から横切っていることに注意されたい（高リスクの個人の無差別曲線が新しい予算制約線と接し，低リスクの個人の無差別曲線が下から横切ることはあり得ない．この理由は，簡単に説明できるので読者に考えていただきたい）．

しかし，残念ながら，この点Zで示されるプーリング均衡はRS均衡には

図8-4 プーリング均衡は成立するか

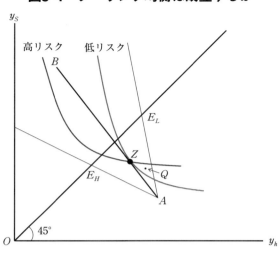

なれない．それを確認するために，図8-4に示した点 Q に対応する保険が市場で新たに売り出されたとしよう．点 Q は，点 Z を通る，低リスクの個人の無差別曲線より右上に位置しているから，低リスクの個人は点 Z から点 Q に移動するはずである．一方，点 Q は，点 Z を通る高リスクの個人の無差別曲線より左下に位置するから，高リスクの個人は点 Q に移動しようとは思わず，点 Z にとどまる．

このように，点 Q には低リスクの個人だけが移動する．このとき，点 Q は低リスクの個人の予算制約線の左下に位置するので，保険会社の期待利潤はプラスとなる．一方，点 Z では高リスクの個人しかとどまっていないが，この点は高リスクの個人の予算制約線の右上に位置しているので，保険会社の期待利潤はマイナスになっている．このように，プーリング均衡は RS 均衡にはならないのである．

それでは，高リスク，低リスクの個人はこの後どのような動きを見せ，また保険料はどのように変化していくのだろうか．まず，高リスクの個人は点 Z にとどまろうとするが，この点には低リスクの個人はすでにいないので，保険会社は採算がとれない．そのため，保険会社は保険料を徐々に高めていく．一方，低リスクの個人は，点 Q に移動するが，低リスクの個人向けの，もっと

図8-5 分離均衡は成立するか

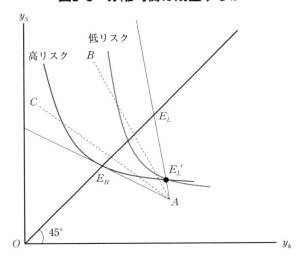

割安の保険を売る保険会社が新規参入するので，保険料は徐々に低下する．

分離均衡は成立するか

そうした調整が進むと，図8-5で示したような状況で分離均衡がRS均衡になりそうである．ここでは，高リスク，低リスクの個人向けに，それぞれ点E_H，E_L'に対応する保険が売り出されている．点E_L'は，点E_Hを通る高リスクの個人の無差別曲線と，低リスクの個人の予算制約線の交点である．低リスクの個人は，点E_L'を通る無差別曲線より右上に移動したいが，高リスクの個人もついてくるので，それは無理である．一方，高リスクの個人にとっては，点E_L'と点E_Hは同じ無差別曲線上にあるので，点E_Hから点E_L'に移動するインセンティブが働かない．しかも，点E_L'と点E_Hは，低リスク，高リスクの個人のそれぞれの予算制約線上にあるので，保険会社の期待利潤もマイナスにはならない．

そこで，点E_Hと点E_L'という分離均衡がRS均衡になるか，2つのケースに分けて考えてみよう．第1は，低リスクの個人の比率が高く，高リスク及び低リスクの個人に共通する予算制約線を引くと，図8-5の直線ABのように，

低リスクの個人の予算制約線に近くなる場合である．このとき，保険会社が，直線 AB 上において，低リスクの者の無差別曲線より右上にある点で保険を設定すると，低リスク及び高リスクの個人はともにその点に移動しようとする．したがって，点 E_H と点 E_L' の組み合わせは RS 均衡にはなれない．しかも，低リスク及び高リスクの個人がともに移動して生まれるプーリング均衡が RS 均衡になれないことは，前項で説明した通りである．

第2のケースは，低リスクの個人の比率が低く，高リスク及び低リスクの個人に共通する予算制約線を引くと，図8-5の直線 AC のように，高いリスクの個人の予算制約線に近くなる場合である．このとき，新しい予算制約線は，点 E_L' を通る低リスクの個人の無差別曲線の左下に位置しているので，この線上の点に対応する保険が提供されても，低リスクの個人は加入せず，点 E_L' にとどまる．一方，高リスクの個人は，そうした新たな保険は割安なので加入したいが，低リスクの個人が加入しないので，保険は採算割れとなり，点 E_H にとどまる．しかも，点 E_L' に移動しても点 E_H にとどまる場合とまったく効用が変わらないので，点 E_L' に移動するインセンティブは生まれない．

このように，低リスクの個人の比率が低い場合は，点 E_H と点 E_L' の組み合わせで表される分離均衡が RS 均衡になる可能性がある．ところが，この分離均衡の問題点は，高リスクの個人は完全保険に加入し，疾病による所得変動リスクを完全にカバーできるのに対して，低リスクの個人は部分保険にしか加入できず，所得変動リスクを完全にはカバーできないことである．これは，疾病リスクに関する情報の非対称性がもたらす帰結と言わざるを得ない．

8.3 社会保険の役割

社会保険の導入（1）：完全保険

これまでの説明によって，次のようなことがわかった．まず，疾病リスクに関する情報が対称的な場合には，医療保険の提供を市場に任せても，リスクに応じた完全保険の部分均衡が成立する．一方，疾病リスクに関する情報が非対称的な場合には，医療保険の提供を市場にすべて任せておくと，(i) 完全保険

図8-6 社会保険導入の効果：完全保険

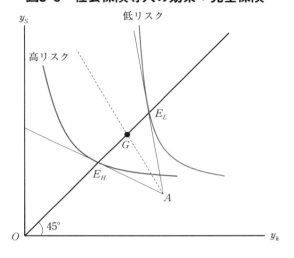

の分離均衡は成立しないし，(ii) プーリング均衡も成立しないが，(iii) 低リスクの個人の比率が低い場合には，高リスクの個人向けの完全保険と低リスクの個人向けの部分保険が共存するという分離均衡が成立する可能性がある．

それでは，医療保険を強制加入の社会保険として政府が提供すると，医療保険の提供を市場に任せた場合に比べてどのようなことが言えるだろうか．社会保険として最も単純で理解しやすい仕組みは，高リスクと低リスクの個人をともに加入させ，両者の疾病リスクを反映させた完全保険である．このような社会保険は，図8-6に示したように，両者のリスクを反映させた予算制約線と確実線との交点 G に対応するものである．

まず，疾病リスクに関する情報が対称だと仮定してみよう．この場合は，医療保険の提供を市場に任せると，完全保険の分離均衡（点 E_H，点 E_L）が成立する．図8-6からわかるように，点 G は，点 E_H を通る，高リスクの個人の無差別曲線の上に位置し，点 E_L を通る，低リスクの個人の無差別曲線の下に位置する．つまり，強制加入・完全保険の社会保険は，高リスクの個人にとっては有利だが，低リスクの個人にとっては不利に働く．これは，社会保険という仕組みが，高リスクの個人の疾病リスクを分散するコストを，低リスクの個人に一部肩代わりさせているからである．

しかし，疾病リスクに関する情報が対称的だと仮定することはそもそも現実的でない．そこで，疾病リスクに関する情報が非対称的である場合を考えてみる．残念ながら，この場合は完全保険の社会保険を民間保険と比較することは難しい．というのは，疾病リスクに関する情報が非対称的だと想定しているので，市場均衡そのものが，上記のケース（iii）を除くと成立しないからである．しかし，ケース（iii）で成立する市場均衡に比べて，社会保険の導入がパレート改善的であることを証明しておかないと，社会保険の導入を完全には正当化できない．この点を次に考えてみよう．

社会保険の導入（2）：部分保険

ケース（iii）においては，低リスクの個人の比率が低い場合には，高リスクの個人向けの完全保険と，低リスクの個人向けの部分保険が共存するという分離均衡が成立する可能性があった．このとき，社会保険を完全保険ではなく，部分保険という形で強制加入の社会保険を導入すると，いずれのタイプの個人にとっても有利になる可能性がある．以下では，それを説明する．

図8-7に示した点E_L'及び点E_Hは，図8-5に記した点E_L'及び点E_Hにそれぞれ対応しており，市場で成立する可能性のある分離均衡の下で，それぞれ低リスク，高リスクの個人を対象にした保険を示している．いま，政府が点Gに対応する医療保険を強制加入の社会保険として導入したとしよう．この点Gは，両方のリスクを加重平均した予算制約線上にあるので，保険収支は均衡しており，医療保険を社会保険として維持することができる．しかし，この点Gは確実線の右下に位置するので，高リスク・低リスクのいずれの個人にとっても部分保険になっている．

高リスク・低リスクの個人はそれぞれ，この社会保険に強制加入させられたうえで，その社会保険を補完するような民間の医療保険を市場で探すとしよう．このとき，高リスクの個人の予算制約線は，点Gを通る，自分の元の予算制約線に平行な直線となる．同様に，低リスクの個人の予算制約線も，点Gを通る，自分の元の予算制約線に平行な直線となる．

そこで，市場において，高リスクの個人向けには点$E_H{}^*$，低リスクの個人向けには点$E_L{}^*$に対応する民間の医療保険がそれぞれ提示されたとしよう．

図8-7 社会保険導入の効果：部分保険

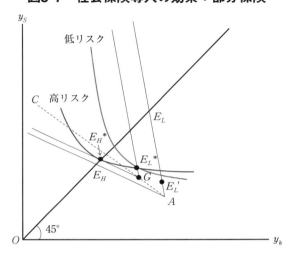

この2点はいずれも，それぞれの個人の新たな予算制約線上にあるので，保険会社の期待利潤はゼロである．また，点 E_H^* は確実線上にあるので，この保険は高リスクの個人にとって完全保険である．一方，点 E_L^* は，点 E_H^* を通る高リスクの個人の無差別曲線上にあるので，高リスクの個人は点 E_H^* から点 E_L^* に移動しようとは思わない．したがって，点 E_H^* と点 E_L^* という組み合わせは，市場でRS均衡として成立する分離均衡を示している．

社会保険の評価

そこで，この分離均衡（E_H^*, E_L^*）を，政府が関与する前に市場で成立していた分離均衡（E_H, E_L'）と比較してみよう．まず，高リスクの個人にとっては，点 E_H^* を通る無差別曲線は点 E_H の上を通過しているので，新たな均衡によって効用が高まっている．これは，政府が強制加入による社会保険を設定してくれたおかげで，自分の疾病による所得変動リスクをカバーするコストを，低リスクの個人が一部肩代わりしてくれているからである．

低リスクの個人にとってはどうか．点 E_L^* を通る無差別曲線は点 E_L' の上を通過しているので，彼らにとっても，社会保険の導入による新たな均衡は望ましい効果をもたらしている．これは，社会保険の導入によって，（部分保険

という制約は残っているものの）疾病リスクをカバーできる度合いが高まったからである．

このように，政府による強制加入の社会保険の導入は，医療保険の提供を市場にすべて任せておく場合より，高リスク及び低リスクの個人のいずれにとっても効用を高める効果があり，その意味でパレート改善的であると言える．

ただし，ここで以下の２点に注意しておこう．第１に，政府による介入が是認されると言っても，低リスクの個人にとっては，疾病による所得変動リスクが完全にカバーされるわけではない．これは，疾病リスクをめぐる情報の非対称性に起因する，やむを得ないコストと言える．政府も，情報の非対称性がもたらす問題をコストなしで解消することはできない．

第２に，疾病リスクをめぐる情報の非対称性が存在せず，疾病リスクに応じて完全保険を提供できる場合に比べると，高リスクの個人が有利になり，低リスクの個人が不利になっている．これは，社会保険を通じて，低リスクの個人から高リスクの個人への所得移転が起こっていることを意味する．

リスク選択

民間に医療保険を任せると，疾病リスクの高い人に加入者が絞られ続け，市場均衡が成立しないから，リスクとは無関係に強制加入の仕組みを導入すべきだというのが，逆選択による説明である．しかし，疾病リスクは保険会社より個人のほうがよく知っているという形の情報の非対称性は，どこまで現実的だろうか．

私たちは，自分の疾病リスクを実はよく認識していない．また，民間の保険会社は営利を追求するから，高リスクの個人はできるだけ排除したいと考えるはずである．そのために，保険会社は加入を申請した人の健康状態を審査し，高リスクの個人の加入は拒否する．この審査の段階で，疾病リスクをめぐる情報の非対称性は軽減される．

このように，民間に医療保険を任せると，逆選択の説明とはまったく反対に，高リスクの個人が排除される危険性がある．こうした状況を，リスク選択（risk selection）が働いているという．逆選択より，このリスク選択のほうが現実味を帯びているかもしれない．

ただし，このリスク選択に基づいて医療保険への政府の介入を正当化するには，情報の非対称性の問題を解消するためだという説明はできない．情報の非対称性は，保険会社の審査によって解決されているからである．そして，高リスクの個人向けの保険も提供され，図8-3のような形で分離均衡が市場で成立し得る．この状況はパレート効率的であり，効率性の観点からは，政府が医療保険の市場に介入する理由は存在しない．この場合は，疾病リスクに関する情報の非対称性への対応というよりも，高リスクの個人を社会的に救済するという公平性の観点から，社会保険が要請されることになる．理論的な議論を別にすると，逆選択よりリスク選択のほうが，医療保険への政府の介入を正当化する根拠としては現実的である．

8.4 モラル・ハザードへの対応

2種類のモラル・ハザード

前節まで議論してきた，疾病リスクに対する情報の非対称性やそれに伴う逆選択の問題は，保険会社と個人が医療保険契約を結ぶ「前」の段階における情報の非対称性に起因するものであった．これに対して，契約を結んだ「後」の段階における情報の非対称性がもたらす問題として，モラル・ハザード（moral hazard）の問題がしばしば取り上げられる．

医療保険の場合でも，保険会社は，個人が医療保険の加入後にとる行動をきちんと観測できない．この情報の非対称性を利用して，個人が保険の本来の趣旨に反した行動をとることをモラル・ハザードという．医療保険の場合，このモラル・ハザードは2つの種類に分けることができる．

第1は，事前的モラル・ハザードと呼ばれるものである．人々は病気になっても保険給付を受け取れることを期待して，保険に加入していないときより健康に対する配慮を弱めるかもしれない．そうした人が増えると，疾病リスクが社会的に高まり，医療保険が財政的に維持しにくくなって，保険料の引き上げが必要になる．

第2は，事後的モラル・ハザードである．人々が病気になったとき，医療費

が保険給付でカバーされることを考えて，保険に加入しなかった場合より多めに医療サービスを受ける可能性がある．事前のモラル・ハザードの場合と同じように，こうした人々が増えると医療保険の維持が難しくなる．

以下では，このうち事後のモラル・ハザードに注目し，それが発生する場合の問題点とその対応策を考える．事前のモラル・ハザードについても，問題の本質や対応策は大きく変わらない．

モラル・ハザードへの対応

医療保険におけるモラル・ハザードの問題とその解決策は，医療経済学における重要なテーマの一つとされてきた．ここでは，この問題を簡単な部分均衡分析によって検討する．

図8-8は，医療サービスの需要・供給量を横軸に，その価格（コスト）を縦軸にして，ある医療サービスの価格（コスト）と需給の関係を図示したものである．ここでは，話を簡単にするために医療サービスの限界費用は一定とし，したがって，供給曲線は水平の直線 AC で示されると想定する．また，この医療サービスに対する需要は価格の減少関数であるとし，需要曲線は右下がりの直線 DN として描いてある（なお，以下の議論で取り上げる需要は，厳密には補償需要である）．供給曲線が水平なので，社会全体の厚生水準に対応する総余剰は消費者余剰に一致する．

まず，医療保険が存在しない場合を考えてみよう．この医療サービスの需要水準は，需要曲線と供給曲線の交点に対応する OM に決定される．このとき，消費者余剰は ADB の面積で示される．

次に，医療保険によってこの医療サービスのコストがすべてカバーされると想定する．人々は，すでに支払った保険料以外には自分で医療費を負担する必要がない．つまり，医療サービスのコストは表面的にはゼロになるので，医療サービスが自分の少しでも効用を高める限り人々はそれを需要するはずだから，結局，需要量は図の ON に等しくなる．つまり，医療保険の導入は，医療サービスに対する需要を MN だけ高める．このとき，消費者余剰は ODN の面積で示される．しかし，それだけの医療サービスを供給するためには，長方形 $OACN$ の面積に等しい保険料を支払わされることになる．したがって，医療

図8-8 医療サービスにおけるモラル・ハザード

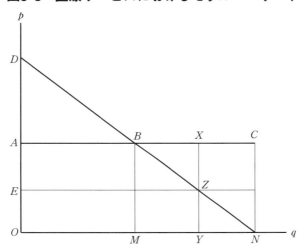

保険の導入前には ADB の面積だけあった消費者余剰は，医療保険の導入によって消費者余剰は BCN だけ減少することになる．これが，モラル・ハザードによる厚生損失である．

モラル・ハザードによる厚生損失の大きさは，医療サービスに対する補償需要の価格弾力性に依存する．とくに風邪など軽微な疾病の場合は，医療サービスに対する補償需要の価格弾力性が高く，気軽に診察を受けることが医療保険財政の悪化につながるという問題がある．

モラル・ハザードへの対応策として代表的なものは，かかったコストの一部を自己負担にすることである．自己負担のかけ方には，コストの一定比率を患者に求める定率負担（coinsurance）と，医療サービスの中身に拘わらずサービス1単位当たり一定額の負担を患者に求める定額負担（copayment）という2種類の方法がある．図8-8では限界費用が一定であるが，さらに固定費用をゼロと想定すれば，定率負担と定額負担は同等になる．ここで，仮に定率負担率を OE/OA とすれば（すなわち，1単位当たりの定額負担を OE とすれば），医療サービスの均衡水準は ON から OY まで低下する．その結果，厚生損失の大きさは BCN の面積から BXZ の面積にまで縮小する．

モラル・ハザードのモデル化

　以下では，人々がモラル・ハザード的な行動をとることを前提としたうえで，社会的厚生を最大にするためにはどのような医療保険の仕組みが望ましいかという問題を検討してみる．最初に，人々のモラル・ハザード的な行動をモデル化する．第1節のモデルでは，疾病リスクが発生する前の期待効用の最大化を考えたが，病気になったときの医療サービスの購入量は m で固定しており，事後的なモラル・ハザードが発生する余地はなかった．ここでは，医療保険に加入している個人が，病気になった後で，どこまで医療サービスを需要するかという問題を考えてみる．

　個人が（確率 p で発生する）この病気に実際にかかったとき，その個人は次のような式で示される効用 u を最大化することを目指すとしよう．

$$u = u_1(y - x - \lambda m) + \beta u_2(m) \tag{8-13}$$

ただし，ここで，u_1 は所得から得られる効用，u_2 は医療サービス m を受けることから得られる効用であり，$\beta(>0)$ は後者の効用をどこまで重視するかを示すパラメータである．第1節では，効用はもっぱら所得によって決定されると想定したが，ここでは効用は医療サービスを受けることからも発生することに注意されたい．なお，所得は y で固定され，x と λ はそれぞれ政府が定めた保険料と自己負担率である．個人は m だけの医療サービスを受けた場合，λm だけの自己負担を求められるので，手元に残る所得は $y - x - \lambda m$ となる．

　人々は，自分がどれだけ医療サービスを受けようが，政府が設定する保険料 x は変化しないと考えて，医療サービスを自分にとって最適な水準まで需要すると仮定する．それが，モラル・ハザードの具体的な現われ方である．いま，(8-13) 式が，具体的に，

$$u = \ln(y - x - \lambda m) + \beta \ln(m) \tag{8-14}$$

として与えられたとしよう．このとき，個人は自分の効用を最大化させる医療サービス m を $du/dm = 0$ から計算して，

$$m = \frac{\beta(y-x)}{(1+\beta)\lambda} \tag{8-15}$$

という水準に設定することになる．自己負担率 λ が低いほど医療サービスに

対する需要が高まることは，ここからも明らかである．

一方，医療保険の収支を均衡させるためには，政府は，

$$x = p(1-\lambda)m \tag{8-16}$$

という予算制約式を満たしていなければならない．右辺は，自己負担を除いた医療給付の社会全体における期待値である．この式が成立しているとき，医療保険は保険数理的に公正になっている．

政府は，人々の医療サービスに対する需要が(8-15)式で与えられることを観測したうえで，保険収支が均衡するように，(8-16)式に基づいて保険料を設定する．医療サービスに対する需要と保険料率の均衡値をそれぞれm^*，x^*と表記すると，(8-15)式と(8-16)式を連立させることにより，

$$m^* = \frac{\beta y}{\beta p + [1+\beta(1-p)]\lambda} \tag{8-17-1}$$

$$x^* = p(1-\lambda)m^* \tag{8-17-2}$$

が得られる．ここでも，自己負担率λが低いほど医療サービスに対する需要が高まることが確認される．

以上が，人々のモラル・ハザードを反映した場合の医療サービスをめぐる状況である．

医療サービスに対する過剰な需要

それでは，モラル・ハザードが発生しない場合はどうか．それは，この社会を構成するすべての個人が，自分の医療費が増加すればそれが保険料の引き上げに跳ね返ってくることを正確に理解し，さらに，ほかのすべての個人も自分と同じように行動すると想定したうえで，自分の効用が最大になるように医療サービスを需要する場合である．このとき，保険料xは外生変数ではなくなり，(8-16)式で決まるものと個人に認識される．したがって，個人が最大化しようとする効用は，(8-14)式ではなく，

$$u = \ln[y - p(1-\lambda)m - \lambda m] + \beta \ln m \tag{8-18}$$

となる．したがって，この場合に決定される医療サービスに対する需要と保険料をそれぞれx^{**}，m^{**}と表記すると，上と同様の計算を繰り返して，

$$m^{**} = \frac{\beta y}{\beta p + [1+\beta(1-p)]\lambda + (1-\lambda)p}, \quad (8\text{-}19\text{-}1)$$

$$x^{**} = p(1-\lambda)m^{**} \quad (8\text{-}19\text{-}2)$$

という関係式が得られる．この (8-19-1), (8-19-2) 式と (8-17-1) 式, (8-17-2) 式を比較すれば，$m^* > m^{**}$, $x^* > x^{**}$ であることが容易に確認できる．さらに，医療サービスの需要量を m^{**} と設定したほうが m^* と設定した場合より効用水準が高まることも確認できる．

以上からも確認できるように，人々がモラル・ハザード的な行動をすると——すなわち，自分の医療費が増加すれば，それが保険料の引き上げに跳ね返ってくることを認識しないで医療サービスを需要すると——医療サービスに対する需要は過剰になり，保険料率は最適な水準を上回り，効用水準も最高水準に達しない．これが，人々のモラル・ハザード的行動がもたらす帰結である．こうした帰結は，(8-17) 式と (8-19) 式を比較すればわかるように，自己負担率が100％（$\lambda=1$）を下回る限り，つまり医療保険が存在する限り解消されない．

モラル・ハザードを前提とした医療保険

政府としては，社会保険という仕組みで医療保険を運営する限り，個人のモラル・ハザード的な行動を阻止することはできない．しかし，だからといって，疾病リスクをカバーする医療保険を充実させないことは，リスク回避的な個人の効用を引き下げるので，社会的厚生の観点からは是認できないであろう．そのように考えると，医療保険の最適な仕組みがありそうである．

そこで，個人がモラル・ハザード的な行動をすることを前提としたうえで，社会的厚生が最大になるような医療保険の仕組みがどのようなものになるか考えてみよう．ただし，ここでも，保険料 x は，人々の需要する医療サービスの財源を調達するために，つまり，(8-16) 式が成り立つように調整されると考える．したがって，政府が調整できるのは自己負担率 λ の水準だけである．そこで，自己負担率の調整によって最適な医療保険を探してみることにする．

この社会の社会的厚生 W は，病気になった個人，病気にならなかった個人の効用の加重平均で表現される．それぞれの者の比率は p, $1-p$ で表現され

るから，社会的厚生は，

$$W = p[\ln(y-x^*-\lambda m^*) + \beta \ln m^*] + (1-p)\ln(y-x^*) \quad (8-20)$$

で与えられる．右辺第1項は病気になった者の効用，第2項はならなかった者の効用に対応している（後者に，医療サービスを受けることの効用が想定されていないことに注意されたい）．社会は同質の個人で構成されているとすれば，この式は，個人の期待効用を表しているとも解釈できる．つまり，第1項は病気になったときの効用，第2項は病気にならなかったときの効用である．ここでは，病気になった個人は必ずモラル・ハザード的に行動し，医療サービスを m^* だけ需要し，それに対応して政府は保険料率を x^* に設定している．

そこで，(8-20) 式で示される社会的厚生関数の中に，(8-17-1) 式，(8-17-2) 式で示される医療サービスに対する需要と保険料を代入し，そのうえで社会的厚生を最大にする自己負担率 λ^* を求めてみると，途中の計算を省略して，

$$\lambda^* = \frac{1}{1+\beta(1-p)} \quad (8-21)$$

という式が得られる（この証明は少し面倒だが，読者はできれば自分で確認しておいてほしい）．

この (8-21) 式からもわかるように，最適な自己負担率 λ^* は，疾病リスク p の増加関数であり，その病気の治療から得る効用の重要性 β の減少関数である．つまり，病気ごとに自己負担率を調整できるとすれば，自己負担率は風邪のように日頃からかかりやすい病気ほど高めに設定すべきだということになる．また，その病気の治療から得る効用が高いほど，自己負担率は低めに設定したほうが望ましいことも示される．いずれも常識的な結果と言えよう．

残念ながら，このようなモラル・ハザードへの対応策は，コストなしには講じられない．モラル・ハザードによる弊害を完全に解消するためには，(8-17-1) 式と (8-19-1) 式を比較すればわかるように，$\lambda = 1$ にする必要がある．ところが，これは，病気になれば医療費を全額自己負担で支払うべきであることを意味する．これは，医療保険を否定することにほかならない．人々のモラル・ハザード的行動を前提とする限り，(8-21) 式で示されるような形で，λ の値を設定する必要がある．このとき，β がプラスである限り——その場合，

人々のモラル・ハザード的行動の発生を回避できない——λは1を下回るから，社会的厚生の水準は最適な水準を下回っている．その社会的厚生が下回った分は，人々のモラル・ハザードを前提としたうえで医療保険を運営するために，人々がどうしても支払わなればならないコストの大きさを示している．

8.5 まとめ

　本章では，情報の非対称性をめぐる問題やそれへの政策対応のあり方を，医療保険を例にして議論してきた．情報が経済主体間で偏在している場合，資源配分を市場メカニズムに任せていくとうまくいかない場合が出てくる．ここでは，個人の疾病リスクを保険会社が正確に把握できないという状況を想定したうえで，医療保険を政府が提供する必要性を説明した．

　疾病リスクに関する情報の非対称性が存在する場合，医療保険の提供を民間の保険会社に委ねると，それぞれの個人向けに各人の疾病リスクに応じた完全保険を提供することはできない．高リスクの個人が低リスクの個人向けの保険に加入し，低リスクの個人が保険から排除されるという，逆選択の問題が起こるからである．さらに，疾病リスクが異なる個人を一緒に加入させる保険を提供するという，プーリング均衡も，低リスクの個人がそこから離れることを阻止できず，成立しない．低リスクの個人の比率が低い場合は，リスク別の保険を提供する分離均衡が成立する可能性がある．しかし，そこでも，低リスクの個人の疾病リスクは部分的にしかカバーされない．

　こうした状況下では，政府が強制加入による社会保険を提供することにより，市場に任せた場合に比べると，社会的厚生を高めることができる．ただし，そこでも，情報が対称的な場合に比べると，低リスクの個人の期待効用は低くなっている．社会保険には，低リスクの個人が高リスクの個人を支援するという側面がある．

　一方，医療保険に加入してからの個人の行動の変化を保険会社が正確に把握できないことによる，モラル・ハザードの問題もある．医療保険に加入することによって，疾病リスクが高まったり，医療サービスに対する過剰な需要が発生したりする可能性がある．こうした問題を軽減するためには，医療サービス

を受ける際に自己負担を求めるなどの対応が必要となる．しかし，そうした対応を行っても，医療サービスの最適な供給が実現されるわけではなく，情報の非対称性の軽減には社会的コストが求められることになる．

コラム 8　教育需要の特殊性

　教育の分野でも，情報の不完全性が問題となる．教育経済学の中には，学力については本人が一番よく知っており，それを他人に知らせるために高い学歴を身につけるのだという，シグナリング仮説という考え方がある．これは，人々は学力を身につけるために教育を受けるのだという，人的資本論的な考え方とは相反するものであり，どちらの考えが正しいかを検証する実証分析もいくつかある．

　しかし，自分がどれだけ頭がよいか，私たちはわかっているのだろうか．誰もが答えるのに窮するだろう．私たちは，自分の頭のよさをよくわかっていない．まして，学校の先生や親，友人も正確なところはわからない．情報の非対称性どころか，誰も正確な情報を持っていないのである．

　ところが，教育は，それを受けていくほど学力を次第に明らかにしていく．何度も受けるテストの点数が常に高ければ頭がいいことがわかるし，その反対のこともある．そして，自分の学力がよくわからず，教育を受けると高まるのではないかという期待があれば，人々は教育を受け続ける．しかし，教育を受け続けていく中で，自分の学力がどうもそれほどでもなさそうだということがわかれば，人々は教育を受けることをやめる．それ以上，教育を受け続けても無駄だからである．

　このように考えると，教育に対する需要は，学力に関する情報が不完全であるほど大きく，情報が正確になるほど減少するという興味深い特徴を持っていることがわかる．教育というサービスの市場は，学力をめぐる情報が不完全であるからこそ成り立っているという面もあるのだろう．しかし，教育を受けるにしたがって学力に関する情報が正確になっていくとすれば，教育需要には自分で自分の首を絞める，自己冷却メカニズムとも呼ぶべきメカニズムがある．

練習問題

問題 1
リスク回避的な個人にとって，医療保険が必要になる理由を説明しなさい．また，医療保険を設計する際，疾病リスクを完全にカバーする完全保険が望ましい理由も説明しなさい．

問題 2
疾病リスクをめぐる情報の非対称性が存在するとき，高リスクの個人だけが保険に加入するという逆選択が見られるのは，どのような理由によるものか説明しなさい．

問題 3
医療保険を強制加入の社会保険として政府が運営するとき，疾病リスクの高い人々と低い人々の効用に対する影響はどのように異なるか，説明しなさい．

問題 4
医療保険に伴うモラル・ハザードの問題を軽減するために，医療費の自己負担が効果を持つことを説明しなさい．

索　引

A〜Z

RS均衡　222
second bestの理論　101

ア　行

アヴァーチ＝ジョンソン効果　82
異時点間の効用最大化　190
一括税　138
一般公共財　63
一般消費税　140
医療保険　215
インセンティブ規制　87
ヴィックリー・オークション　53
ヴィックリー＝クラーク＝グローブス・メカニズム　55
王朝モデル　196
オープン・アクセス均衡　106
温情主義　15

カ　行

外国債　202
外部経済　99
外部効果　99
外部性　11, 99
外部不経済　99
確実線　219
課税最低限　180
価値財　14
カルドア基準　6
完全保険　217, 226
機会均等　16
機会の平等　16

規模の経済　76
逆選択　14, 223
逆弾力性の命題　144
供給の価格弾力性　132
共有地　31
共有地の悲劇　31, 105
近視眼的　205
クラーク＝グローブス・メカニズム　53, 55
クラーク税　55
クラブ財　31
グランドファザリング　117
クリティカル・マス　108
限界外部費用　104
限界収入　71
限界代替率　4
限界費用　67
限界費用価格形成　78
限界変形率　4
顕示選好　153
公共財　10, 30, 108
公共財の限界費用　37
公共財の限界便益　36
公共財の自発的供給　41
公共財の中立命題　48
厚生経済学の第1定理　37
厚生損失　67
公正報酬率　82
公的年金　197
公平性　15
効用フロンティア　20
効率性　15
国民貯蓄　200

コースの定理　120
個別消費税　131
コモンズ　31
コーレット＝ヘイグの定理　147, 172
コンテスタビリティー　91

サ　行

最低保障所得　180
最適所得税　166
サミュエルソンのルール　34, 36
サンク・コスト　91
時間選好率　206
事後的モラル・ハザード　231
市場の失敗　10
事前的モラル・ハザード　231
自然独占　12, 73
次善の理論　101
私的限界費用　104
私的限界便益　102
私的限界便益曲線　102
私的財　10
支配戦略　54
社会関係資本　63
社会的限界費用　104
社会的限界費用曲線　104
社会的限界便益　102
社会的限界便益曲線　102
社会的厚生　17
社会的厚生関数　17
社会的無差別曲線　21
社会保険　229
需要の価格弾力性　132
準公共財　31
純粋公共財　31
消費可能曲線　34
消費者余剰　70
情報の非対称性　14
情報の不完全性　13

所得控除　187
税額控除　187
生活保護　180
生産可能曲線　32
生産許可証　118
生産者余剰　69
税制改革の理論　152
政府支出の乗数効果　199
セカンド・プライス・オークション　53
セン　6
総括原価方式　81
総余剰　70
ソーシャル・キャピタル　63

タ　行

ダイナスティモデル　196
ただ乗り問題　40
単峰型　59
地方公共財　63
中位投票者定理　58, 178
貯蓄の利子弾力性　185
定額負担　233
定率負担　233
転嫁と帰着　131

ナ　行

内国債　202
内生化　109
ナッシュ均衡　42, 45
二部料金　82
ネットワーク外部性　107

ハ　行

排出権取引　114
パレート改善的　6
パレート効率的　3
バローの中立命題　195, 196
反アヴァーチ＝ジョンソン効果　82

バンドワゴン効果　107
反応関数　43
反応曲線　43
ピヴォタル・エージェント　55
非競合性　11, 31
ピグー税　12, 109, 110
ピグー補助金　110
非ケインズ効果　210
非線形料金　83
ヒックス基準　6
非排除性　10, 31
費用逓減　75
平等主義　18
ファースト・プライス・オークション　53
付加価値税　130
不確実性　209
賦課方式　198
負の所得税　180
部分保険　219, 228
プライス・キャップ規制　87
フリーライド問題　40
プーリング均衡　222, 223
分配特性　149
分離均衡　222
平均費用価格形成原理　80
偏在　14
ベンサム型の社会的厚生関数　17
保険数理的に公正　216
補償原理　6
補償需要　69, 135
補償需要曲線　69

ボーモル　91
ボーモル＝オーツ税　113

マ 行

埋没費用　91
メカニズム・デザイン　52
モラル・ハザード　231

ヤ 行

ヤードスティック規制　89
ヤードスティック査定　90

ラ 行

ライフサイクル・モデル　191
ラッファー・カーブ　176
ラムゼー価格形成　87
ラムゼーの逆弾力性の命題　145
ラムゼーの均一税率の命題　147, 172
ラムゼーのルール　144
リカードの等価定理　192, 194
利子課税　182
リスク回避的　215
リスク選択　230
リスク・プレミアム　215
利他的な行動　208
流動性制約　204
リンダール均衡　50
リンダール・メカニズム　50
劣加法性　12, 73
ロスチャイルド＝スティグリッツ均衡　222
ロールズ型の社会的厚生関数　18

【著者紹介】
小塩隆士（おしお　たかし）
1960年生まれ。83年東京大学教養学部卒業。2012年大阪大学博士（国際公共政策）。経済企画庁（現内閣府）等を経て、現在、一橋大学経済研究所教授。主な著書に、『再分配の厚生分析』（日本評論社、2010年）、『社会保障の経済学（第4版）』（日本評論社、2013年）、『日本の社会保障政策』（共著、東京大学出版会、2014年）等。

〈サピエンティア〉
公共経済学
2016年4月7日発行

著　者──小塩隆士
発行者──山縣裕一郎
発行所──東洋経済新報社
　　　　　〒103-8345　東京都中央区日本橋本石町1-2-1
　　　　　電話＝東洋経済コールセンター　03(5605)7021
　　　　　https://toyokeizai.net/

装　丁…………橋爪朋世
印刷・製本……丸井工文社
©2016 Oshio Takashi　　Printed in Japan　　ISBN 978-4-492-31473-9

　本書のコピー、スキャン、デジタル化等の無断複製は、著作権法上での例外である私的利用を除き禁じられています。本書を代行業者等の第三者に依頼してコピー、スキャンやデジタル化することは、たとえ個人や家庭内での利用であっても一切認められておりません。
　落丁・乱丁本はお取替えいたします。